VERA F. BIRKENBIHL

DER
BIRKENBIHL
POWER-TAG

W0105565

VERA F. BIRKENBIHL

<u>DER</u>
<u>BIRKENBIHL</u>
<u>POWER-TAG</u>

Das Buch zum erfolgreichen
*J*OURNAL *für die Frau* - **Seminar mit den Schwerpunkten**

- **Gedächtnis**
- **Kommunikation**
- **Erfolg**

Die Deutsche Bibliothek – CIP-Einheitsaufnahme

Birkenbihl, Vera F.:
Der Birkenbihl-Power-Tag : das Buch zum erfolgreichen JOURNAL-FÜR-DIE-FRAU-Seminar mit den Schwerpunkten: Gedächtnis, Kommunikation und Erfolg / Vera F. Birkenbihl. – 4. Auflage – Landsberg/Lech : mvg-verl., 1999
  (mvg-Paperpacks ; 08623)
  ISBN 3-478-08623-X

4. Auflage 1999

© 1998 bei mvg-verlag im verlag moderne industrie AG, Landsberg am Lech

Umschlaggestaltung: Gruber & König, Augsburg
Illustrationen: Vera F. Birkenbihl
Satz: Fotosatz H. Buck, Kumhausen
Druck- und Bindearbeiten: Presse-Druck, Augsburg
Printed in Germany 080 623/11991502
ISBN 3-478-08623-X

Inhaltsverzeichnis

Block 4: Strategische Ansätze

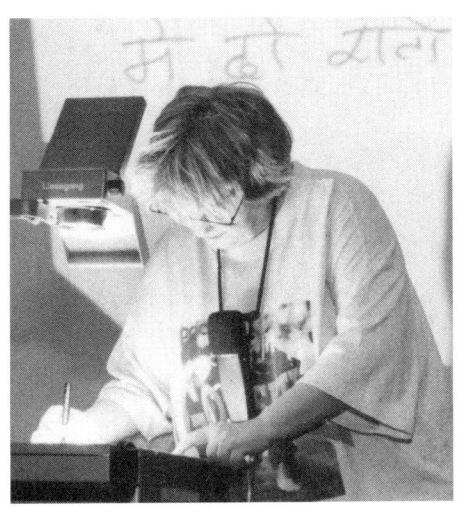

Vorwort

Wie es zu diesem Seminar kam ...

Unter den verschiedenen Seminar-Typen, die ich meinen Kunden anbiete, gibt es einen besonderen „Power-Tag", er enthält die Highlights aus drei anderen Veranstaltungen: Erstens *Brain-Management im Informations-Zeitalter* (Schwerpunkt: Gedächtnis und Kreativität), zweitens *Selbst-Management* (es geht um Erfolg, beruflich wie privat) und drittens *Insel-Seminar: Kommunikation optimieren.* 1993 entstand in der Redaktion der Frauenzeitschrift **„JOURNAL für die Frau"** der Wunsch, ihren Leserinnen **einmalig** einen solchen Power-Tag anzubieten. Gigi Sams, verantwortliche Redakteurin für „Beruf und Familie", nahm Kontakt auf und **1995** fand der erste *JOURNAL-Power-Tag für Frauen* im Swissotel (in Neuss) statt.

Dieser Tag (ursprünglich für maximal 150 Teilnehmerinnen „angedacht") war innerhalb weniger Tage ausgebucht. Also wählten wir einen größeren Saal. So konnten 300 Damen teilnehmen, aber viele „landeten" doch auf der langen Warteliste. Um ihnen eine Chance zu geben, und weil die Resonanz so überwältigend war, wurde der Power-Tag wiederholt. **Jedes Jahr gab es eine neue Warteliste;** erst 1998 kamen die letzten

Wartenden zum Zuge, so daß die „einmalige" Aktion nach vier Jahren zum Abschluß kam. Beim letzten Abschlußgespräch mit Gigi Sams in der Hotelhalle entstand die Idee, **das Seminar in ein Buch zu verwandeln.**

Das Buch-Seminar

Das Buch-Seminar bietet Ihnen **alle** Praxis-Tips, Techniken und Strategien aus dem Seminar, außerdem **einige ergänzende Gedanken und Übungen**! Übrigens nahmen ja am „Power-Tag für Frauen" **nur Damen** teil, aber dieses schriftliche Seminar dürfen natürlich **auch die Herren der Schöpfung** lesen, wenn sie ein wenig Mut aufbringen. Denn leider legen zu viele Herren den Schwerpunkt immer noch auf „harte Fakten", weil sie noch nicht begriffen haben, daß in der Zukunft die „soft factors" die eigentlich „harten Fakten" sein werden. Viele Damen sind da schon weiter ...

Grundlage für **dieses** Buch war ein Kassetten-Mitschnitt, bei dem allerdings durch eine technische Panne die letzten 50 Minuten fehlen. Diese habe ich aus dem Gedächtnis rekonstruiert. Dies ist besonders im Hinblick auf drei Tatsachen interessant:

1. erfuhr ich erst jetzt (nach meiner Reise-Saison, zwei Monate nach dem Seminar) von der Panne,

2. arbeite ich prinzipiell „aus dem Kopf", habe also kein Manuskript, auf das ich zurückgreifen könnte,

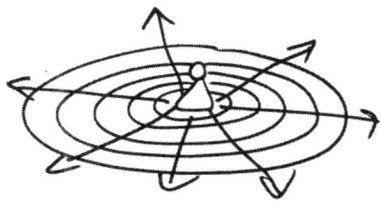

Strategien:

Wie schon die **Möwe Jonathan** sagte: Glaube an Grenzen, und sie gehören dir!

Mögen die praktischen Tips, Techniken und Strategien dieses Buches Ihnen helfen, Ihre eigenen Grenzen um einige Millimeter nach außen zu verschieben ...

3. zeige ich meinen Teilnehmer/innen, wie man Informationen so „konstruiert", daß man sie später rekonstruieren kann. Dieses Buch ist der Beweis dafür, daß es geht!

Allerdings habe ich die Reihenfolge minimal **geändert,** denn ich hatte die vielen Praxis-Tips, Techniken und Strategien über den ganzen Tag verteilt. Das ist im Seminar ideal, weil es langweilig wäre, zum Schluß eine Strategie nach der anderen erklärt zu bekommen. Zwar soll dieses Buch das Seminar soweit wie möglich ab•BILD•en, damit Sie diesen **Journal-Tag** (nach-)erleben können. Aber in einem **Text** (der ja später auch Nachschlage-Charakter haben soll) ist es für Sie als Leser/in günstiger, wenn die Strategien **nicht** über das ganze Buch verteilt sind. Daher habe ich die 15 Kern-Strategien ans Ende gerückt, während alle weiteren Praxis-Tips jeweils dort auftauchen, wo sie hingehören.

Gebrauchsanweisung
für dieses Seminar in Buchform.

Bitte unbedingt lesen,

wenn Sie diesem Buch das Meistmögliche „entnehmen" wollen.

Normalerweise hat ein Buch (gegenüber einer Live-Veranstaltung) den großen Vorteil, daß man sich **nicht** an die angebotene Reihenfolge halten muß. Dies gilt auch für die meisten meiner anderen Bücher. Da jedoch **dieses Seminar-Buch** Ihnen die Möglichkeit bietet, den ganzen Birkenbihl-Tag aktiv „mitzumachen", gelten für **dieses Buch** zwei **Spielregeln,** die ich zuerst **begründen** möchte:

Ich möchte Ihnen nämlich einige Aspekte durch <u>aufeinander aufbauende Übungen</u> vermitteln (wie im Seminar!), und dort kann man auch nicht „herumblättern" und um 10:43 Uhr erfahren, was um 11:22 Uhr gesagt werden wird. Deshalb bitte ich Sie, <u>wenn Sie den vollen Seminar-Nutzen erleben wollen,</u> folgende zwei Spielregeln zu akzeptieren:

1. Gehen Sie die ersten drei Kapitel dieses Buches in der vorgegebenen Reihenfolge durch.

2. Führen Sie bitte **alle** <u>Übungen</u> aus bzw. **spielen Sie** zumindest ein wenig mit **jeder** Aufgabe. Das fällt im Seminar, wenn **alle** mitmachen, leichter; es erfordert also wahren Forschergeist beim Lesen. Der **Aufgaben-Zyklus** will Ihnen nämlich gewisse Dinge **Schritt-für-Schritt demonstrieren,** damit Sie meinen Erklärungen nicht blind vertrauen müssen, weil Sie **sich selbst überzeugen werden.** (Sie berauben sich mindestens 60% des **potentiellen Nutzens,** wenn Sie nur le-

14

Übungen:
Aktives Mitspielen macht weit **mehr Spaß** als nur zu lesen, außerdem wird der **Merk-Faktor** auf diese Weise **dramatisch erhöht.**

sen.) Es ist natürlich Ihre Entscheidung, ob Sie sich auf das geistige Abenteuer einlassen und einige faszinierende Aha-Effekte erleben wollen.

Merke: Es gibt nur ein einziges erstes Mal ...

Wenn Sie bereit sind, aktiv mitzuspielen, dann legen Sie bitte **jetzt sofort** Schreibzeug griffbereit (auch **Papier**). Außerdem wäre es optimal, wenn Sie einen kleinen **Timer** oder eine Stoppuhr hätten (zumindest eine Uhr mit Sekundenzeiger), damit Sie z.B. eine 60- oder 90-Sekunden-Aufgabe im Hinblick auf die Zeit kontrollieren können. Ich wünsche Ihnen viel Entdeckerfreude!

Mein Wunsch: Wenn dieses Buch Ihnen einige wichtige Ein•Sichten ermöglicht und Ihnen durch seine praktischen Tips und Techniken helfen kann, Ihr Leben in irgendeinem Bereich (z.B. „mehr" Gedächtnis, „weniger" Ärger, „mehr" Kreativität) ein wenig erfolgreicher zu gestalten, dann wird es seinen Zweck erfüllen.

 # Mein ganz besonderer Dank ...

Es ist mir ein großes Bedürfnis, den Menschen zu danken, die zu dem Erfolg dieser vier Power-Tage maßgeblich beigetragen haben:

Zuerst danke ich natürlich **den tollen Damen der Journal-Redaktion,** die den Weg von Hamburg nach Neuss nicht gescheut haben. Sie haben jeden der vier Seminar-Tage mit großem Engagement vorbereitet und begleitet und durch ihren Enthusiasmus ein wunderbares Klima geschaffen.

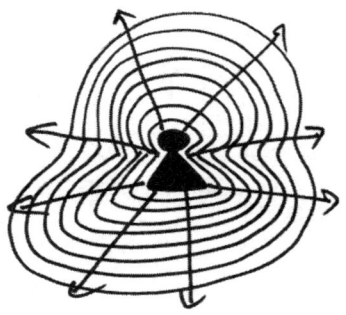

Ebenfalls danken möchte ich **unserem birkenbihl-media-Team** aus Bergisch-Gladbach, das in den Pausen am Büchertisch „total umlagert" war. Das Echo der Teilnehmerinnen (von denen viele zum Bücher-Signieren kamen) war einhellig begeistert!

Des weiteren möchte ich Herrn Franco und seinem **Team vom Swissotel/Neuss** danken: Es ist natürlich kein Zufall, daß ich seit vielen Jahren regelmäßig hier auftauche!

Und ich danke dem **Team von mvg** in Landsberg für das schnelle Erscheinen dieses Buches (außerhalb der normalen Planung), so daß es bereits einige Monate nach dem letzten Power-Tag verfügbar ist. Ganz besonders danke ich Frau Götz-Ehlert, die mich als Lektorin bei mvg seit 1988 fachkundig „betreut"!

Last but not least möchte ich **allen Teilnehmerinnen** danken: Es ist schon etwas ganz Besonderes mit ca. 300 Damen auf einem „Haufen" zu arbeiten! Sie waren toll: Ihre Bereitschaft, aktiv mitzuspielen, Ihr großes Interesse, Ihre wachen Fragen in den Pausen und Ihre Begeisterung haben mich durch jedes dieser JOURNAL-Seminare „getragen", so daß auch ich diese Tage mit Ihnen in vollen Zügen genossen habe.

Ich wünsche Ihnen allen viel positive Energie.

Vera F. Birkenbihl
Im Sommer 1998*

Vorwort zur 2. Auflage
innerhalb von 8 Wochen

Ihre ersten Briefe zu diesem Buch zeigen, daß es (ähnlich wie das Seminar) „echt etwas bewirken" kann, wenn man alle Übungen „brav mitmacht". Eine Dame:

> Ich konnte zweimal keinen Platz mehr im Seminar bekommen und erfuhr dann, daß *JOURNAL für die Frau* derzeit keins mit Ihnen veranstaltet. Umso mehr freute ich mich über das Buch. Ich akzeptierte Ihren Rat, es wie ein Spiel anzugehen und hielt mich an die Spielregeln. Nun kann ich sagen: Ich siegte auf der ganzen Linie. Ich hatte keine Ahnung, wie gut mein 59-jähriges Gedächtnis sein kann! Ich wußte nicht, daß ich so kreativ sein kann und Ihre Analogie-Technik wende ich fast täglich an (vor allem **K**a**W**as). Aber ganz besonders

---

* Geschrieben Sommer 1998, erschienen Dezember 1998

beeindruckt haben mich Ihre Aussagen zum Thema „Männer denken anders"; jetzt kann ich meinen Chef viel besser verstehen und „managen". Danke auch dafür...

Und ein Herr schrieb:

Ich gehöre zu den mutigen Herren, die Sie auf dem Rückseiten-Text einladen, das Buch auch zu lesen. Mit diesem Kommentar überredete meine Frau mich und ich bin froh. Es wurde ein regelrechtes Familien-Seminar auf dem wir nicht nur viel über unser Gedächtnis etc. lernten, sondern uns auch als Familie wieder näher kamen...

Solche Briefe kommen normalerweise erst nachdem ein Titel viele Monate lang „draußen" ist. Diese Resonanz freut mich. Somit erlebt das Buch jetzt eine ähnliche Entwicklung wie das Seminar selbst. „Sofort ausgebucht" bedeutet beim Buch: „gleich ausverkauft", denn in den ersten Monaten gingen ca. 1000 Bücher **pro Woche** über den Tresen. Das sind schon beachtliche Zahlen und diese verdanke ich **Ihnen,** liebe Leserinnen und Leser. Wie ich heute erfahren habe, ist diese Buch momentan die Nr. 1 in puncto Weiter-Empfehlungen und als Geschenk; dieser Titel schlägt sogar meinen bisher besten Titel „Stroh im Kopf?" (derzeit 34. Auflage). Nun bedeutet jede Empfehlung ja immer „Mund-Werbung" und die ist für mich die schönste, weil ehrlichste Form der „Werbung"; dafür danke ich Ihnen.

Vera F. Birkenbihl   Frühjahr 1999

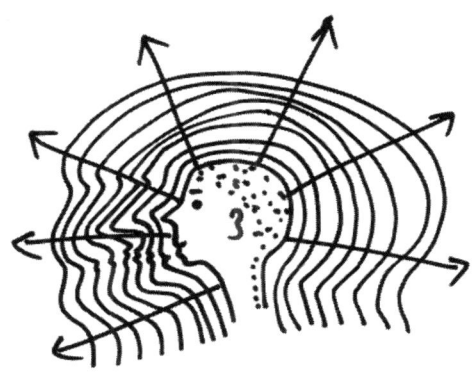

Kühner, als das Unbekannte zu erforschen, kann es sein, **das Bekannte zu bezweifeln.**

Alexander von Humboldt

Dies gilt in besonderem Maß, wenn Sie den Mut aufbringen wollen, **eigene (bekannte) Grenzen zu bezweifeln** (z.B. „Mein Gedächtnis ist mies!"; „Ich bin nicht kreativ!" und ähnliches)!

Block 1:
Inventur-Übungen

Vorwort:
Falls Sie normalerweise Vorworte prinzipiell auslassen, bitte ich Sie, eine Ausnahme zu machen und **dieses Vorwort** (Seite 11) doch zu lesen. Es enthält wichtige Informationen für Sie. Danke.

Wie im **Vorwort** angedeutet, möchte ich Sie gleich zu Anfang zum aktiven Mit-Denken einladen. Falls Sie noch kein Schreibzeug griffbereit haben, holen Sie es doch bitte, ehe Sie weiterlesen.

Bitte bedenken Sie: Im Seminar ist es schwierig, bei Experimenten und Aufgaben **nicht** mitzumachen, weil alle um einen herum arbeiten und vielleicht komisch gucken würden, wenn man sich davon ausschließt. Beim Buch ist man jedoch in der Regel allein.

HINWEIS: Dieser Text eignet sich besonders, ihn zu zweit (oder im Team) zu „bearbeiten". Wenn Sie abwechselnd laut vorlesen und die Übungen durchführen, verwandeln Sie das Buch-Seminar in ein „echtes" Seminar zurück.

Aktiv mitmachen wird also nur, wer sich wirklich **bewußt** dazu entschlossen hat. Daher möchte ich Sie bitten, im folgenden Text-Kasten Ihr erstes Kreuzchen zu setzen:

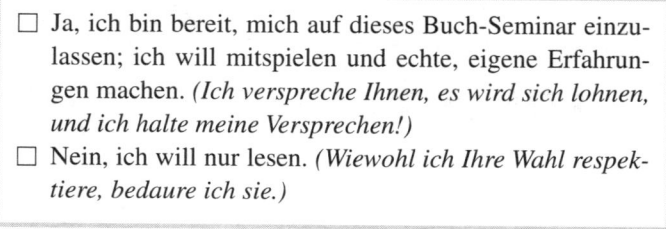

☐ Ja, ich bin bereit, mich auf dieses Buch-Seminar einzulassen; ich will mitspielen und echte, eigene Erfahrungen machen. *(Ich verspreche Ihnen, es wird sich lohnen, und ich halte meine Versprechen!)*

☐ Nein, ich will nur lesen. *(Wiewohl ich Ihre Wahl respektiere, bedaure ich sie.)*

Es ist natürlich Ihre Entscheidung, aber ich garantiere Ihnen: **Wenn** Sie mitmachen, können Sie sich selbst **beweisen**, daß Sie besser sind, als Sie bisher dachten (weil z.B. Ihr Gedächtnis und Ihre kreativen Fähigkeiten in Wirklichkeit hervorragend sind, **wenn** Sie gewisse „Spielregeln" anwenden).

Deshalb beginnen wir mit kleinen Experimenten. Dabei handelt es sich um sehr wichtige (Vor-)Übungen, deren Ergebnisse wir später wieder aufgreifen werden. Angenommen, dies wäre ein Kochbuch, dann entsprächen die ersten Experimente den **Vorbereitungen**. Nun handelt dieses Buch zwar nicht von Nahrungsmitteln im Wortsinn; aber es geht um geistig-seelische „Nahrung" und um **praktische Rezepte** für die drei Kern-Bereiche **Gehirn** (Gedächtnis und Kreativität), **Erfolg** und **Kommunikation**. Die „Vorbereitungsarbeiten" gewährleisten, daß Sie spätere Gedanken nachvollziehen können, und diese sind die Grundlage für die praktischen Tips, Techniken und Strategien. Deshalb ist es so wichtig, daß Sie beim ersten Durchgang aktiv mitspielen.

Sie werden jetzt Papier benötigen. Im Optimalfall arbeiten Sie mit einem Block (oder Bögen) im DIN-A4- (oder A3-) Format.

Experiment: Linien (1)

Eines unserer Themen ist „Gedächtnis" und damit zwangsläufig die Frage: Wie „plazieren" wir Infos im Gedächtnis, oder: *Wie lernen wir eigentlich?* Daraus leitet sich die erste Aufgabe ab: *Wie stellen Sie sich die Lernkurve vor? Wie sieht Ihrer Meinung nach die LERNKURVE aus?* In der Grafik steht die Senkrechte für die **wachsende Leistung** (besser = höher) und die Waagerechte für die **Zeitachse** (der Zeitpfeil verläuft nach rechts). Versuchen Sie bitte, die **Linie** einzuzeichnen, welche den Lern-Prozeß ab•BILD•et. Beschreiben Sie mit Ihrer Linie also, wie unsere Fortschritte im Lernen (über einen gewissen Zeitraum) „aussehen" könnten: Wie steil steigt die Kurve? Steigt sie stetig? Steigt sie immer gleich steil (flach)?

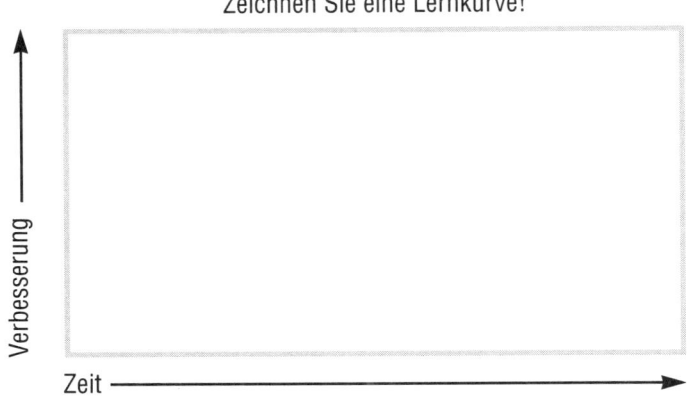

Zeichnen Sie eine Lernkurve!

Wir kommen später darauf zurück.

Experiment:
Kreative Wort-Assoziation (1)

Nehmen Sie bitte ein separates Blatt (quer). Legen Sie oben eine waagerechte Titel-Zeile an, die vorläufig leer bleibt (vgl. folgende Abbildung). Numerieren Sie von 1 bis 16 (senkrecht, am linken Rand). Nun unterteilen Sie das Blatt in vier Spalten: drei schmälere (links) und eine breitere auf der rechten Seite. **Vorläufig bleibt diese rechte Spalte noch leer.** Sie arbeiten also zunächst nur auf der linken Seite. Das sieht dann etwa so aus:

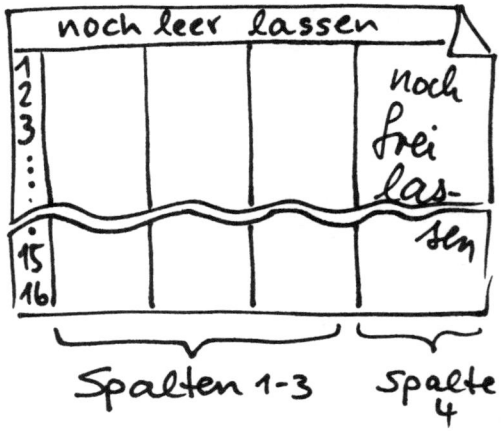

Ich biete Ihnen jetzt eine Liste mit 16 Schlüsselwörtern* an, und Sie notieren (Spalte 1–3) **Ihre ersten drei Assoziationen** zu jedem dieser Begriffe. **Beispiel**: Angenommen, das erste Wort in der folgenden Liste lautete *Zebra* und Ihnen würde spontan einfallen: *Afrika, Safari, gestreift*, dann würden Sie in die erste Zei-

---

* Nach Timo Mäntyla, zitiert nach Svantesson, s. Literaturverzeichnis

le (waagerecht, Spalten 1–3) eintragen: *Afrika, Safari, gestreift.*
Schreiben Sie **keinesfalls** das vorgegebene Wort (im Beispiel *Zebra*) auf; halten Sie **nur Ihre eigenen Assoziationen** fest.
Falls Sie lieber auf Linien schreiben, ziehen Sie diese vorab:

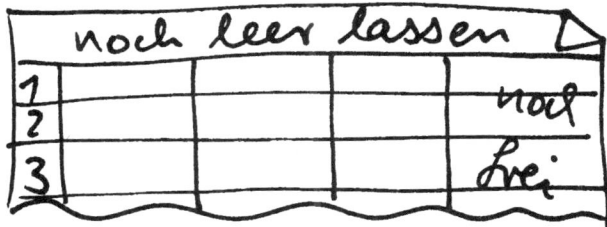

HINWEIS: Falls Ihnen zu einem Begriff nichts einfällt, grübeln Sie nicht lange, sondern: **Machen Sie in jede Spalte einen kleinen waagerechten Strich** und arbeiten Sie sofort weiter, denn bei dieser Aufgabe geht es nur um Ihre **allerersten**, spontanen **Assoziationen**. Sind Sie bereit?

1. Dach	9. Portal
2. Gabe	10. Scheck
3. Frankenwein	11. Aus (beim Fußball)
4. Igel	12. Dock
5. Elefant	13. Fundbüro
6. Nadel	14. Irrtum
7. Garten Eden	15. Lux
8. Birne	16. Adipositas

Bitte schreiben Sie oben in die (waagerechte) Titel-Zeile als „Überschrift": „Dach-Liste".

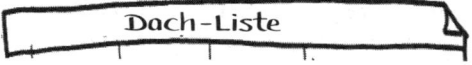

Legen Sie das Blatt jetzt weg (so, daß Ihr Blick nicht zufällig „drauffallen" kann), bis ich Sie später bitten werde, die **Dach-Liste** wieder zur Hand zu nehmen.

Warnung: Da wir im Verlauf dieses Buch-Seminars noch mehrmals mit dieser Liste arbeiten werden, gilt: Selbst wenn Sie die meisten Übungen auslassen – spielen Sie bitte bei **allen** Experimenten, die mit dieser **Dach-Liste** zu tun haben, aktiv mit. Sie würden es sonst später vielleicht bereuen. Bedenken Sie, daß Sie im Seminar sicherlich auch mitgemacht hätten.

Experiment: Linien (2)

Stellen Sie sich vor: Man hat sehr vielen Menschen auf der ganzen Welt die folgenden zwei Bilder gezeigt (vgl. Bild A und Bild B).

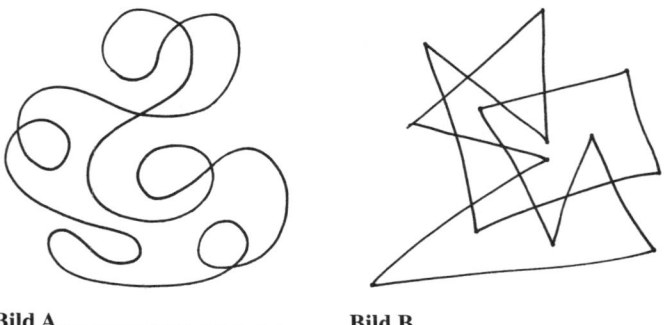

Bild A _____   **Bild B** _____

26

Bitte beantworten Sie die folgende Frage, indem Sie die beiden Bilder „beschriften": *Welches der beiden Bilder könnte Ihrer Meinung nach MALUMA heißen, welches TUCKATEE*? (*Wir kommen später darauf zurück.)

Experiment:
Kreative Wort-Assoziation (2)

Beim ersten Wort-Assoziations-Experiment haben Sie je drei eigene Assoziationen zu 16 verschiedenen Begriffen notiert. Diesmal möchte ich Sie bitten, **90 Sekunden** lang über einen einzigen Begriff analytisch und kreativ nachzudenken, also bei diesem Experiment **alle eigenen Assoziationen** zu diesem **einen** Begriff aufzuschreiben, die Ihnen **innerhalb** von **90 Sekunden** einfallen. Jetzt brauchen Sie Ihren Timer (oder eine Uhr mit Sekundenzeiger). Achtung: Es ist sehr wichtig, daß Sie einen neuen, leeren Papierbogen dafür verwenden (warum dies so ist, wird später erklärt).

Fragen Sie sich: *Welche Bedeutung hat das, was dieser Begriff beschreibt, für mich (für mein Leben)?*

Haben Sie Ihr Papier griffbereit? Dann lesen Sie bitte jetzt den (auf dem Kopf stehenden) Begriff und beginnen **sofort**.

Der Begriff lautet: Geld

---

* Quelle ARNHEIM, s. Literaturverzeichnis

27

Experiment: Geheimschrift

Jetzt möchte ich Sie zu einer spannenden Übung einladen.

Im Anhang (Seite 363) finden Sie eine Geheimschrift. Nehmen Sie bitte ein neues Blatt, und schreiben Sie Ihren Namen, Ihre Adresse und einen kurzen Satz Ihrer Wahl in dieser Geheimschrift. Es geht darum, daß Sie drei Minuten lang in dieser Schrift schreiben. Ob Sie den Text mehrmals schreiben oder es gaaaanz langsam angehen wollen, ist egal, solange Sie exakt drei Minuten lang arbeiten. Wenn Sie wieder aktiv mitmachen wollen, dann tun Sie es bitte sofort, und lesen Sie den auf dem Kopf stehenden Kasten.

Jetzt drehen Sie Ihr Blatt bitte um (so daß Sie keinen der Buchstaben in der Geheimschrift sehen können), und probieren Sie (ganz locker und gemütlich), wie viele der Buchstaben Ihnen jetzt INNERHALB VON 90 SEKUNDEN wieder einfallen. Es geht im Augenblick primär um die **Form** der Buchstaben, **unabhängig** davon, ob Sie auch wissen, **wel-cher Buchstabe es ist.** Tragen Sie diese bitte hier ein.

1. _____ 2. _____ 3. _____
4. _____ 5. _____ 6. _____
7. _____ 8. _____ 9. _____
10. _____ 11. _____ 12. _____
13. _____ 14. _____ 15. _____
16. _____ 17. _____ 18. _____

Ergebnis: Mir sind ____ Buchstaben-Formen eingefallen.

Übrigens: Die Erfahrungen zeigen immer wieder, daß viele Teilnehmer/innen bald großen Spaß daran haben, „ganz private" Notizen in Geheimschrift zu notieren bzw. im Familien- und Freundeskreis „geheimschriftlich" zu kommunizieren. Dabei ergab sich ein interessantes *Problem*: Wenn Sie eine „geheime" Botschaft an jemanden faxen, und wenn dort mehrere Personen Faxe erhalten, dann ist es sinnvoll, den Namen des Empfängers in Normalschrift oben hinzuschreiben, sonst lösen Sie mit diesem Fax eine Menge Frust aus, bis die potentiellen Fax-Empfänger dort endlich herausbekommen haben, für wen dieses Fax sein soll ...

Mini-Inventur

Im folgenden möchte ich Sie einladen, vier alltägliche Handlungen zu beurteilen, nach dem Motto: *Wie gut sind Sie? (Wie zufrieden sind Sie mit sich, wenn Sie diese Tätigkeiten ausführen?)*

Sie sehen auf der nächsten Seite vier **Linien**. Diese stellen jeweils ein Spektrum dar: **links = 100%** (das können Sie sehr gut); **rechts = 0%** (das können Sie gar nicht).

100%   0%

Wenn jemand seine Fähigkeit *zu surfen* beurteilen wollte, dann würde ein/e ziemlich gute/r Surfer/in das Kreuzchen **links** (z.B. bei 80%) machen, andernfalls „landet" das Kreuzchen **rechts** (wenn Surfen keinen Spaß macht). Also beschreibt das Spektrum Ihre jeweilige (Kunst-)Fertigkeit von **100%** (= super) bis **0%** (= gar nicht).

100%	rechnen	0%
100%	lesen	0%
100%	(handschriftlich) schreiben	0%
100%	zeichnen	0%

Jetzt lesen Sie bitte den Text im Kasten.

Es geht bei dieser Mini-Inventur um die beiden letzten Punkte: Die meisten Teilnehmer/innen beurteilen sie wie folgt: Sie können recht gut schreiben (Durchschnitt 80 bis 90%), aber sie können gemäß ihrer Selbst-Einschätzung nicht (oder kaum) zeichnen (Durchschnitt 10 bis 20%). Ist Ihr Ergebnis ähnlich? (Wir kommen später auf die Übung zurück.)

Wenn Sie experimentierfreudig sind, bitten Sie mindestens 15 Personen, die Mini-Inventur ebenfalls zu machen. Dann tragen Sie alle Kreuzchen hier ins Buch ein, und Sie sehen ganz klar, wo sie sich häufen. Aber lassen Sie bitte immer alle vier Fragen beantworten, weil man sich bei den ersten erst richtig auf die Übung einstellt, so wird das Ergebnis der dritten und vierten Zeile aussagekräftiger.

Experiment: Linien (3)

Unabhängig davon, wie „gut" oder „schlecht" Sie Ihre Zeichen-Fähigkeit gerade eingestuft haben, möchte ich Sie nun bitten, einen kleinen Versuch zu wagen.

Bitte zeichnen Sie schnell und spontan in den „Bilderrahmen" einen Hund!

Hund

Lesen Sie bitte anschließend diesen Kasten.

Circa 90% der Hunde sind im Profil zu sehen und blicken nach links. Ist das auch bei Ihrem Hund der Fall? Heißt das, daß Ihnen die meisten Hunde Ihres Lebens bisher von der Seite (von rechts nach links gehend) begegnet sind? Oder heißt es, daß Ihre Zeichnung mit den realen Hunden Ihres Lebens wenig zu tun hat, weil ... tja, das hat etwas mit Wahrnehmen zu tun. Wir kommen später darauf zurück.

31

Experiment: Linien (4)

Nun möchte ich Sie noch einmal bitten, etwas zu zeichnen, dies-mal allerdings **nicht „gegenständlich"** (vielleicht in der Art der „Kritzeleien", die viele beim Telefonieren produzieren).

Es geht darum, **eine Idee** auszudrücken. Bei dieser Aufgabe dürfen Sie **nur gerade Linien verwenden**.

Es ist egal, ob Sie **kurze** und/oder **lange** Striche ziehen. Es kön-nen einige **wenige** oder **viele** Linien sein. Zeichnen Sie das Kon-zept „Außenseiter", indem Sie **diese Idee mit geraden Linien ausdrücken**.

Geben Sie sich 90 Sekunden Zeit. Benutzen Sie den folgenden Rahmen und zeichnen Sie die Idee „Außenseiter".*

Außenseiter

---

* Quelle ARNHEIM, s. Literaturverzeichnis

Wenn es Ihnen ähnlich wie meinen Teilnehmer/innen ging, dann haben Sie im ersten Ansatz etwas gestutzt und überlegt, aber dann tauchte **plötzlich** eine Idee auf …

Nun lade ich Sie ein zu testen, ob Sie vielleicht eine **zweite Variante** erfinden können? Manche Teilnehmer/innen entwickeln sogar eine Reihe weiterer Variationen! Bitte zeichnen Sie diese auf **separate** Blätter, wenn Sie auch diesen Versuch machen wollen. Das ist natürlich nur möglich, wenn Sie vorab probiert haben, ob Sie eine **erste** Zeichnung anfertigen konnten. Ich darf daran erinnern, daß Sie nur einen Bruchteil des Nutzens aus diesem Buch-Seminar „herausholen" können, wenn Sie (passiv) lesen, weil Sie den in jahrzehntelanger Seminarerfahrung entwickelten Übungs-Zyklus nicht für sich nutzen.

Das Interessante an dieser **Kreativitäts-Übung** ist nämlich, daß jede **weitere** Lösung den meisten Menschen **leichter** fällt, nachdem sie die erste erarbeitet haben. Die erste ist für fast alle zunächst ein *Problem*. Ging es Ihnen auch so?

Zum zweiten Mal: die Dach-Liste

Bitte nehmen Sie das Blatt mit der Dach-Liste wieder zur Hand. Diesmal werden Sie in die **vierte Spalte** schreiben, und zwar versuchen Sie, eine sehr interessante Aufgabe zu lösen, nämlich: *Bei wie vielen der 16 Zeilen mit Ihren Assoziationen fallen Ihnen die ursprünglichen Begriffe wieder ein?* Lesen Sie in jeder Zeile Ihre eigenen Assoziationen und **beobachten Sie Ihre Gedanken**. Es ist wichtig, daß Sie sich jetzt innerlich keinesfalls in eine Prüfungs-(Streß-)Haltung begeben, sondern **sehen Sie es**

als eine faszinierende Inventur-Übung. Dabei wollen Sie ganz entspannt, mit Forschergeist, herausfinden, wie viele der originalen Wörter Ihnen jetzt wieder einfallen. Tragen Sie Ihre Ergebnisse in **die vierte Spalte** ein, und zählen Sie anschließend die Anzahl der von Ihnen erinnerten Begriffe, **ohne** mit der Liste im Buch zu vergleichen. Es ist sehr wichtig, daß Sie diese Spielregel einhalten, damit wir später weiterspielen können. Danke.

Also: *Bei wie vielen der 16 Zeilen fallen Ihnen die ursprünglichen Begriffe wieder ein?* Ihr Ergebnis:

1. Ich konnte von den 16 Original-Begriffen rekonstruieren:

Anzahl:

2. Die Nummern derjenigen Zeilen, deren Ursprungs-Begriff ich jetzt **nicht** rekonstruieren konnte, sind folgende:

3. Ich habe die Dach-Liste wieder **beiseite** gelegt, **ohne** mein Ergebnis mit der Original-Liste zu vergleichen.

(Bitte ankreuzen)

Experiment: Geld

Haben Sie (auf Seite 27) mitgemacht und **90 Sekunden lang** Ihre Assoziationen zu dem Begriff *Geld* notiert?

☐ **Ja** (*Gratuliere, Sie wollen dieses Buch-Seminar wirklich praktisch nutzen.*)

☐ **Nein, ich habe nichts aufgeschrieben*** (*Schade, denn die folgende Frage bezieht sich auf Ihre Notizen. Vielleicht wollen Sie doch noch mitmachen?*)

Erinnern Sie sich, daß Sie einen neuen Bogen Papier nehmen sollten? Dies geschah, damit Sie jetzt Ihre Antwort im Kasten ankreuzen können. *Wie haben Sie Ihre Stichwörter aufgelistet?*

☐ **nebeneinander**

☐ **untereinander**

☐ **Mind Map** (nach Tony BUZAN, GB)

☐ **Cluster** (nach Gabriele L. RICO, USA)

nebeneinander

Wenn wir einzelne Begriffe notieren, sollten wir keinen „Fließtext" (= so, wie man Sätze schreiben würde) produzieren, weil es später (wenn wir mit diesen ersten Assoziationen **weiterarbeiten** wollen) **schwer** wird, einen **Überblick** zu bekommen. Trotzdem beobachte ich immer wieder Seminarteilnehmer/innen (ca. 10%), die ihre **Liste** *nebeneinander* schreiben. Falls Sie dazugehören, möchten Sie hierüber vielleicht kritisch nachdenken. **Die minimale Struktur** (die Ihnen wirklich beim analytischen wie **kreativen Denken** hilft) ist die senkrechte Liste (also *untereinander*, vgl. den nächsten Punkt).

---

* Ich weiß, es wirkt übertrieben, aber diese Vor-Übungen sind wichtig, um Ihnen eine faire Chance zu geben, sich später selbst zu beweisen, wie gut Sie sind. Wenn Sie eine bessere Idee haben, wie man diese Wichtigkeit betonen kann, ohne die Leser/innen zu nerven, schreiben Sie mir. Danke.

untereinander

Das kennen wir aus Schule und Alltag; so arbeiten die meisten: Dadurch, daß wir mit jedem Wort eine neue Zeile beginnen, begeben wir uns **gedanklich in eine innere Haltung des Stichwort-Suchens.** Diese innere Erwartungs-Haltung löst vergangene Erinnerungen an ähnliche Situationen aus, in denen wir ebenfalls auf Ideen-Suche waren. Manche Menschen haben jedoch gerade damit Probleme, z.B. wenn solche Aufgaben unangenehme Assoziationen (vielleicht an die Schulzeit) wecken und alte Frust-Gefühle (mit den damit einhergehenden Denk-Blockaden) aktivieren. Andere Menschen wiederum verbinden mit dieser Art von Such-Aufgabe eher positive Gefühle, ihnen fällt also demzufolge jetzt eine Menge ein, wenn sie frei zu assoziieren beginnen. Voraussetzung ist natürlich immer, daß wir zum Thema überhaupt etwas wissen …

Mind Map (nach Tony BUZAN, GB)

Wir setzen das **Thema in die Mitte** und ziehen Linien, auf denen wir unsere Assoziationen eintragen (**pro Linie ein Wort**).

Traditionell beginnen wir rechts oben und bewegen uns im Uhrzeigersinn um den Mittelpunkt (Thema) herum.

Diese Technik ist für viele Menschen weit effizienter, als einfach nebeneinander oder untereinander zu schreiben, denn: Indem wir uns über das ganze Blatt „ausbreiten", können wir **die normalen Denk-Strukturen leichter verlassen.** Deshalb fällt vielen bei dieser Darstellungsweise **mehr** ein. Außerdem können wir **später** von den einzelnen Ideen aus weitere Zweige zeichnen, so daß langsam eine Landkarte (englisch = *map*) entsteht, die zeigt, was unser Verstand (*mind*) entwickelt hat, daher der Name: Mind Map.

Cluster (nach Gabriele L. Rico, USA)

Frau Prof. Rico entwickelte diese Technik in den sechziger Jahren für ihre Studenten; das CLUSTER ist also einige Jahre älter als das MIND MAPPING.

Bei Frau Prof. Ricos Problemstellung ging es vor allem um die Entwicklung von Ideen **als Vorbereitung zum kreativen Schreiben.** Sie promovierte mit einer Arbeit, aus der hervorging, daß den Studenten weit mehr einfiel, wenn sie CLUSTER anlegten.

Auch beim CLUSTER beginnen wir rechts oben und bewegen uns im Uhrzeigersinn um den Mittelpunkt (Thema) herum.

Der Begriff CLUSTER bedeutet „Traube"; hier hängen die Gedanken wie Weinbeeren „dran". Dieses Bild ist interessant: Je mehr Sie nämlich zu einem Thema wissen, desto „voller" wird Ihre „Traube" sein. Wenn Sie vorhin beim ersten Experiment zur Dach-Liste (Seite 25) mitgemacht haben, dann hatten Sie vielleicht **keine einzige** Assoziation zum letzten Begriff *Adipositas*. Das geht den meisten Menschen so, eben deshalb ist der Begriff Teil der Liste! Hier haben Sie quasi eine **leere Traube** (sprich: ein leeres „Zweiglein", ohne eine einzige Weinbeere). Wenn aber keine Beeren (Ideen, Begriffe) „dranhängen", dann können Sie logischerweise auch keine Assoziationen bilden. (Wir kommen später auf diesen wichtigen Zusammenhang zurück.)

Die CLUSTER-Technik ähnelt dem MIND MAPPING, hat jedoch einen Vorteil: Man darf in jede Blase auch **mehr als ein Wort** schreiben, im Gegensatz zur MIND-MAP-Regel: Immer nur *ein Wort pro Linie*. Damit haben vor allem Einsteiger Probleme!

> Somit ist die CLUSTER-Technik für Anfänger weit leichter zu erlernen. Die Seminarerfahrung zeigt: Diese Technik haben die Teilnehmer/innen nach fünf Minuten „drauf".

Wir hatten bereits angedeutet, daß wir bei der MIND MAP an jeden Zweig weitere Zweige anfügen können, das gleiche gilt natürlich für das CLUSTER. Auch hier können wir später jede „Blase" erweitern, so daß auch diese Darstellungs-Form die Komplexität unserer Gedankengänge grafisch widerspiegelt, wie die folgende Abbildung zeigt.

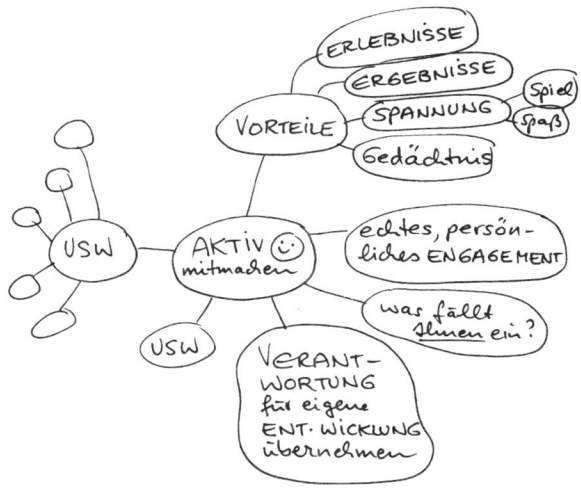

Zum dritten Mal: die Dach-Liste

Belassen Sie die Liste bitte noch in ihrem „Versteck"; wir wollen jetzt nur nachdenken. Wenn Sie bisher aktiv mitgespielt und sich an die Spielregeln gehalten haben, dann haben Sie jetzt eine gute Chance, sich selbst zu erstaunen. Ich habe schon angedeutet, daß die meisten Menschen weit mehr können, als sie sich normalerweise zutrauen. Das möchte ich Ihnen jetzt praktisch demonstrieren.

Legen Sie bitte auf einem **neuen Blatt Papier** zwei Spalten an. Teilen Sie das Blatt in der Mitte, wobei Sie in der Mitte zwei senkrechte Linien ziehen (vgl. folgende Abbildung). Die linke Spalte nennen Sie „Dach", die rechte „Nicht-Dach".

39

Jetzt raten Sie: Wie viele Wörter der Dach-Liste werden Sie voraussichtlich rekonstruieren können?

_____ Wörter

Nun numerieren Sie **in der Mitte** von 1 bis 16:

DACH		NICHT-DACH
	1	
	2	
	3	
	⋮	
	⋮	
	15	
	16	

Geben Sie sich **drei Minuten** Zeit und tragen Sie links nur Begriffe ein, die Teil der ursprünglichen Dach-Liste gewesen sein **könnten**! Rechts notieren Sie **irgendwelche** (16) Wörter, die **garantiert nicht** Bestandteil der Dach-Liste waren. Tun Sie das bitte jetzt, ehe Sie weiterlesen.

Fußnote an alle, die an einem Power-Tag dabei waren:
Haben Sie gemerkt, daß diese Übung etwas von Ihrer Erinnerung abweicht? Sie haben recht; Ihr Gedächtnis ist ok.

So, jetzt vergleichen Sie Ihr Ergebnis bitte mit der Original-Liste (auf Seite 25). **Markieren** Sie dabei …

1. **alle richtigen Begriffe** (auf der linken Seite) sowie
2. **alle „falschen" Begriffe** (auf der rechten Seite), d.h. Wörter, die **doch** Bestandteil der Dach-Liste sind.

   Wie ist Ihr Check ausgefallen?

3. _____ **links**: richtige Begriffe aus der Original-Liste
4. _____ **rechts**: „falsche" Wörter (aus der Dach-Liste)

Jetzt überlegen Sie bitte:

1. Wenn ich Sie eingangs gebeten hätte, die Dach-Liste **auswendig zu lernen,** dann hätte Sie dies um so mehr Mühe gekostet, je mehr Sie diese Aufgabe im Stile des Auswendiglernens (im Sinne von Pauken, Büffeln) angegangen wären.
2. Die meisten Teilnehmer/innen können **mehr** Begriffe rekonstruieren, als sie sich **zugetraut** hatten. Sie auch?
3. Bitte beachten Sie, daß Sie diese Liste **zu keiner Zeit** „gelernt" hatten. Sie haben nur **nachgedacht:** Im ersten Durchgang **sammelten Sie eigene Assoziationen,** und beim zweiten Mal stellten Sie fest, **wie viele Begriffe Sie rekonstruieren konnten,** als Sie **Ihre eigenen Gedanken** gelesen haben. Trotzdem haben Sie sich jetzt bereits an einige der Begriffe erinnert! (Wir kommen später darauf zurück.)
4. Probleme gab es vor allem mit den Begriffen, bei denen Ihre „Traube" ein „leeres Zweiglein" darstellt (z.B. für die meisten Menschen der Begriff *Adipositas).*

Dies sind **erste Ergebnisse der Dach-Listen-Aufgaben**. Wir werden uns dieser Liste mehrmals nähern. (Packen Sie jetzt bitte wieder alles weg.)

Kreatives Denken

MIND MAP und CLUSTER (vgl. Seite 36 ff.) werden gerne als **Kreativitäts-Werkzeuge** bezeichnet. Es wird behauptet, daß **jedem** Menschen mit diesen Techniken **automatisch** weit mehr Ideen einfallen als beim Anlegen von einfachen Listen. Dies stimmt allerdings nur bedingt.

Es stimmt, weil diese Art des Schreibens uns aus eingefahrenen Denkrillen befreien **kann. Es stimmt aber nicht immer**, denn: Vielen Menschen (denen beim normalen Auflisten **keine** Ideen „zufallen") fällt bei Mind Map oder Cluster **ebenfalls nichts ein**, während Menschen, denen in der Regel viel einfällt, **auch** mit MIND MAP- oder CLUSTER-Technik jede Menge Ideen notieren können. Diese beiden Techniken erhöhen also bei manchen Menschen **weder** die Kreativität **noch** die Fähigkeit, **neue** Gedankengänge zu denken. Der **Hauptvorteil** für Menschen, die **sowieso** kreativ denken können, liegt jedoch darin, daß man **später** weit besser weiterarbeiten kann als mit einfachen Listen.

Wenn Sie hingegen eine Technik suchen, durch welche Ihnen wirklich mehr (als normal) einfallen wird, dann wird Ihnen die folgende (von mir entwickelte) Methode helfen. Die Erfahrungen haben gezeigt, daß diese Technik die **Chancen** auf kreative Ideen wirklich maßgeblich verbessert.

Ehe ich Ihnen erkläre, **warum** das so ist, möchte ich Ihnen zeigen, **wie** es geht. Wir beginnen, indem wir das Wort, über das wir nachdenken wollen, ganz groß auf das Blatt schreiben, z.B. so:

Anschließend suchen wir Begriffe, die mit denjenigen Buchstaben beginnen, **aus denen** unser Schlüsselwort besteht.

In unserem Fallbeispiel heißt das:

> ein Begriff mit „G",
> ein Begriff mit „E",
> ein Begriff mit „L" und
> ein Begriff mit „D".

Dabei setzen wir das Thema immer in Bezug zu uns selbst (so lautete auch die Aufgabenstellung vorhin, vgl. Seite 27). In unserem Fallbeispiel könnte das z.B. so aussehen:

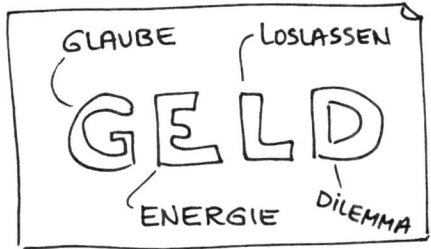

Geld:
Assoziationen
einer Seminar-
teilnehmerin

43

Also durchlaufen Sie zwei Schritte:

Schritt 1: Erste Assoziationen (mindestens ein Wort zu jedem Buchstaben) suchen.

Schritt 2: Über Ihre ersten Assoziationen nachdenken.

Natürlich dürfen Sie später mehr als einen Begriff pro Buchstabe suchen; ich will Ihnen jetzt nur einen ersten Einstieg in diese neue Denk-Technik zeigen.

Zwar würden Sie bei MIND MAP oder CLUSTER dieselben zwei Schritte durchlaufen, aber wir haben festgestellt, daß mit meiner Methode wirklich völlig **neue** Gedanken-**Verbindungen** entstehen! **Warum** das so ist, werde ich Ihnen in Kürze verraten; bleiben wir jedoch bitte noch etwas bei der **praktischen Anwendung.**

In dem Beispiel der Teilnehmerin (S. 43) ergaben sich für diese Dame **im zweiten Schritt** folgende Überlegungen:

1. Inwieweit könnte mein **GLAUBE,** daß ich sowieso nie reich sein werde, etwas mit der ständigen Leere auf meinem Bankkonto zu tun haben?

2. Vor einigen Monaten habe ich mir ein Buch gekauft: „Geld, fließende **ENERGIE**" (von Stuart Wilde), aber ich habe es noch nicht gelesen! Ich werde das jetzt tun!

3. Irgendwie bin ich fast geizig! Ich kann Geld nicht gut **LOSLASSEN**! Könnte auch das etwas damit zu tun haben? Wenn Geld „fließen" muß ...?

4. **DILEMMA.** Tja, das ist wirklich eins, das ich lösen sollte! Einerseits möchte ich das wenige festhalten, andererseits könnte mein Festhalten an dem wenigen, was ich habe, verhindern, daß Geld zu mir hinfließen kann?

Wenn Sie wollen, könnten Sie jetzt eine **freiwillige Übung** durchführen, indem Sie **Ihre eigenen Assoziationen** zu *Geld* noch einmal ansehen und sich fragen: *Habe ich über die Begriffe, die mir eingefallen waren, bereits in ähnlicher Form wie diese Teilnehmerin nachgedacht? Wenn die Antwort „Nein" lautet: Möchte ich das jetzt gleich tun?*

So, jetzt haben Sie gesehen, **wie** es geht. Nun nenne ich Ihnen den Namen: KaWa©. Sie ist eine von zwei Varianten meiner **Kreativ-Technik**, die ich **Analografie**© nenne. Hierbei handelt es sich um eine Weiterentwicklung von Gedanken aus meinem Buch *Stroh im Kopf? – Gebrauchsanleitung fürs Gehirn* (inzwischen in 34 Auflagen und drei Sprachen erschienen). Bereits in der ersten Auflage (1984) hatte ich auf die Notwendigkeit hingewiesen, zwischen zwei unterschiedlichen **Denk-Stilen** zu unterscheiden. Ich übernahm die Bezeichnung Gregory BATESONS (beschrieben in WATZLAWICK, BEAVIN, FISH: *Menschliche Kommunikation – Formen, Störungen, Paradoxien),* wonach wir Informationsverarbeitung in DIGITAL und ANALOG einteilen.

Informationen: digital & analog

Kurz ausgedrückt: *digitale Informationen* sind an Ziffern, Wörter oder spezielle Zeichen (z.B. mathematische oder naturwissenschaftliche Sonderzeichen) gebunden. Gregory BATESON leitete den Begriff *digital* vom englischen Wort *digit* (= *Ziffer*) ab.

Dabei gilt: *Digitale Informationen* **kann nur verstehen, wer sie sowieso versteht.**

Im Klartext: Wenn zu dem Begriff *Adipositas* an Ihrer „Traube" noch keine „Weinbeere hängt", dann können Sie den *digitalen* Begriff *Adipositas* eben **nicht** verstehen und konsequenterweise auch nicht über seine Bedeutung nachdenken. Somit sind *digitale Informationen* immer an Sprache gebunden.

Im Seminar demonstriere ich diesen Punkt manchmal, indem ich plötzlich (mitten im Satz) in eine andere Sprache überwechsele (z.B. Holländisch) und ca. 90 Sekunden lang in dieser weitersprreche. Zuerst glauben die Teilnehmer/innen an akustische Probleme, weil Englisch und Deutsch dem Holländischen mehr ähneln als Französisch oder Italienisch (das hätte jede/r weit schneller identifizieren können). Dann beginnen sie langsam zu begreifen, daß sie die *digitalen Informationen* anders „sortieren" müssen. Entweder sie verstehen Holländisch, dann schalten sie jetzt innerlich um, oder sie verstehen zwar die Sprache selbst nicht, haben aber begriffen, was ich ihnen demonstrieren wollte. Nun wechsele ich in die heutige Seminar-Sprache zurück, und wir sprechen darüber, daß *digitale Informationen* (z.B. Wörter) nur im Hinblick auf unsere eigenen vergangenen Erfahrungen verstanden werden können. Habe ich keine Erfahrungen mit einem bestimmten Wort gemacht, dann kann ich es auch nicht verstehen, wenn es mir begegnet. Denn *digitale Informationen* enthalten keinerlei Infos über das, was sie bedeuten. Gregory BATESON drückte das so aus:

> Die Zahl Fünf ist ja nicht fünfartig, ebensowenig wie das Wort „Haus" uns an ein solches erinnert.

Ebenso ist das Wort *Adipositas* für all jene völlig bedeutungslos, die es (noch) nicht kennen!

Da ich Ihnen eine Demonstration dieses Effektes geben wollte, habe ich Sie vielleicht auf Seite 45 etwas verwirrt, als ich sagte:

> Nun nenne ich Ihnen den Namen der Technik: **KaWa**©. Sie ist eine von zwei Varianten meiner Kreativ-Technik, die ich **Analografie**© nenne. Hierbei handelt es sich um eine Weiterentwicklung von Gedanken aus meinem Buch *Stroh im Kopf?*…

Möglicherweise hat diese Textstelle Sie etwas verwirrt. Das hängt jedoch **nicht von mir** ab, sondern **von Ihnen**! Wir besprechen ja gerade, daß wir *digitale Informationen* nur verstehen können, wenn wir sie verstehen (d.h., wenn wir sie bereits KENNEN und sie somit (wieder-)ERKENNEN können), wenn wir sie hören oder lesen. Da ich meine Analografie-Technik bisher nur in einem meiner Bücher (*Rhetorik – Redetraining für jeden Anlaß, 1998*, Seite 150 ff.) veröffentlicht habe, können **nur diejenigen unter Ihnen** die Schlüsselbegriffe dieser Technik ERKENNEN, die entweder das Buch gelesen oder die Methode im Seminar kennengelernt haben. Also können wir festhalten:

> Digitale Informationen muß man *vorher* kennen und jetzt *wieder•erkennen,* um sie zu verstehen.

Ganz anders verhält es sich bei **analogen Informationen**: Während das **logische** Denken sagt: *so ist es …*, sagt das *nicht logische* (= ana•logische) Denken: *Das ist so wie …*

> Analoge Informationen stellen ein BILD dar, das die Sache, für die sie stehen, ab•BILD•et. Oder sie bieten uns ein Bild, indem an•SCHAU•lich mit Worten „gemalt" wird, damit wir uns schnell und leicht „ein Bild machen" können.

Um bei der Zahl *Fünf* zu bleiben: Unser digitaler Begriff *fünf* ist **nicht** fünfartiger als *five* (englisch), *cinq* (französisch), *cinque* (italienisch) oder *hamza* (arabisch). Auch die *Ziffer* ist digital, ob „V" (römisch) oder „5" (angeblich arabisch, genaugenommen indisch; die echte arabische „5" erinnert eher an unsere Null!). Wieder gilt: Sie können die Ziffer natürlich nur „lesen" und verstehen, wenn Sie sie bereits kennen!

Aber es gibt **analoge** Möglichkeiten, die Idee der Fünf so auszudrücken, daß Menschen unterschiedlichster Länder die Idee verstehen und in die jeweiligen *digitalen* Begriffe ihrer eigenen Sprachen übersetzen können.

So können wir unsere fünf Finger spreizen oder einen Würfel so hinlegen, daß die fünf Punkte oben liegen, oder fünf Gegenstände nebeneinander legen usw.

Zwischenbilanz:

1. Man kann nur die **digitalen Informationen** verstehen, die man bereits kennt, denn: Digitale Informationen **müssen in keiner direkten Beziehung zu dem Gegenstand stehen,** den sie bezeichnen: *Hund* ist genauso digital wie *dog, chien* oder *kalbun.*

2. Der **Denk-Stil,** den wir als *digital* bezeichnen, ist analytisch, logisch, rational und linear (= Schritt•für•Schritt).

3. **Analoge Informationen** sind BILD•haft, an•SCHAU•lich und stehen immer in einer **direkten Beziehung zu ihrer Botschaft.** Der Vergleich einer auffallenden Persönlichkeit mit einem „bunten Hund" ist nicht logisch, er ist *ana•logisch.* Alle Vergleiche, Analogien, Gleichnisse und Metaphern sind **ana•logisch!**

4. Der **Denk-Stil,** den wir als *analog* bezeichnen ist **nicht** logisch, sondern ana•logisch (= a•logisch). Er arbeitet mit **Vergleichen**

und stellt **Beziehungen** und Ver•BIND•ungen her. Er ist nichtlinear (parallel), nicht detailliert (holistisch) und wird oft als **intuitiv, innovativ** oder **kreativ** bezeichnet.

Zwei Denk-Stile: digital & analog
(und was unser Schulsystem uns vorenthält)

Bis vor ca. 300 Jahren war der Denk-Stil der Menschen noch weit analoger. Dann setzte sich langsam die mathematisch-wissenschaftliche Denk-Methode durch, zuerst an den Universitäten, dann an den Schulen und zuletzt auch im ganz „normalen" Alltag. Die Schul- und Ausbildung nach dem Zweiten Weltkrieg war „total digital". Die Schwerpunkte lagen auf detaillierten (und oft isolierten) einzelnen Daten, Fakten und Informationen (die man möglichst wie ein Tonbandgerät in Prüfungen wieder „abspulen" mußte). Im Unterricht wurde großer Wert auf wortgetreues Lesen und Schreiben gelegt. Etwaige „Interpretationen" (Deutungen) der Inhalte hatten sich an den vorgegebenen Richtlinien zu orientieren. Wo kämen wir denn hin, wenn unsere jungen Leute eigenständiges Denken lernen würden?!

Des weiteren wurden Abertausende von Stunden in zwölf oder mehr Schuljahren mit isoliertem Vokabel- und Grammatikregel-Pauken und Prüfungen hierzu vergeudet, aber nur wenige mit dem eigentlichen Sprechen der zu lernenden Sprachen verbracht. Ebenso wurde viel Zeit und Energie in Rechnen investiert (nicht etwa in mathematisches Denken!) – das heißt: **Der Schwerpunkt lag auf digitalen Fähigkeiten.** Für die analogen hatte man nicht viel übrig, weder Wertschätzung noch Zeit: Man durfte so gut wie nie „mit Sprache spielen" (was u.a. auch das

Sprachgefühl geschult hätte) oder sich nur selten „musisch" betätigen (Zeichnen, Malen, Singen, Musizieren, Tanzen, Pantomime usw.).

> Schule:
> Wenn ich „Schule" sage, meine ich die **Institution** (und deren **amtlich verordnete** Richtlinien!), nicht aber einzelne Lehrkräfte, von denen viele sehr engagiert sind! Aber erstens kann die beste Lehrkraft in einem **hirnrissigen Schulsystem** nur bedingt erfolgreich sein (= die Schüler/innen nur bedingt erfolgreich machen), und zweitens müssen innovative Lehrer auch noch mit Eltern kämpfen („Wieso muß mein Kind keine Vokabeln lernen?!"). Meine Kritik bezieht sich auf **das System,** das viel zu viele unserer Kinder systematisch behindert. Meine Kommentare beziehen sich demzufolge **nicht** auf einzelne, zum Teil sehr motivierte Opfer dieses Systems. Dazu gehören, neben den armen Kindern, Lehrkräfte und Eltern, die mit ihren Steuern **ein System finanzieren müssen,** das unsere Schüler/innen (und Student/innen) absolut **n i c h t** z u k u n f t s - t a u g l i c h macht!

Die Schule fordert Logik und Ratio, für Kreativität ist da kaum Raum. Wieso wundern wir uns eigentlich, daß die meisten Erwachsenen so „unkreativ" sind? Oder: Warum wundern wir uns **nicht**, daß Bewohner unserer Breitengrade den **balinesischen Tempeltanz** nicht ausführen können? Antwort: **Weil jede/r weiß**, daß wir das nie gelernt haben!

Aber wenn es um **analoges Denken** geht, dann meinen wir, es handle sich um eine „Naturbegabung", die man „hat" (oder auch nicht)! Nach dem Motto:

> Leute wie Einstein „haben" diese Naturbegabung; deshalb nennen wir sie „genial", und genial sind **wir** leider **nicht.**

Betty EDWARDS wies einmal darauf hin, daß wir mit demselben Recht behaupten könnten, die Fähigkeit zu lesen und schreiben sei eine Frage unserer Naturbegabung …

Nun wissen wir aus der Gehirnforschung, daß **Kreativität keine isolierte Begabung** ist, sondern daß ihre praktische „Ausformung" mit **Umfeld und Training** zu tun hat.

Vergleichen wir das einmal mit Lesen, Schreiben und Rechnen: Zwar wird nicht jede/r ein/e „große/r Schriftsteller/in" oder ein/e begnadete/r Mathematiker/in, **aber jede/r kann bis zu einem gewissen Grad Lesen, Schreiben und Rechnen lernen.**

Analog dazu können wir sagen: Zwar wird nicht jede/r ein Leonardo da Vinci, ein Mozart oder ein Einstein, aber jede/r kann analoge Fertigkeiten (wie zeichnen oder malen, musizieren, komponieren oder wissenschaftliches Denken) **bis zu einem gewissen Grad** beherrschen lernen. Und ich meine wirklich jede/r! Also auch Sie, Ihr/e Lebenspartner/in, Ihre Kinder, Ihre Mitarbeiter/innen …

Vielleicht wundert es Sie, daß ich **wissenschaftliches Denken** unter „musisch", also **analog** (d.h. **nicht** logisch) aufgeführt habe. Aber das ist ja genau des Pudels Kern: Bitte verwechseln Sie die 95% der Techniker und Bürokraten unter den „Wissenschaftlern" nicht mit den 5% der **wissenschaftlichen Künstler**, nämlich den **5%, welche die Welt um bahnbrechende neue Ideen bereichern und die Forschung weiterbringen!** Wissenschaftliche Arbeit (inklusive der Leistungen in den „harten" Naturwissenschaften und der Königs-Wissenschaft, der Mathematik) sind **künstlerische** Leistungen, die unter einem extrem hohen Anteil **anlogen Denkens** ausgeführt werden! (Eine spannende Einführung in solche Gedankengänge bietet Jacques HADAMARD, vgl. Literaturverzeichnis, Seite 372).

Aber kehren wir kurz zu dem Beharren der Schule auf Lesen, Schreiben und Rechnen (plus Faktenwissen) zurück. Wenn die Schule wenigstens diese Fertigkeiten gehirn-gerecht vermitteln würde, dann fehlte zwar immer noch die Entwicklung der analogen Seite, aber zumindest könnten unsere Schulabgänger mühelos lesen, einigermaßen rechnen und sich mündlich wie schriftlich adäquat ausdrücken. Tatsache aber ist, daß die Ergebnisse seit Jahren ständig schlechter werden. Im Vergleich mit allen Industrienationen dieser Welt (Stand 1998) ist Deutschland **von den obersten** Rängen auf **Platz 17** gerutscht!

Wenn wir darüber hinaus bedenken, daß im post-industriellen Zeitalter der Anteil an Jobs für unqualifizierte Menschen auf unter 20% gesunken ist, dann ist uns klar, wie überlebenswichtig das Thema *gehirn-gerechtes Arbeiten* für alle sein sollte!

Nun könnte man meinen, daß Lesen, Schreiben und Rechnen in einer Computer-Welt nicht mehr so wichtig seien, weil der elektronische „Rechner" sowieso besser und schneller rechnen kann und weil die Spracheingabe und -ausgabe des Computers es in Zukunft auch Analphabeten ermöglichen würde, geistig tätig zu sein; aber der Schein trügt.

Wir wissen aus der modernen Gehirn- und Kognitionsforschung auch, daß **Denk-Prozesse** durch Lese- und Schreibfertigkeiten **verändert** werden: **Analphabeten denken anders, nämlich weit mehr analog.** Sie tun sich jedoch schwer, wenn es um analytisches und logisch-rationales Denken geht. Darum finden sich unter Analphabeten und Legasthenikern so viele kreative Menschen (vgl. auch das hervorragende Buch *Legasthenie als Talent-Signal* von Ron DAVIS).

52

Optimal wäre es natürlich, wenn wir digital **und** analog einigermaßen „gut drauf" wären, weil Menschen, die **sowohl** logisch **als auch** analog (= ana•logisch) denken können, vom jeweils anderen Denk-Stil profitieren, wenn sie „echt" nachdenken wollen, z.B. **im Alltag, wenn es darauf ankommt, reale Probleme zu lösen (analytisch oder kreativ!).** Aber unser Schulsystem hat uns die analoge Seite der Medaille so intensiv vorenthalten, daß die meisten Erwachsenen glauben, sie selbst „seien" leider nicht kreativ. (Ebenso wie zu viele Menschen glauben, sie hätten absolut kein Sprachentalent, sie könnten nicht zeichnen, ihr Gedächtnis sei schlecht usw.). Falls auch Sie betroffen sind, so hoffe ich, Sie im Verlauf dieses Buch-Seminars einiger solcher „Gewißheiten" zu „berauben". Vielleicht sind Sie ja nicht (mehr) selbst betroffen, aber Menschen, die Sie lieben …?

Die ANALOGRAFIE© (1)

Nun wollen wir uns wieder der Praxis des kreativen Denkens nähern. Natürlich gibt es tausend kreative Möglichkeiten, die weder Papier noch Stift benötigen (z.B. Kochen, Tanzen, Bildhauern, Häkeln, Marionettentheater, Pantomime usw.). Aber unser Schwerpunkt ist das **analoge Denken** als Gegenpol zum **digitalen** (analytischen, logisch-rationalen) **Denken**. Und da wir die Ergebnisse unserer Denk-Prozesse mitverfolgen und dokumentieren wollen, um später jederzeit weiterdenken zu können, sprechen wir jetzt über meinen Ansatz der Technik, deren Oberbegriff ich **Analografie©** genannt habe.

ANALOGRAFIE

Analografie© = Analoges Denken
mit einem Stift in der Hand

Der Wortteil *grafie* leitet sich von (griech.) *grafein* her, was ursprünglich *ritzen* hieß (z.B. in Tontafeln ritzen). Später wandelte sich die Bedeutung von *grafein* sowohl in *schreiben* als auch in *zeichnen*. Deshalb finden wir dieses Wort sowohl in der Graphologie (der Kenntnis vom SCHREIBE(N) als auch in GRAFIK (also zeichnen) und Fotografie (die ebenfalls BILDER produziert). Außerdem sagen wir sowohl, daß wir eine Unter-SCHRIFT leisten, als auch, daß wir unter•ZEICHNEN!

Daher leuchtet Ihnen sicher ein, warum ich zwei Varianten entwickelt habe: bei der einen (vgl. *Außenseiter*) ZEICHNEN wir (**KaGa©**), hier wollen wir GRAFISCHE ASSOZIATIONEN schaffen, während wir bei der anderen Variante unsere Assoziationen (Wörter) auf•SCHREIBEN (**KaWa©**).

KaGa© und **KaWa©**

Das „K" bei **KaWa**© und **KaGa**© steht jeweils für „**kreativ**", das „A" für **Analografie**©, das „W" für „**Wort**" und das „G" für „**grafisch**" (oder „**Grafik**"). Und das letzte „A" bedeutet natürlich jeweils „**Assoziationen**", was Ihnen unsere Experimente ja bereits gezeigt haben.

Analografie©, **KaWa**© und **KaGa**©:
Da es umständlich wäre, diese Begriffe ständig durch das Copyright-Zeichen als **Birkenbihl-Entwicklung** zu kennzeichnen, möchte ich an dieser Stelle **die lieben Kolleg/innen** bitten: Natürlich dürfen Sie diese Ansätze vermitteln und einsetzen, auch darüber schreiben, aber **geben Sie doch bitte die Quelle an.** Danke.

Es handelt sich um eine Denk-Technik, die digitale **und** analoge Elemente verbindet. Wenn wir ein KaGa anlegen, verbinden wir unsere Gedanken mit dem Versuch, unsere Idee grafisch darzustellen, sprich abzu•BILD•en. Erstellen wir ein **KaWa**, so suchen wir jedoch Wörter.

Die Anwendungs-Gebiete der **Analografie** sind schier unendlich: Ob Sie auf Ideen-Suche sind oder ob Sie herausfinden wollen, was Sie über ein Thema wissen (oder denken!); ob Sie eine Rede vorbereiten oder anhand Ihrer **Analografie** auch halten wollen (besser als einzelne Notiz-Karten), ob Sie mit anderen zusammen kreativ denken oder alleine arbeiten … Die Erfahrungen der letzten beiden Jahre haben gezeigt, daß diejenigen meiner Teilnehmer/innen, die begonnen haben, die **Analografie** praktisch anzuwenden, nach kürzester Zeit faszinierende Ergebnisse erzielen.

Vorläufige Zusammenfassung:

Analografie:

Es gibt zwei Varianten: **KaGa** und **KaWa**.

Bei **KaGa** suchen wir **GRAFISCHE** Assoziationen (vgl. das Experiment zum Begriff *Außenseiter*).

Bei **KaWa** suchen wir hingegen **WORT**-Assoziationen (wie in unserem Fallbeispiel zum Thema *Geld,* Seite 43).

Wir werden später auf **KaGa** zurückkommen; lassen Sie uns im Augenblick noch bei **KaWa** bleiben.

Ich hatte ja bereits angekündigt, daß die **Analografie** zu völlig **neuen** Gedanken-**Verbindungen** führen kann, so daß wir sie als „echte" Kreativitäts-Technik einsetzen können. Andererseits könnten Sie glauben, KaWa sei im Zweifelsfall **ungünstiger** als

56

MIND MAP oder CLUSTER, weil Sie bei **KaWa** auf bestimmte Buchstaben **festgelegt** sind. Sie sind **nicht mehr frei**, „alles" denken zu können. Sie sind bis zu einem gewissen Grad limitiert (be•GRENZ•t).

Vielleicht verwundert es Sie, wenn ich Ihnen antworte, daß genau diese **Begrenzung** ein **wesentlicher Erfolgs-Garant** von KaWa ist.

Wenn Sie experimentierfreudig sind, dann machen Sie einen weiteren (freiwilligen) Selbst-Versuch, ehe ich das Geheimnis lüfte.

Experiment: Kreative Wort-Assoziation (3)

Legen Sie ein **KaWa** zum Begriff *Problem* an. Schreiben Sie auf ein neues Blatt Papier (quer), in die Mitte groß und fett, das Wort *Problem*!

Schritt 1: Welche Assoziationen fallen Ihnen zu den einzelnen Buchstaben ein? (In bezug darauf, was *Problem* **für Sie persönlich** bedeutet. Sie können aber auch an **ein spezifisches Problem** denken.)

Schritt 2: Denken Sie über Ihre spontanen Einfälle nach.

Entscheiden Sie, ob Sie die Aufgabe (sofort) durchführen wollen. (Wenn ja: Geben Sie sich **drei Minuten** Zeit und beginnen Sie jetzt.)

Wenn Ihre Erfahrungen sich mit denen vieler Teilnehmer/innen decken, dann haben Sie jetzt vielleicht neue Einsichten darüber gewonnen, was Probleme in Ihrem Leben bedeuten (bzw. was ein spezifisches Problem Ihnen „sagen will"). Natürlich nimmt **die Tiefe Ihrer Einsichten** mit Übung zu; Sie tasten sich ja gerade an diese Technik heran! (Wir kommen später wieder darauf zurück.)

Nun ist ja über Kreativität schon viel gesprochen und geschrieben worden, aber es gibt einen gemeinsamen Nenner, über den sich die Forscher einig sind, nämlich:

> Je mehr **neue** Gedanken-**VERBINDUNGEN** wir knüpfen können, **desto kreativer** ist unser Denken.

Solange wir jedoch felsenfest glauben, Kreativität sei nur Genies vorbehalten, solange wagen wir es gar nicht, kreativ denken zu **wollen**! Wenn wir es jedoch versuchen, dann sollten wir den „Trick" kennen, der hinter dem Erfolg von **Ka**W**a** steht.

Kreativität wird nämlich um so besser, je limitierter man ist. Diesen Gedanken verdanke ich einem der ganz großen amerikanischen Psychologen, Rollo MAY. Er hat nämlich (in *Mut zur Kreativität*) festgestellt:

> Wenn wir in den Kreativ-Prozeß eine (künstliche) Behinderung, eine *Limitierung irgendeiner Art* einführen, dann **kommt der Geist auf Hochtouren.**

Und genau diesen Effekt nutzen wir mit **Ka**W**a**: Denn Sie sind ja jeweils auf die Buchstaben **des** Begriffes be•GRENZ•t, über den Sie gerade nachdenken wollen. (Übrigens haben wir den Effekt auch genutzt, als Sie das Konzept *Außenseiter* unter Verwendung von nur geraden Linien gezeichnet haben (Seite 32). Eben deshalb fällt den Teilnehmer/innen ihr erstes **KaGa** so leicht! (Wir kommen noch darauf zurück.)

Namens-KaWa

Jetzt möchte ich Sie zu einer faszinierenden **KaWa**-Variante einladen: Namens-**KaWa**s! Beginnen Sie vielleicht mit **Ihrem eigenen Namen,** und testen Sie die Idee dann an den Namen einiger Leute. Es kann sich um Vor- oder Nachnamen handeln. Im Fallbeispiel ist *Heinz* ein Nachname.

Als ich über diesen Bekannten nachdachte, fiel mir als erstes ein, daß er ein sehr wissensdurstiger, NEUGIERIGER (N) Mensch ist. Ich habe noch nie erlebt, daß er ein Thema langweilig fand, er ist also anscheinend an allem INTERESSIERT (I). Weiter wurde mir klar, als ich über das „Z" und das „E" nachdachte, daß er sehr ZIELSTREBIG (Z) ist und unendlich viel ENERGIE (E) zu haben scheint.

Sie sehen, daß die **Anordnung** der Buchstaben im Wort **nicht** mit der **Reihenfolge** unserer **Assoziationen** identisch sein muß. Meine spontanen Einfälle begannen mit dem **vor**letzten Buchstaben (N), dann dem **vorvor**letzten (I) und dem letzten (Z).

Dann „wanderten" meine Augen zum Anfang des Namens und beim zweiten Buchstaben (E) fiel mir seine ungeheuere Energie ein. Nun bleibt noch der erste Buchstabe (H), und wie ich „H" denke, ist mir klar, daß dies seine HERZLICHKEIT ist. Beim Namen einer **anderen** Person könnte „H" mich ans Gegenteil (HERZLOS) erinnern, oder an seine HEITERKEIT …

Es ist wirklich faszinierend, daß unsere **momentanen Assoziationen** immer in einer inneren Ver•BIND•ung zum Thema stehen. Und es ist spannend, welche neuen Einsichten sich einem bei der Entwicklung eines **KaW**as auftun …

Andere Namen, die für erste Übungen ausgezeichnet geeignet sind: **Firmen-** oder Markennamen, Namen von Ländern, die Sie bereisen möchten, Namen von berühmten Schriftstellern, Komponisten, Straßennamen, Namen von Stadtteilen, Gebäuden oder Schulen usw. Wann werden Sie Ihr erstes Namens-**KaWa** anlegen?

Zum vierten Mal: die Dach-Liste

Wieder wollen wir uns der Dach-Liste mit einer **neuen** Zielstellung nähern. Wir wollen uns nämlich jetzt mit der Frage befassen, **warum jedes Wort dieser Liste genau an der Stelle steht**, an der es steht. Es geht uns um die Reihenfolge. Sie wollen versuchen, eine kreative Ver•**BIND**•ung zwischen jedem Begriff und der Nummer in der Reihenfolge zu schaffen. Beispiel:

Der erste Begriff ist *Dach* (deswegen nennen wir diese Aufstellung ja *Dach-Liste*). Nun fragen wir uns: **Wie können wir Nr. 1 kreativ mit *Dach* verbinden?** Wir könnten uns z.B. überlegen, daß ein Haus in der Regel nur **ein** Dach hat. Oder:

Das zweite Wort ist *Gabe,* und wieder fragen wir uns: **Welche kreative Ver•BIND•ung können wir uns für Nr. 2 und *Gabe* ausdenken?** Vielleicht fällt uns ein, daß eine *Gabe* einen *Geber* **und** einen *Beschenkten* impliziert: **zwei** Personen für Nr. 2.

Sie wollen für die Begriffe 1–15 eine ver•BIND•ende Erklärung schaffen. Diese **Ver•BIND•ungen** können **einfach** oder **kompliziert** sein. Hierzu ist zu bemerken:

1. **Komplizierte Erklärungen** können sehr spannend sein und außerordentlich effizient wirken, weil viele Ideen in Ihrem Kopf eingebunden werden. Je mehr Ideen gleichzeitig aktiviert werden, desto mehr **Ver•BIND•ungen** entstehen und desto mehr bedeutet Ihnen die Erläuterung.

2. **Komplizierte Erklärungen** sind deshalb spannend, weil sie sich auf das eigene Wissen beziehen. (Die komplizierte Erklärung einer anderen Person kann jedoch leicht frustrieren.)

Zum letzten Punkt: Es folgt **mein** Fallbeispiel für das 7. Wort in der Dach-Liste. Der Grad an Kompliziertheit ist **für mich** gering, weil jede „komplizierte" Erklärung vorhandenes Wissen der Person, die sich die Erläuterung ausdenkt, anzapft. Wenn Sie z.B. Hindu oder Buddhist sind, könnte meine Assoziation auf Sie unangenehm kompliziert wirken.

Die Story vom Garten Eden hat (für mich) **sieben** wichtige Elemente:

1. **Gott**

2. **Adam** und

3. **Eva**

4. der besagte **Baum**

5. eine ganz bestimmte **Frucht** an jenem Baum

6. die **Schlange**

7. die **Vertreibung** aus dem Paradies.

Jetzt sind Sie dran. Bitte nehmen Sie Ihre Dach-Liste wieder zur Hand und „basteln" Sie Ihre 15 **Erklärungen, die den jeweiligen Begriff mit seiner Positionsnummer in der Liste** verbinden. (Nr. 16, *Adipositas*, lassen wir in dieser Übung weg.)

Tun Sie dies bitte, ehe Sie weiterlesen.

Falls Sie Ihre Ideen vergleichen wollen (wie im Seminar), gilt: Wenn Sie zu mehreren arbeiten, besprechen Sie Ihre Ideen anschließend miteinander. Sind Sie hingegen allein, möchten Sie Ihre Erläuterungen vielleicht mit meiner Liste vergleichen (s. Anhang, Seite 353).

Jetzt drehen Sie Ihr Blatt um, und versuchen Sie, sich an Ihre **eigenen** Erklärungen zu erinnern (warum ist dieses Wort Nr. X in der Liste?). Wie viele der Begriffe fallen Ihnen jetzt ein, **weil Ihnen Ihre „selbstgebastelte" Begründung einfällt?**

Notieren Sie Ihr Ergebnis im Buch. Tragen Sie jedoch bitte nur solche Begriffe aus der Dach-Liste in die folgende Liste ein, deren Erklärungen zu ihren Positionierungen Sie schon **auswendig** re•konstruieren können.

1. _____ 9. _____

2. _____ 10. _____

3. _____ 11. _____

4. _____ 12. _____

5. _____ 13. _____

6. _____ 14. _____

7. _____ 15. _____

8. _____ 16. _____

Na, wie leicht (schwer) ist Ihnen diese Aufgabe gefallen?

Legen Sie jetzt alle Dach-Unterlagen bitte wieder beiseite. (Wir werden später den nächsten Schritt gehen.)

Wir sprachen (in bezug auf das CLUSTER, vgl. Seite 38) von dem „Zweiglein", an welchem wenige oder viele „Weinbeeren" hängen. Wenn ich zu Ihnen *Zebra* sage und Ihnen fallen sofort viele Gedanken ein, dann „hängen" diese alle in der „Traube". Sage ich hingegen *Diencephalon* oder *Adipositas*, dann kann es sein, daß diese Infos bei Ihnen auf eine „leere Menge" stoßen, weil dieses „Zweiglein" in Ihrem Geist (noch) keine „Früchte" trägt.

Diese **Analogie** ist hilfreich, wenn wir verstehen wollen, warum wir bei manchen Begriffen keine, bei manchen wenige und bei manchen sehr viele Assoziationen „haben" (vgl. *Adipositas*).

Nun möchte ich Ihnen **eine weitere Analogie** anbieten, die uns **andere Aspekte an•SCHAU•lich machen** kann. Es handelt sich um mein Denk-Bild vom **Wissens-Netz.**

Diese zweite Metapher ist ungemein hilfreich, wenn wir verstehen wollen, **warum** uns manche **Infos „schwer",** andere hingegen „leicht" erscheinen.

Des weiteren hilft uns die Netz-Metapher auch, wenn wir uns eine Vorstellung darüber bilden wollen, wie wir neue Infos so „verarbeiten", daß wir sie später wieder-„finden" bzw. **wie das Gedächtnis funktioniert.**

Das Wissens-Netz

Stellen Sie sich vor: Alles, was Sie je gelernt haben, ist ein Faden in einem gigantischen Wissens-Netz.

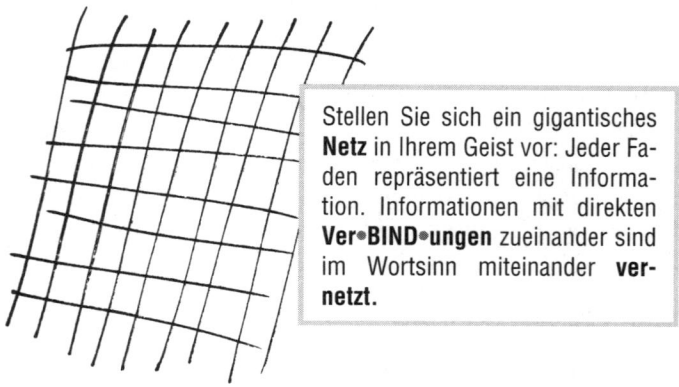

Stellen Sie sich ein gigantisches **Netz** in Ihrem Geist vor: Jeder Faden repräsentiert eine Information. Informationen mit direkten **Ver•BIND•ungen** zueinander sind im Wortsinn miteinander **vernetzt.**

Neurophysiologisch bedeutet unsere Metapher: Jeder Faden im Netz repräsentiert eine sogenannte **bevorzugte Nervenbahn** im Gehirn, wobei jede dieser Nervenbahnen jeweils mit Hunderten, Tausenden oder Hunderttausenden von anderen **Informationen** im wahrsten Sinne **vernetzt** ist. Weiter stellen wir uns vor, jede neue Info trüge an ihrem vorderen „Ende" eine Art Angel- oder Widerhaken:

Kommt eine neue Info auf Ihr Wissens-Netz „zugeflogen", dann gilt: Gibt es schon einen Faden hierzu im Netz, dann wirkt dieser **wie ein Magnet**, der die neue Info „magisch" anzieht, so daß sie sich **vollautomatisch** (und ohne jede Mühe für den Gehirn-Benutzer) an **dieser** Stelle in das Netz einhakt!

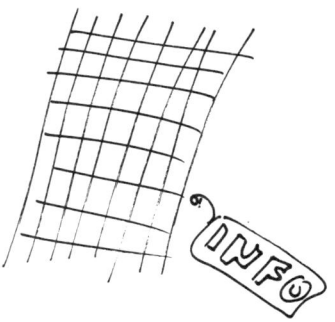

Wenn wir jetzt an unsere Dach-Liste **zurückdenken** und die ersten Übungen, die wir durchgeführt haben, **in Beziehung zu der Metapher vom Wissens-Netz setzen**, dann sehen wir:

▷ Die meisten Begriffe in der Dach-Liste sind den meisten Menschen in unserem Kulturkreis bekannt; allerdings **unterscheidet sich der Grad der Vertrautheit von Person zu Person.**

Aufgabe: Denken Sie die Liste noch einmal „in Zeitlupe" durch und **entscheiden Sie bei jedem Wort, wie vertraut es für Sie ist.** Beurteilen Sie es auf einer Skala von 1 bis 100 (100 = *sehr vertraut*, 50 = *ziemlich vertraut* und 0 = *unbekannt*).

Tragen Sie bitte die **Kennzahl** für jeden Begriff in die Liste (auf Seite 25) ein.

▷ Wenn Sie Ihre Unterlagen anschließend daraufhin studieren, dann werden Sie feststellen: **Je höher die Kennzahl, desto wahrscheinlicher ist es, daß Sie diesen Begriff** (in der zweiten Dach-Listen-Übung) **aufgrund Ihrer eigenen Assoziationen re•konstruieren konnten.**

▷ Bei Begriffen, die einerseits eine hohe Kennzahl haben (im Netz vorhanden sind), andererseits jedoch bei der Re-Konstruktion „durch Ihr Raster fielen", gilt:

▷ Wenn wir zwar Fäden zu einer Info im Netz haben, diese jedoch **trotzdem** bei der Re•Konstruktions-Übung nicht re•konstruieren konnten, kommen verschiedene Gründe dafür in Frage. Die drei wichtigsten sind:

1. Des-Interesse

2. Interferenz und

3. Unterdrückung

Bevor wir uns diese Gründe ansehen, ein wichtiger Hinweis:

Zwar besteht neurophysiologisch (also im Gehirn) sehr wohl ein Unterschied, ob ein Faden im Netz existiert (= ob wir eine Nervenbahn zu einem bestimmten Wort oder Thema haben) oder nicht. Aber **in der täglichen Praxis** können wir diesen Unterschied de facto vergessen. Denn **praktisch** besteht **kein** Unterschied zwischen einer **nicht vorhandenen** und einer (momentan) **blockierten** Nervenleitung!

Denken Sie bitte noch einmal an das Bild der Info, die auf unser Wissens-Netz „zugeflogen" kommt. Kann eine neue Info **nicht als „Freund"** erkannt werden, **dann kann sie sich auch nicht**

ins Wissens-Netz einhaken! Ob sie als „**fremd**" (weil unbekannt) oder als „**Feind**" eingestuft wird, ist **praktisch** egal.

Denn in beiden Fällen kann die neue Information sich leider nicht vollautomatisch einklinken, so daß wir als Gehirn-Besitzer/in den **Eindruck** gewinnen müssen, diese spezifische Info sei besonders „schwierig" (oder unser Gedächtnis sei „schlecht" oder wir seien „zu dumm" oder ähnliches).

Tatsache ist aber, daß wir nur einige einfache Spielregeln kennen müssen, um dieses Problem weitgehend vermeiden zu können. Deshalb sehen wir uns jetzt **die drei Hauptgründe** für „Ablehnung" von Informationen etwas näher an.

Grund Nr. 1: Des-Interesse

Interesse/Des-Interesse ist einer der gewaltigsten Filter im Wahrnehmungs-Prozeß (wir kommen später darauf zurück). Deshalb behaupten Menschen, die sich **für fast nichts interessieren**, besonders hartnäckig, ihr Gedächtnis sei „mies". Aber der Eindruck trügt, denn: Was uns nicht interessiert, das nehmen wir einfach nicht wahr. Was wir nicht wahrgenommen haben, das kann auch nicht im Wissens-Netz „landen" (weil diese Informationen am Netz „vorbeifliegen" und demzufolge **nicht** Teil unseres Wissens-Netzes werden können)!

Typisch ist das angeblich so „schlechte" **Namens-Gedächtnis** der meisten meiner Teilnehmer/innen: Da hören wir einen Namen (halblaut, undeutlich); wir sagen „sehr erfreut", und morgen behaupten wir, wir hätten ein miserables Namens-Gedächtnis!

Auf der anderen Seite haben Sie sicher in den letzten Jahren eine Reihe neuer Begriffe gelernt (z.B. Audio-CD, Handy, CD-

ROM, Datenautobahn, Internet contra Intranet, surfen, WWW, Info-Broker, Multi-Media, virtuell, global, e-mail usw). Wenn Sie schon etwas weiter ins elektronische Zeitalter vorgestoßen sind, dann haben Sie vielleicht folgende Digital-Infos „drauf": FAQ (frequently asked questions), @, HTML, JAVA, applet, IBT (image based transmission) u.v.m.

Das heißt: Sie lernen laufend neue **Namen von Dingen** dazu. Aber wenn es sich um den Namen einer Person handelt, setzt Ihr Gedächtnis plötzlich aus? Glauben Sie wirklich allen Ernstes, Ihr Gehirn würde bei **Namen von Menschen** schreien:

„Halt, jetzt kommt der Name einer Person, und das kann ich nicht!"

Grund Nr. 2: Interferenz

Wenn Sie einen Stein in einen See werfen, können Sie die typischen kreisförmigen Wellen beobachten, die vom Stein ausgehend nach außen „wandern".

Werfen Sie hingegen zwei Steine (A und B) relativ weit voneinander entfernt ins Wasser, dann kommen die beiden Kreiswellen (zunächst) **nicht** miteinander in Berührung. Daher kann **jeder**

Stein seine eigenen Wellen entwickeln, ehe es zu einer Störung kommt; damit sind die Wellen jedes Steins „gut definiert".

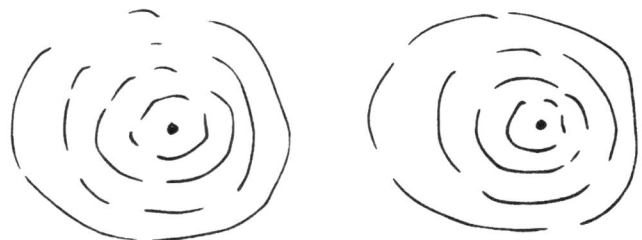

Zwei Steine: Jeder erzeugt „seine" Kreiswellen ...

Anders sieht es aus, wenn Sie zwei Steine direkt nebeneinander in den See werfen, dann kann keiner der beiden „seine" eigenen Wellen klar definieren.

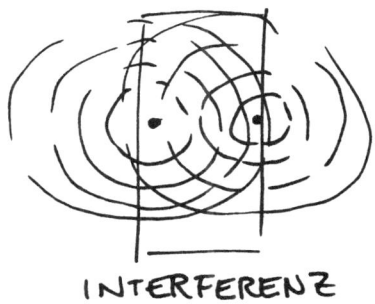

INTERFERENZ

Im Klartext: **Je näher die beiden Steine einander sind, desto mehr „stören" sich die beiden Kreiswellen; sie überlagern sich, sie interferieren!**

Auf **Informationen** und Informations-Aufnahme im Alltag umgesetzt, „sagt" uns diese Analogie folgendes:

Eine Info (A) „weiß", daß sie zu A-artigen Fäden im Netz gehört und würde diese normalerweise automatisch „ansteuern". Eine andere Info (B) wird automatisch zu ihren B-artigen „Freunden" im Netz hingezogen. **Wenn aber unklar ist, ob eine Information zu A oder B „gehören" soll, dann entsteht Interferenz.**

Beispiel: Angenommen, ich erzähle Ihnen etwas, und Sie hören „LUX" und dies aktiviert den Teil in Ihrem Wissens-Netz, in dem Sie das Tier (*Luchs*) gespeichert haben, also zieht dieser Teil in Ihrem Netz alle eingehenden Infos „magisch" an, so daß diese sich bei *Luchs* „einhaken". **Aber das ergibt keinen Sinn**, weil ich von Nachtfahrten im Auto (und von der schlechten Beleuchtung in den Dörfern) spreche.

Nun gilt: Je vertrauter Sie mit *Lux* (als Lichtmeß-Einheit) sind, desto schneller wird sich **die Lux-Stelle in Ihrem Wissens-Netz** „einschalten" und die neuen Infos „magisch" dort „hinziehen". Deshalb kann die Info sich **doch noch** an der „richtigen" Stelle einhaken (**minimale Interferenz**). Wenn Sie jedoch mit dem Begriff *Lux* nicht (sehr) vertraut sind, dann verwirren Sie diese Infos (**Interferenz**).

Bitte bedenken Sie einen enorm wichtigen Aspekt der Kommunikation: Jeder Mensch geht ständig (unbewußt) davon aus, daß das, was er weiß, anderen ebenfalls bekannt ist. Je vertrauter wir mit einer Information sind, desto unverständlicher ist es uns, daß es irgend jemanden geben könnte, der **das** nicht weiß. Nun ist es schlimm genug, wenn Erwachsene „aneinander vorbeireden" (d.h. Informationen senden, die am jeweiligen Wissens-Netz des Partners „vorbeifliegen"). Erwachsene, die sich mit solchen Themen befassen, können **lernen**, solche Mechanismen zu **erkennen**.

Aber die Kinder in der Schule ...	**Schule:** Ich wiederhole: Meine Kritik bezieht sich **nicht** auf individuelle Lehrkräfte, sondern auf das **System Schule** (vgl. Seite 50)!

Da will ein/e Lehrer/in etwas erklären und benutzt Wörter, die im Wissens-Netz der Kinder (noch) nicht vorhanden sind. Vielleicht wurde die „Tangente" letzte Woche behandelt und „sollte" nun in den Wissens-Netzen aller Schüler/innen vorhanden sein.

Aber für manche Kinder sind diese Begriffe noch **zu neu**, insbesondere wenn sie mit den dazugehörigen geometrischen Figuren noch „auf Kriegsfuß" stehen. Wie soll sich die „Tangente" im Wissens-Netz „einhaken" können, wenn die notwendigen Fäden, an welche die „Tangente" andocken könnte, noch nicht vorhanden sind?!

Also erscheinen die neuen Infos diesen Kindern besonders anstrengend (oder sie halten sich für zu dumm), und so quälen sie sich irgendwie durch die Übungen (und Hausaufgaben am Nachmittag), ohne sie wirklich zu begreifen. Nächste Woche folgt dann die „Hypotenuse", und so geht es weiter ...

Merke: Dies ist kein böser Wille derer, die diese Infos vermitteln wollen. Was hier passiert, ist: Viele Lehrer/innen fühlen sich zu dem einen oder anderen Fach „hingezogen", eben weil sie in ihren Wissens-Netzen regelrechte dicke „Taue" zu diesem Themenbereich haben. Sie haben „so etwas" immer „gut verstanden" und können daher nicht nachvollziehen, wie das auf Kinder wirken muß, die gerade im Begriff sind, rudimentäre **erste** Fäden in ihren Wissens-Netzen anzulegen (dies ist nämlich wirklich nicht so leicht; wir kommen darauf zurück).

Ähnlich schlimm ist es für diese Kinder, wenn Eltern wohlmeinend „Nachhilfe" geben wollen. Wenn also der Papa mehr oder weniger dasselbe sagt wie die Lehrer/innen in der Schule. Solange die dazugehörenden Fäden fehlen, werden die „Tangente" und die „Hypotenuse" nicht verständlicher, wenn ein anderer dieselbe Info anbietet! Um diesen Effekt praktisch zu demonstrieren, habe ich in meinen Video-Vortrag *Gehirn-gerechtes Rechentraining – die vier Grundrechenarten* eine Übung eingebaut, bei der wir die Zahlen umbenennen und dann mit diesen „Fachwörtern" Kopfrechnen üben (1 = BA, 2 = SCHA, 3 = HO usw.). Bei dieser Aufgabe kann jeder, der früher nie Verständnis hatte für Mitmenschen, die *am Rande des Verstehens hängen*, diesen *Rand* persönlich kennenlernen. Ich garantiere Ihnen: Wer dieses Spiel eine Stunde lang durchhält, kann diesen Prozeß danach sehr gut nachvollziehen!

Ein weiteres, vielen Menschen bekanntes Beispiel für Interferenz liefert das Vokabel-Pauken, wenn wir *zwei ähnliche Sprachen gleichzeitig* lernen. Da fragen wir uns andauernd, ob *cinque* das französische oder italienische Wort für *fünf* ist. Das ist **einer** der Gründe, warum meine Methode, Fremdsprachen zu lernen, das Vokabel-Pauken total **verbietet**! (Vgl. *Sprachenlernen leichtgemacht: Die Birkenbihl-Methode, Fremdsprachen zu lernen.*)

Grund Nr. 3: Unterdrückung

Angenommen, die Dach-Liste hätte den Begriff *Dieb* enthalten, und angenommen, ein/e Leser/in hätte am Vorabend seine/ihre Steuererklärung ausgefüllt. Hier könnte die Gefahr bestehen, daß der Begriff *Dieb* so total **unterdrückt** wird, daß man hinterher schwören würde, die Liste hätte dieses Wort **nicht** enthalten!

Ähnliches kennen viele Mütter: Die laut und deutlich ausgesprochene Bitte, es möge doch jemand bitte den Mülleimer hinaustragen, wird von den Familienmitgliedern gerne so effizient **unterdrückt**, daß später alle behaupten, sie habe garantiert nichts gesagt. Murmelt sie hingegen halblaut vor sich hin, es müsse noch Schokolade im Kühlschrank sein, rennen alle gleichzeitig los!

Zwischenbilanz:

1. Gedächtnis ist kein passiver „Behälter", in dem wir nachsehen, ob das, was wir suchen, „drin" ist, nach dem Motto: Wenn ich Glück habe, finde ich es, aber Glück haben wir so selten …

2. Wir müssen die Gedächtnis•LEISTUNG vielmehr als echte LEISTUNG begreifen, d.h. als HAND•lung, als bewußt ausgeführte Tätigkeit.

3. Jede Tätigkeit aber hängt immer von der Qualität der Durchführung ab; sie kann schlampig, halbherzig oder aber exzellent ausgeführt werden.

4. Diese Tätigkeit wollen wir ab jetzt als RE•KONSTRUKTION bezeichnen. Wissen „abrufen" heißt genaugenommen: Wissen RE•KONSTRUIEREN!

5. Um aber RE•KONSTRUIEREN zu können, muß zuvor einmal KONSTRUIERT worden sein. Also ist die Tätigkeit der Wahrnehmung von Informationen ein KONSTRUKTIONs-Prozeß (wir kommen gleich darauf zurück).

6. Je häufiger wir mit einer Idee in der Vergangenheit bereits gearbeitet haben, desto höher wird das Tempo der RE•KONSTRUKTION. Demzufolge ist die Qualität der RE•KONSTRUKTION immer abhängig von der ursprünglichen Qualität der KONSTRUKTION. Oder, als Regel formuliert:

7. Die Qualität der KONSTRUKTION **bestimmt** die Qualität der späteren RE•KONSTRUKTION.

8. Schwächen/Fehler bei der KONSTRUKTION führen demzufolge automatisch zu Problemen bei der RE•KONSTRUKTION später – was jedoch nicht heißt, das Gedächtnis der betroffenen Person sei „schlecht"!

Wenn wir einmal begriffen haben, daß die Qualität des Wahrnehmens eine **Denk-Qualität** ist, dann können wir hier weiter ansetzen!

Wenn unsere Fähigkeit, uns **denkerisch mit Infos auseinanderzusetzen** (sprich: Infos gehirn-gerecht anzugehen!), den Schlüssel zu unserem Gedächtnis enthält, dann haben wir gleichzeitig den Schlüssel zu unserer Kreativität gefunden. Diese Aussage ist enorm wichtig:

Der Schlüssel zu unserem Gedächtnis ist gleichzeitig der Schlüssel zu unserer K r e a t i v i t ä t !!

Den Grund kennen Sie bereits, denn wir hatten ja als *gemeinsamen Nenner* verschiedenster Definitionen von Kreativität bereits einen Faktor isoliert:

Die **Menge neuer** Gedanken-**Verbindungen**, die wir schaffen können, ist das **Maß** unserer Kreativität. Jetzt sehen wir auch, warum Intelligenz und Gedächtnis ebenfalls „verheiratet" sind: Intelligente Menschen können ihr Wissens-Netz ebenfalls hervorragend „anzapfen", deshalb fallen ihnen ja regelmäßig „gute Gedanken" zu einem Thema (oder Problem) ein. Jede Idee aber hängt entweder „fertig" im Wissens-Netz oder entsteht im Augenblick durch KONSTRUKTION aus mehreren Gedanken (die vielleicht in dieser Form vorher noch nie kombiniert worden waren).

Also haben intelligente und kreative Menschen viele Assoziationen, die sie dann nutzen!

Wie aber können wir viele Assoziationen haben, wenn wir das Wissen in unserem Kopf nicht „anzapfen" können, weil wir Probleme mit der RE•KONSTRUKTION haben?

Nun, diese Probleme können wir in Zukunft vermeiden, wenn wir Informationen gehirn-gerecht ins Netz hineinbringen, indem wir sauber KONSTRUIEREN!

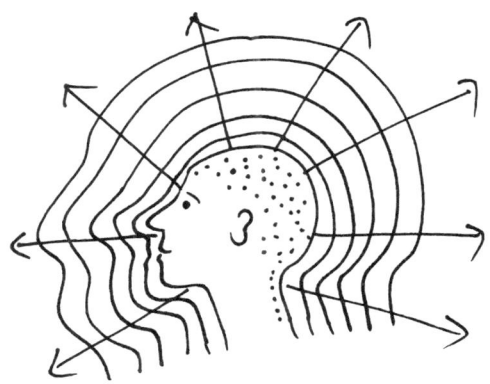

Deshalb wenden wir uns jetzt jenem KONSTRUKTIONs-Prozeß zu:

Die KONSTRUKTION

Bevor wir eine Info KONSTRUIEREN können, müssen wir sie wahrgenommen haben. Immer wenn wir etwas wahrnehmen, können die drei besprochenen Fehlerquellen (Des-Interesse, Interferenz und Unterdrückung, vgl. Seite 66 ff.) den Prozeß der KONSTRUKTION stören und so verhindern, daß sich (neue) Infos in unserem Wissens-Netz „einhaken".

Wenn Sie etwas zum allerersten Mal wahrnehmen, gibt es zwei Möglichkeiten: Entweder Sie haben bereits Fäden für die neue Info, oder aber Sie haben noch keinen Faden.

Existieren bereits Fäden, dann kann sich die Info sehr leicht vollautomatisch einhaken (sofern die drei Fehlerquellen dies nicht verhindern)! Somit landet die Info sofort in unserem Wissens-Netz. (Je mehr passende Fäden Sie bereits haben, desto leichter geht das.) Dabei gilt die Regel:

Einmal wahrgenommen & begriffen = ge•MERK•t!

Wenn Sie bisher bei den vier Experimenten zur Dach-Liste mitgespielt haben, dann haben Sie folgendes erlebt:

1. Sie haben zu jedem der Begriffe (je drei) *eigene Assoziationen* aufgeschrieben (Seite 24).

2. Sie haben die Begriffe aufgrund Ihrer eigenen Assoziationen RE•KONSTRUIERT (Seite 34).

3. Sie haben eine *Doppel-Liste* angelegt (links: *Dach* und rechts: *Nicht-Dach*) und haben getestet, an wie viele Begriffe Sie sich *aktiv erinnern* konnten (Seite 41). Vielleicht war das eine

oder andere Wort in der „falschen" Liste aufgetaucht, weil es schwierig ist, sich Begriffe auszudenken, die *nicht* Bestandteil der Dach-Liste sind, wenn sich die Dach-Wörter „in den Sinn drängen".

4. Sie haben sich mit der *Reihenfolge* der Begriffe befaßt (Seite 61 f.) und eine kreative Ver•BIND•ung zwischen der *Nummer* jedes Wortes und seiner *Bedeutung* geschaffen (Beispiel: Nr. 7 – **sieben** Elemente der Garten-Eden-Story.) Dann stellten Sie (verwundert?) fest, wie viele Ihrer kreativen Ver•BIND•ungen Sie jetzt bereits aktiv wußten (leicht RE•KONSTRUIEREN) konnten.

Nun wenden wir uns der Dach-Liste ein fünftes Mal zu …

Zum fünften Mal: die Dach-Liste

Aufgabe: Können Sie die Dach-Liste jetzt aktiv (auswendig) KONSTRUIEREN (aufsagen oder aufschreiben)? Sie haben bereits 15 wichtige „Anker" gesetzt, nämlich Ihre eigenen Erklärungen für die Position jedes Wortes in der Liste, so daß Sie sich im Zweifelsfall fragen können:

Welche kreative Ver•BIND•ung habe ich zu dieser Nummer in der Reihenfolge geschaffen? (Wobei wir ja nur noch die Begriffe 1 bis 15 berücksichtigen.) Wollen Sie es probieren? (Am besten gleich …?)

Wollen Sie Ihr Resultat mit Seminar-Ergebnissen vergleichen?

Die meisten meiner Teilnehmer/innen haben die Liste inzwischen ziemlich gut „drauf". Dies ist aber kein Wunder, denn: Wenn wir Infos sauber KONSTRUIEREN, dann haben wir später keine (wenige) Probleme bei der RE•KONSTRUKTION (d.h. der Gedächtnisleistung).

Die Experimente zur Dach-Liste sollten Ihnen erste (bewußte) KONSTRUKTIONs-Erfahrungen vermitteln. Eine der wichtigsten Schlüsseltechniken etwas zu LERNEN, besteht nämlich darin, unser Wissens-Netz bewußt und AUF•MERK•sam nach eigenen Assoziationen zu „befragen".

LERNEN: Wenn wir uns also AUF•MERK•sam mit Infos befassen, dann machen wir uns AUF (so daß die Infos sich in unser Wissens-Netz einklinken können). Gleichzeitig MERKEN wir uns viel. Deshalb heißt es ja ganz richtig AUF•MERK•samkeit (und nicht „Zu•Merk•samkeit"). Im Gegensatz zu der Kon•ZENTR• ation: Hier ziehen wir unsere Energien auf ein ZENTR•um zusammen, das ist „Zu•Merk•samkeit". Merke: Wir können konzentriert mit Infos in unserem Wissens-Netz „spielen" (nachdenken, Probleme lösen usw.), aber wir können nicht konzentriert lernen. Lernen fordert nicht unsere „Zu•Merk•samkeit", sondern unsere AUF• MERK•samkeit!

Halten wir also fest:

1. Entweder wir haben bereits Fäden zu den neuen Infos, dann können diese sich vollautomatisch in unser Wissens-Netz einklinken (vorausgesetzt, wir begreifen die KONSTRUKTION als Handlung und handeln mit voller Auf•MERK•samkeit) oder

2. wir müssen erst neue Fäden anlegen.

Haben wir noch keine Fäden im Wissens-Netz, an welche eine neue Info „magisch" hingezogen wird, dann besteht die große Gefahr, daß diese Info (wie der Volksmund sagt) **zum einen Ohr hinein, zum anderen hinausgeht.** Wir schalten auf „Durchzug"und schwören hinterher, daß uns die Info nie begegnet sei („Das hast du nie gesagt!" – „Hab ich doch!" – „Hast du nicht!" – „Es interessiert dich ja nie, was ich sage!").

Dieser „Durchzugs"-Prozeß läuft gleichermaßen ab, wenn uns eine Information (noch) *unbekannt* ist oder wenn sie bei uns auf *Des-Interesse* stößt.

Wir hatten schon darauf hingewiesen, daß es *praktisch* egal ist, ob eine Information vom Wissens-Netz-Management als *unbekannt* (= **fremd**) oder als *nicht interessant* (= **Feind**) eingestuft wird.

Dies ist besonders peinlich, wenn wir uns mit Menschen unterhalten, die fälschlicherweise davon ausgehen, wir hätten großes Interesse an ihnen und an dem, was sie uns sagen oder schreiben. Das kann vom Lebenspartner über unsere Kinder bis hin zu unseren Kunden jede/r Gesprächspartner/in sein. Nun ist die Ausrede Nr.1 ja gerne, daß Infos, die bei uns per „Durchzug" auf Nimmerwiedersehen verschwunden sind, „schwer" seien bzw. daß der Sender (unser Kind, unsere Kollegin, unsere Kunden) sich „unklar" und demzufolge schwer verständlich ausgedrückt hätte …

Aber: Es gibt keine Informationen, die an sich „schwer" oder „leicht" sind! Jede Info kann nur in bezug auf Ihr persönliches Wissens-Netz beurteilt werden. Findet die neue Info (z.B. ein unbekannter Begriff wie *Adipositas*) **keinen Faden** in unserem persönlichen Wissens-Netz, dann wirkt sie „schwer" **auf uns.** Haben Sie jedoch Fäden im Netz, aber **kein Interesse**, kann sich die Info ebenfalls **nicht** einhaken.

Nur wenn Sie **Fäden** im Netz haben, **kann** sich die neue Info theoretisch **sofort selbständig** einhaken. Nur, das tut sie nicht immer. Und dann denken wir, unser Gedächtnis sei nicht in Ordnung. Tatsache aber ist, daß wir manches **nicht (oder anders) wahrnehmen,** weil die Wahrnehmung nicht so einfach ist, wie wir gleich sehen werden.

Wie nehmen wir Informationen wahr?

Die meisten Menschen glauben, es sei einfach, die sogenannte objektive Wirklichkeit wahrzunehmen: Wir lenken unsere Sinnesorgane auf „die Welt", und dann sehen (hören, fühlen, schmecken, riechen) wir, was „Sache ist". Wer etwas anders sieht als wir, der sieht es „falsch" (oder „zu eng"). Dem müssen wir dann klar machen, daß er die Dinge anders sehen muß, nämlich so wie wir!

Nichts könnte weiter von der Wahrheit entfernt sein. Tatsache ist, daß wir den *Prozeß der Wahrnehmung* in einer Art und Weise beeinflussen, von der wir in der Regel nichts ahnen. Wir wollen dies mit einem Denk-Bild veran•SCHAU•lichen. Stellen Sie sich vor, zwischen der sogenannten Wirklichkeit (Wahrheit, den

Tatsachen, der Welt usw.) und Ihnen als Wahrnehmender/m gäbe es eine Reihe von Filtern.

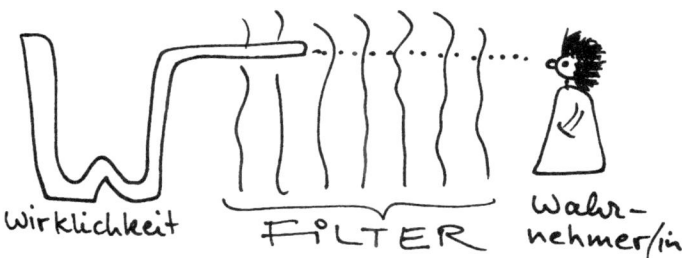

W = Welt (Wirklichkeit)   wahrnehmendes Wesen

Wenn Sie z.B. durch einen Blaufilter blicken würden, dann müßte Ihnen die Welt blau erscheinen. Haben Sie jedoch keine Ahnung, **daß** es diesen Filter gibt, müßten Sie davon ausgehen, die Welt sei blau!

Oder stellen Sie sich vor, Sie hätten einen völlig verdreckten Filter. Dann müßte Ihnen die Welt ziemlich „schmutzig" erscheinen, solange Sie nicht wissen, daß es der Dreck in Ihrem Filter ist, der die Welt nur SCHEIN•bar so er•SCHEIN•en läßt, nicht wahr? Nun mag Ihnen die Vorstellung einigermaßen absurd vorkommen, daß jemand durch einen verdreckten Filter blicken könnte und nicht merkt, daß der Schmutz im Filter „sitzt" und nicht Teil der Welt ist, die er sieht. Wenn Sie z.B. an ein Fenster denken, dann sehen Sie sehr wohl, ob zuviel Schmutz Ihren Blick auf die *Welt da draußen* trübt oder nicht!

Trotzdem ist die Metapher vom verschmutzten Filter sehr passend. Um das zu verstehen, wollen wir kurz in unseren Kopf hineinsehen. Denn gehirn-gerechtes Vorgehen bedeutet ja u.a., daß wir uns weit mehr merken können (indem wir lernen, in Zukunft sauberer zu KONSTRUIEREN), und da die erste KONSTRUKTION beim *Wahrnehmen* stattfindet, sollten wir ein wenig darüber wissen, wie diese Wahrnehmung zustande kommt. Deshalb möchte ich Ihnen hier ganz kurz etwas über die drei wichtigsten Gehirn-Strukturen erzählen, die wir im Schädel spazierentragen.

Lassen Sie uns ein stark vereinfachtes „schematisches" Modell betrachten, um einen groben Überblick zu gewinnen. Es geht uns hier nur um das Grundprinzip (nicht um Details). Wobei wir die Metapher des Neurologen Paul MacLean übernehmen, der (aus neurophysiologischer Sicht) sagt:

Wir haben erstens ein **Reptil in uns.** Dieses uralte Reptiliengehirn regelt autonome Vorgänge, um unser physiologisches Überleben abzusichern.

Es ist ebenfalls zuständig für die Fortpflanzung und deshalb für Revierverhalten (und andere Details, die mit dem Überleben seiner Gene zusammenhängen). Im Zweifelsfall (bei Gefahr) reagiert es mit Kampf oder Flucht. Das ist das Wichtigste, was wir darüber wissen müssen.

Dann haben wir zweitens das Gehirn der **Säugetiere**: das Limbische System, in dem sich sogenannte Lust- und Unlustareale befinden (wird das Lustareal stimuliert, dann fühlen wir uns wohl, wird das Unlustareal stimuliert, dann fühlen wir uns unwohl).

Diese Gefühle gehen mit *Hormonen* einher: Freudehormone (positiver Eustreß) und Kampfhormone (negativer Distreß, den wir normalerweise als *Streß* bezeichnen). Neben den Gefühlen schenkt uns das Säugetier aber auch die Gabe des Gedächtnisses. Das Reptil lernt nur wenig (vorwiegend genetisch über Tausende von Generationen), während das Säugetier sehr lernfähig ist. Mit dieser Fähigkeit aber wuchsen die *Möglichkeiten des Individuums* enorm. Interessanterweise steht Lernen in engem Zusammenhang mit den **Hormonen**.

Stellen Sie sich vor: In Ihrem Bauch befindet sich ein Meßbecher, in den alle Hormone „hineinfallen". Am Boden des Meßbechers befindet sich ein Sieb. Wenn einige wenige Hormontropfen hineinfallen und wieder abfließen, ist das Sieb bald wieder leer.

Nun ist die neuroendokrinologische Forschung in den letzten Jahrzehnten dermaßen explodiert, daß man inzwischen vom *wet brain* (nassen Hirn) spricht, denn fast alle Prozesse, die man früher für elektrisch (und trocken!) hielt, haben sich als hormonell (und „feucht") erwiesen. Trotzdem zeigt mein Denk-Modell vom Streßhormon-Topf (1975 erstmals in *Freude durch Streß* publiziert) auch heute noch das **Grundprinzip:** Wenn die

Kampfhormone schneller in den Meßbecher hineintropfen, als sie durch das Sieb abfließen können, dann „stauen" sie sich, und der Pegel im Meßbecher steigt! Ein voller Hormontopf löst **Denk-Blockaden** und andere **Streß-Symptome** aus.

Über dem **uralten Reptiliengehirn** und dem **relativ alten Säugetiergehirn** wölbt sich unser **neues, großes, intelligentes Denkhirn** (auch Neuhirn, Großhirn oder *Kortex* genannt).

Regel: *Wittern die alten Gehirne Gefahr, greifen sie ein.*

1. Bei Lebensgefahr schaltet das **Reptil** auf Kampf oder Flucht.

2. Ist das psychologische Überleben gefährdet (z.B. bei unangenehmen Gefühlen von Unsicherheit, Hemmungen, Scham, Frust, Ärger, Wut, Zorn, Neid, Eifersucht, Schuldgefühlen usw.), dann mischt sich das **Säugetier** ein.

Dummerweise kann es einen Alarm-Knopf drücken und das Reptil mit seinen Angst-Signalen dermaßen „erschrecken", daß das Reptil das Programm für körperliches Überleben aktiviert. Deshalb reagieren wir bei manchen „Kleinigkeiten" so vehement, als hätte man versucht, uns zu ermorden ...

Wir werden später wieder auf die Hormone zurückkommen. Lassen Sie uns vorher einen zweiten Blick auf die anderen Übungen werfen, die Sie (neben dem Dach-Listen-Zyklus) absolviert haben.

Beginnen wir mit dem ersten Experiment, bei dem Sie etwas gezeichnet haben, und zwar Ihre Vorstellung einer Lernkurve (vgl. Seite 23). Nun stellen sich zwei Fragen:

1. Fiel es Ihnen schwer/leicht, die Lernkurve zu zeichnen?

2. Wenn es Ihnen schwerfiel, dann bestimmt nicht, weil Sie unfähig wären, diese **Linie** zu ziehen, oder?

Interessanterweise haben auch Menschen, die von sich glauben, sie könnten nicht zeichnen, kein Problem damit, eine Entwicklungskurve zu zeichnen. Sie sehen dieses Ziehen einer Linie nicht als Zeichen-Übung im engeren Sinn, aber wir werden noch sehen, daß Sie alles zeichnen können, wovon Sie ein klares (inneres) Bild haben.

Nun, wir werden auf das Thema Zeichnen zurückkommen, doch **zuerst wenden wir uns dem inhaltlichen Teil des Lernkurven-Experimentes** zu und fragen uns: Wie sieht eine Lernkurve aus?

Dies tun wir gleich **nach der Kaffeepause.**

Kaffeepause ~~~~~~~~~~~~~~~~~~~~~~~~~~~~~~~~~~~~~

Block 2: Grundlagen

Die Lernkurve (das Experiment)

Tatsache ist, daß wir genaugenommen zwei unterschiedliche Lernkurven zeichnen müßten, nämlich eine für das **Erlernen von Verhaltensweisen** (was durch Training geschieht) und eine zweite für das Lernen von Daten, Fakten, Informationen (also eine **Wissens-Kurve**).

Nachdem die meisten Teilnehmer/innen an Wissens-Erwerb denken, wenn sie ihre Lernkurve zeichnen, beginnen wir mit dieser.

1. Die Lernkurve zu Wissen

Die meisten Kurven, die meine Seminarteilnehmer/innen zeichnen, gehen mehr oder weniger nach oben; Ihre wahrscheinlich auch. Das sieht dann etwa (wie in der folgenden Abbildung Seite 88) aus. Dabei ist es unerheblich, ob Sie die „Steigung" steiler oder flacher zeichnen.

Wenn wir an unser Wissens-Netz denken und an die Tatsache, daß jede neue Informations-Einheit in dieses „eingehakt" werden muß, dann leuchtet ein, daß diese Art von Lernen mit einer ansteigenden Kurve bildlich dargestellt werden kann. Außerdem haben wir in Block 1 betont, daß es leichter ist, etwas **hinzu**zulernen, als etwas völlig Neues zu lernen, da sich das ganz Neue zunächst an keinem vorhandenen Faden festhaken kann.

Zeichnen Sie eine Lernkurve!

1. Für einen Chinesen ist ein neues Schriftzeichen um so leichter zu lernen, je mehr ähnliche er bereits kennt. Dasselbe gilt allerdings auch für jeden Deutschen, der Chinesisch lernt!

2. Für jemanden, der bereits einige Bücher über die Komplexitätstheorie gelesen hat, ist jedes weitere zu diesem Thema

„leicht"; wenn so ein Buch jedoch Ihr erstes ist, werden viele Informationen noch durch „Löcher" in Ihrem Wissens-Netz hindurchsegeln, und es wird Ihnen so manches etwas „spanisch" vorkommen. Spanisch ist nur für Nicht-Spanier schwer!

3. Wenn Sie die Addition beherrschen, fällt Ihnen die Multiplikation leicht (denn sie stellt genaugenommen eine verkürzte Version einer Kettenaddition dar). Fehlen aber die Additions-Fäden im Netz, ist eine Multiplikation „nicht zu begreifen" ...

Im Klartext:

> Wenn Ihnen irgend eine Information „kompliziert" vorkommt, dann nur, weil **S i e** (ja, Sie sind gemeint!) hierzu noch keine Fäden im Netz haben.

Also gilt die Regel: „Aller Anfang ist schwer", d.h.: Jeder Anfang bedeutet, daß **erste neue Fäden am Rand des Netzes** geknüpft werden müssen; das ist mit gewissen Anstrengungen verbunden, solange hier noch nicht einmal ein „Trampelpfad" besteht.

Andererseits ist es sehr leicht, weitere Detailfäden in existierende Netzmaschen „einzuhäkeln", weil diese ja an den existierenden Fäden befestigt werden. Oder anders ausgedrückt: Wenn bereits eine Datenautobahn oder zumindest ein halbwegs entwickelter „Trampelpfad" existiert, ist es leicht, kleine Details am Wegesrand „abzustellen". Fehlt jedoch noch der Wegesrand (weil der Weg fehlt), dann müßte man die Informationen im „Nichts" plazieren, und eben das ist neurophysiologisch unmöglich.

Also sieht die **Lernkurve für Wissen** wie folgt aus: Je mehr wir (zu einem bestimmten Thema) bereits wissen, desto leichter können wir neue Informationen „verarbeiten", desto „steiler" ist die Lernkurve. Allerdings müssen wir **für jedes Thema eine eigene Lernkurve** anlegen, und: Jede Wissens-Kurve ist exponentiell:

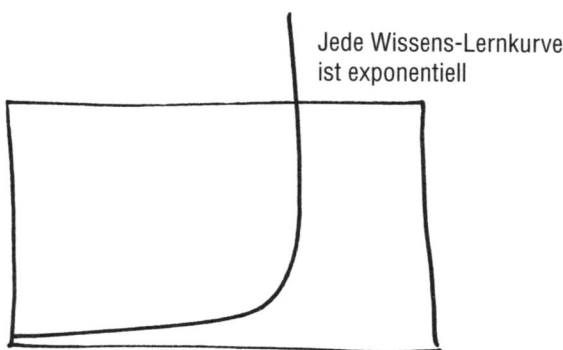

Jede Wissens-Lernkurve ist exponentiell

Das heißt: Wenn wir Informationsmengen pro Zeiteinheit ansehen, dann können Sie im steilen Teil der Kurve die gleiche Menge in weit weniger Zeit lernen.

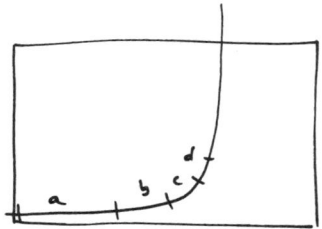

Sagen wir beispielsweise, wir wollen 1000 Info-Einheiten (zu einem spezifischen Thema) lernen: Wenn wir einsteigen (Abschnitt a), brauchen wir dafür Jahre (vgl. Schuljahre), aber die nächsten 100 Einheiten (Abschnitt b) lernen Sie in einigen Monaten, die nächsten 100 Einheiten (Abschnitt c) in wenigen Wochen, und am Ende (d) brauchen Sie nur noch Tage für die nächsten 600 Einheiten.

Theoretisch sollten wir in den ersten sechs Schuljahren jede Menge Lernkurven anlegen, so daß Lernprozesse zu den etablierten Themenbereichen **immer schneller** ablaufen. Tatsache aber ist leider:

1. Der Unterricht ist zu wenig gehirn-gerecht, so daß die meisten Schüler/innen ihre Lernkurven nur bis zu einem Punkt im Lernkurvenabschnitt a entwickeln können.

2. Dadurch haben sie das Gefühl, Lernen müsse auch weiterhin „schwer" bleiben.

3. Was „schwer" ist, frustriert die meisten Menschen, deshalb wird es gemieden.

4. Dadurch erreichen die meisten Menschen den steilen Abschnitt der Lernkurve nur in ganz wenigen Bereichen (Beruf, Hobbies).

5. Nun schreiben sie ihren Lernerfolg in diesen Bereichen ihrem „Talent" zu und glauben demzufolge fälschlicherweise, in den anderen Bereichen „untalentiert" zu sein.

6. Deshalb scheuen sie sich vor weiteren Lernprozessen („Kann ich eh nicht!") und machen ihre selbsterfüllende Prophezeiung immer wieder wahr.

7. Dies verstärkt ihren Glauben an ihre Unfähigkeit, und so schließt sich der Teufelskreis.

Das erinnert mich an meinen Lieblingssatz der Möwe Jonathan:

Glaube an Grenzen, und sie gehören Dir!

Wenden wir uns nun der zweiten Kurve zu, nämlich der Lernkurve für Verhalten auf irgendeinem Gebiet.

2. Die Lernkurve zur Meisterschaft

Menschen, die in der Vergangenheit bestimmte Verhaltensmuster durch **Training** gelernt und diesen Prozeß einigermaßen bewußt registriert haben, wissen schon, daß diese Kurve nicht nur „bergauf" gehen wird. Ihre Lernkurven-Diagramme enthalten auch schon das eine oder andere **Plateau**. Dieses beschreibt Zeiten, in denen es „einfach nicht weitergehen will", Zeiten, in denen wir trotz intensiven Trainings keinen Millimeter weiterzukommen scheinen auf unserem Weg (zur Meisterschaft). Nun, wir kommen sehr wohl weiter, allerdings **waagerecht** (nicht schräg nach oben), wie wir gleich sehen werden. Denn diesen Teil unserer Wegstrecke hat George LEONARD erforscht und brillant beschrieben (in: *Der längere Atem – Die fünf Prinzipien für langfristigen Erfolg im Leben*).

In seinem inspirierenden Buch geht es um die Meisterschaft des Alltäglichen. LEONARD hat sich jahrzehntelang mit Lehren und Ausbilden befaßt (im Zweiten Weltkrieg bildete er Piloten aus, später wurde er Aikido-Meister). Er hat herausgefunden, daß die Meisterschaftskurve etwas anders aussieht, als wir sie uns vorstellen: Wir fangen mit einem neuen Verhaltens-Lernprozeß an,

und nach einer gewissen Zeit

folgt eine erste Erhebung … 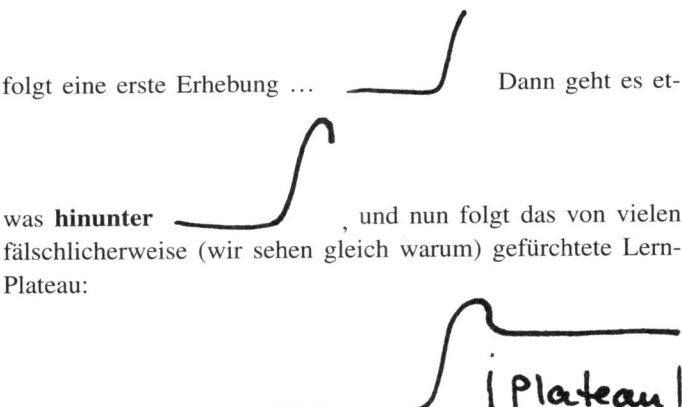 Dann geht es et-

was **hinunter** , und nun folgt das von vielen
fälschlicherweise (wir sehen gleich warum) gefürchtete Lern-
Plateau:

So geht es immer wieder: Anstieg, kleiner Abfall, und dann
kommt das nächste Plateau.

George LEONARD betont, daß wir den Weg zur Meisterschaft nur
gehen können, wenn wir es **lernen, das Plateau zu lieben**. Sie
können vom Plateau nicht „herunterfallen", wenn Sie weitermachen; nur wenn Sie aufhören, „fallen" Sie!

Dieses Plateau ist furchtbar wichtig. Wenn wir einmal begriffen
haben, daß nach gewissen Erfolgserlebnissen ein kleiner Abfall
folgt und daß dann ein weiteres Plateau kommt, dann begreifen
wir auch:

93

Jedes Plateau ist geradezu der Beweis dafür, daß Lernen statt-findet!

Es ist also **nicht** so, wie wir früher annahmen, daß plötzlich, trotz Trainings, „nichts mehr passiert". Es „passiert" sehr wohl etwas:

In Ihrem Gehirn werden **neue, bevorzugte Nervenbahnen** an-gelegt. Hier paßt die **Metapher** von der **Autobahn,** die gerade asphaltiert wird. Sie als Autofahrer befinden sich im Stau, solan-ge die Baustelle das Asphaltieren begleitet. Sollten Sie sich je-doch aus dem Stau fortschleichen, dann löst sich die Baustelle sofort auf!

Im Klartext: Wenn Sie zu üben aufhören, dann **beenden Sie hiermit die Baustelle.** Der Trampelpfad wird bald wieder über-wuchert, und Sie haben sich wieder einmal bewiesen, daß Sie für die Tätigkeit zu unbegabt zu sein scheinen … Schade!

Also gilt: Im „Stau" **die Baustelle unbedingt durch Training** am Leben erhalten. Allerdings reicht es, wenn Sie das Lern-Pla-teau durch **mäßiges,** aber regelmäßiges Training aufrechterhal-ten (z.B. durch zehn Minuten Training **jeden** Tag)!

FAZIT: Wenn wir den Weg zur Meisterschaft auf irgendeinem Gebiet relativ weit gegangen sind, dann kommt ein Punkt, an dem unsere Bewegungen (Ausführungen) spielerisch leicht anmuten. Nachdem die „Datenautobahn" im Kopf gebaut und „asphaltiert" wurde, wirkt es leicht. Dann wissen wir, daß wir sehr weit sind auf dem Weg zur Meisterschaft. Wenn es so wirkt, als wäre es ein Teil von uns, dann ist es das auch. Dann existieren neue, bevorzugte Nervenbahnen in unserem Ge-hirn, die vor dem Trainingsweg physiologisch nicht vorhan-den waren.

Wenn wir uns durch Training ein REPERTOIRE erworben haben, dann wirkt die ausgeführte Tätigkeit leicht. Dann merken Sie nämlich, daß bestimmte Nervenbahnen bereits zu Autobahnen ausgebaut und asphaltiert worden sind. Jetzt können die neuronalen Impulse mit einem „Affentempo" über diese Autobahn rasen, denn wir haben (physisch!) neue Nervenverbindungen im Gehirn geschaffen! Früher meinte man, das physische Anlegen neuer Nervenbahnen sei nach der Jugend nicht mehr möglich, aber die moderne Gehirnforschung hat es bewiesen: Unser Gehirn kann sich lebenslang verändern! Man spricht von der *Plastizität* des Gehirns (vgl. Plastilin), weil es zeitlebens umgeformt werden kann:

Bei Nicht-Training verschwinden Nervenbahnen, bei Training werden neue aufgebaut. Ihr Gehirn paßt sich ständig an: an Nicht-Benutzung ebenso wie an Benutzung.

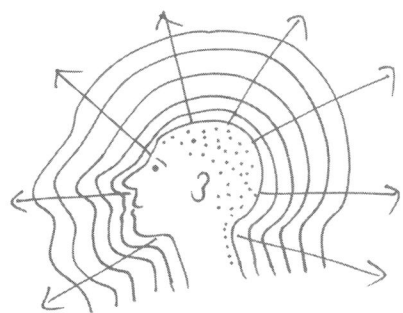

Es reichen jeweils einige Tage, um die ersten Veränderungen zu bewirken. Das heißt: Wir können **mit wenig Aufwand enorm viel erreichen!** Zum Beispiel mit meiner Technik der Analografie.

Die ANALOGRAFIE© (2)

Sie erinnern sich an die beiden Haupt-Kategorien der ANALO-GRAFIE©: **KaGa** und **KaWa** (vgl. Seite 54). Bei **KaGa** zeichnen wir *Assoziationen grafischer* Art, bei **KaWa** hingegen schreiben wir Wörter (vgl. Block 1). Natürlich können wir die beiden Techniken auch ver•BIND•en, so daß **Kombinationen** entstehen, die sowohl Zeichen- als auch Wort-Elemente enthalten.

KaGa

Erinnern Sie sich an Ihren *Außenseiter* und welche Gedanken Ihnen beim Zeichnen durch den Kopf gegangen waren (vgl. Seite 32)? Hier sehen Sie vier typische Varianten aus den Seminaren:

Außenseiter

Seminarteilnehmer/innen berichten regelmäßig, daß sie durch diesen Zeichen- (oder Kritzel-)vorgang auf völlig neue Gedanken gekommen seien. Dies ist kein Wunder, denn verbales Denken (in Worten) verläuft auf einer anderen „Schiene" im Kopf. Beim Ziehen einfacher Linien hingegen denken wir a-verbal und können deshalb auf ganz andere Teile unseres Wissens-Netzes zugreifen und sogar unser Unterbewußtsein „anzapfen".

Ich habe einige meiner besten Ideen für Vortrag und Seminar entwickelt, indem (und weil) ich „einfach so" ein wenig zu zeichnen begonnen habe. Daß diese Zeichnungen einfachster Natur sein können, zeigte Ihnen die *Außenseiter*-Übung, denn hier durften Sie ja nur gerade Linien verwenden, damit Sie bereits beim ersten **K**a**G**a ganz klar verstehen: **K**a**G**as sollen eine *Idee* zum Ausdruck bringen, es geht nicht um Zeichnungen, die „schön" aussehen. Es geht lediglich darum, eine Idee „irgendwie" auszudrücken, denn: *Linien „sprechen" eine eigene Sprache*. Bitte erinnern Sie sich an die beiden Zeichnungen namens MALUMA und TUCKATEE.

 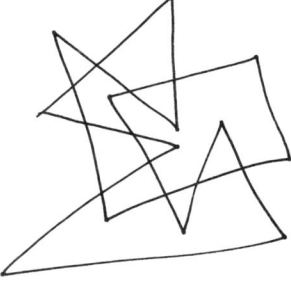

Betty EDWARDS betont (in *Der Künstler in dir*), daß wir im Zuge einer normalen Schul- und Ausbildung nicht gelernt haben, *die Sprache der Linien* (bewußt) zu verstehen.

Das Maluma-Experiment zeigt, daß Menschen sehr wohl ein **intuitives** Gefühl für diese *Sprache der Linien* haben, denn über 90% der Menschen (weltweit!) nehmen an: Das Bild mit den weichen Linien heißt MALUMA und das mit den kantigen Linien TUCKATEE!

Testen Sie dies im Freundeskreis. Zeigen Sie die Abbildung möglichst vielen Menschen und überzeugen Sie sich selbst. Es wäre auch enorm interessant, wenn Sie andere Menschen einladen, die Aufgaben dieses Abschnittes ebenfalls zu lösen: Je mehr Bilder Sie zum Vergleichen haben, desto klarer werden Sie die gemeinsamen Nenner solcher Bilder sehen lernen und desto schneller entwickeln Sie Ihr Linien-Gefühl.

Wenn Sie gleich weiterexperimentieren wollen, dann zeichnen Sie – wieder nur einfache Linien – die Ideen „grob" und „fein". Zwar sollen die Linien einfach sein, aber sie dürfen jetzt selbstverständlich auch gebogen sein.

GROB   FEIN

Wenn Sie Ihren ersten Versuch mit den Ergebnissen von Abertausenden meiner Seminarteilnehmer/innen vergleichen wollen:

98

Sie werden feststellen: Bei „grob" entdecken Sie eine Neigung, eher etwas *Eckiges* zu zeichnen. Sie benutzen *stärkere* Linien und zeichnen mit *mehr Druck;* bei „fein" hingegen sind die Linien eher *gerundet,* sie werden *dünner* (feiner) und werden mit *weniger Druck* (und mehr Zartgefühl) auf das Papier gesetzt.

Gilt das auch für Ihren Versuch?

Falls Sie Ihre Zeichnungen mit denen anderer Menschen vergleichen können, sind zwei Aspekte gleichermaßen faszinierend: Erstens, die Ergebnisse zu betrachten und zweitens, mindestens ebenso spannend, darüber zu reden. Die Kleingruppen-Diskussionen hierzu in den Seminaren werden oft in der folgenden Pause äußerst interessiert fortgesetzt …

Ich möchte Sie einladen, möglichst viele Ideen als **KaG**a zu zeichnen (die ersten 15 **KaG**as fallen manchen noch etwas schwer, dann kommt der erste Leistungssprung [vgl. Lernkurve, S. 93]). Wenn Sie während des Lern-Plateaus weiterüben, werden Sie schon bald große Freude daran haben, Ideen in dieser Weise zu entwickeln.

Die nächste Aufgabe lautet: „gute" und „schlechte Kommunikation" – natürlich wieder nur mit „abstrakten" Linien.

Wenn Sie wieder vergleichen wollen …

Bei „guter Kommunikation" sehen wir mehr weiche oder runde Linien oder Bögen, bei „schlechter Kommunikation" mehr Ecken und Kanten. Die „gute Kommunikation" zeigt ähnliche Aspekte wie KaGas zu „Harmonie", die „schlechte" Kommunikation weist starke Parallelen mit Bildern von „Streit" und „Aggression" auf.

Unabhängig davon, wie verschiedene **KaGa**s zum selben Begriff im Detail aussehen, gibt es immer *gewisse gemeinsame Nenner*, ähnlich wie bei „grob" und „fein" und „gute" versus „schlechte" Kommunikation.

Diese *gemeinsamen Nenner* Ihrer abstrakten Zeichnungen helfen Ihnen, das **unbewußte Wissen über die Sprache der Linien** ins Bewußtsein zu rücken. Wenn Sie einmal beginnen, solche Aspekte bewußt wahrzunehmen, werden Sie „plötzlich" alle Linien „ganz anders sehen" – bei „echten" Zeichnungen oder verzierenden Linien (z.B. auf Briefköpfen) bis hin zu Firmennamen und -logos.

Vergleichen Sie z.B. einmal den Schrift•ZUG (d.h. die ge•ZOG•ene Linie) bei *Coca-Cola*® mit dem Schrift•ZUG anderer Softdrinks oder den Schrift•ZÜGEN verschiedener Banken, Automarken, Modehäuser usw.

Diese KaGa-Technik hat zwei Vorteile:

Erstens entwickeln sich durch das spielerisch-zeichnerische Vorgehen oft völlig neue Gedankengänge, weil Sie „andere „Wege" im Hirn gehen bzw. weil Sie auf diese Weise Ihr Unterbewußtsein anzapfen und so auch an Informationen gelangen, für die Sie in Ihrem bewußten Denken (zunächst) gar keine Worte gehabt hätten.

Zweitens können viele **KaGa**s später als Illustrationen eingesetzt werden, wenn Sie anderen Ihre Ideen mitteilen wollen: z.B. in einem **Meeting** (das gilt privat in der Familie genauso wie in der Firma) oder in einem Kundengespräch. Vielleicht wollen Sie ja auch einen **Vortrag** halten (bzw. einen gehirn-gerechten **Text** verfassen)?

100

KaWa (Teil 1)

Ausgangslage ist immer ein Begriff, zu dem Sie Ideen suchen. Diesen **Schlüsselbegriff** schreiben Sie groß (quer) über einen Bogen (je größer, desto besser). Nun werden Sie sich den Begriff genau ansehen.

Als erstes interessiert Sie, ob einzelne *Teile* des Wortes in Ihnen bestimmte Assoziationen wachrufen. Sagen uns die einzelnen Wort-Teile etwas, woran wir bisher, beim *ganzen* Wort noch nie gedacht haben?

Einige Erkenntnisse, die ich durch diese Analyse gewonnen habe, sind seit Jahren in meine Ausführungen (im Vortrag wie schriftlich) hineingeflossen. Lassen Sie mich Ihnen an dieser Stelle nur einige Beispiele vorstellen (die meisten kennen Sie bereits aus diesem Buch-Seminar):

- **Ent•Täuschung**: Die Täuschung hört auf (analog: Ent•BIND•ung)

- **HERAUS•Forderung**: Wir müssen HERAUS aus alten Denk- oder Verhaltensrillen (sonst hieße es ja „Hinein-Forderung")!

- **AUF•MERK•sam(keit)**: AUF = wir machen uns „auf" (öffnen uns) für neue Infos und Gedanken, und wir MERK•en uns diese gut. Gegensatz wäre die Zu•MERK•sam(keit), also die KON•ZENTR•ation (bei der wir alle Energien *zusammenziehen* (und uns neuen Ideen von außen verschließen). Erinnerung: Wir können konzentriert mit Gedanken und Infos in unserem Wissens-Netz „spielen" (nachdenken, Probleme analysieren, Entscheidungen vorbereiten), aber wir können nicht konzentriert (Neues) lernen, da müssen wir AUF•MERK•sam sein!

- **Er•FOLG** ist die **Folge** dessen, was wir zuvor gedacht und getan (vorbereitet) haben! Wenn unsere Folgen unseren Wünschen entsprechen, dann sind wir **Erfolg•REICH** (= reich an erwünschten Resultaten!).
- **Ent•WICK•lung** und **Ent•FALT•ung** (das Herauswickeln oder -falten von dem, was sich bereits innen befindet!).
- **POTENZ•ial** (vgl. Erklärung auf Seite 145 ff.).

Durch das bewußte Herumspielen mit Begriffen und Wort-Teilen habe ich jedoch auch einige *neue Wörter und Metaphern geschaffen*, von denen manche bereits „im Umlauf" sind, zum Beispiel:

- **ANDER•ungen**: MEIN•ungen, die ich MIR NICHT selbst gebildet habe, weil **ANDERE** sie mir eingeredet haben …
- **INSEL**: Das Insel-Modell entstand durch Zeichnen (**KaGa**) als ich ein „Männchen" in eine Umzäunung setzte, um auszudrücken, daß wir gegenüber neuen (fremden) Ideen oft „zu" sind, als hätten wir eine Art geistigen Zaun um unser „Ich" errichtet. Zunächst sprach ich auch von dem „Kreis", in dem wir stünden (vgl. die früheren Auflagen von *Erfolgstraining*), dann wandelte sich die Idee, und so entwickelte sich langsam das „Insel"-Modell. Dieses beinhaltet inzwischen eine Reihe weiterer Ideen, wie z.B. den **faulen Komm•promiß** (= Komm auf meine Insel, nachdem ich unfähig bin, mich für deine Insel zu interessieren) und den **Zugbrücken•Effekt** (wenn wir so tun, als wollten wir die Brücke zur Insel des anderen bauen, dann aber schnell einen **Rück•ZUG** machen und unsere **ZUG•Brücke** wieder einziehen, ehe wir auf ihr dem anderen im Wortsinn **entgegenkommen** würden …).

- **gehirn-gerecht**: Es begann mit dem Begriff „brain-friend-
ly" (1969 in Amerika, wo ich von 1965 bis Ende 1972 lebte). Zurück in Deutschland bot sich die Parallele „gehirn-
freundlich" damals *nicht* an. Heute kennen wir Begriffe
wie „kundenfreundlich", „bedienerfreundlich" u.ä., aber
in den frühen Siebzigern war eine solche Begriffs-Verbin-
dung noch nicht „denkbar"; aber der Begriff „computer-
gerecht" begann sich durchzusetzen. Kunden wurden an-
gewiesen, sie sollten „computer-gerechter" denken (wenn
sie den Kasten wieder einmal falsch bedient hatten). Ich
meinte, die Hersteller sollten umdenken: Nicht der
Mensch soll sich auf das elektronische Gehirn einstellen
müssen, sondern umgekehrt, und so entstand das Wort
„gehirn-gerecht" (für: „der Arbeitsweise des Gehirns entsprechend").

- **Wissens•NETZ**: Diese Metapher kennen Sie auch bereits.
Sie erklärt an•SCHAU•lich erstens, daß neue Infos sich
nur an vorhandenen Fäden im Netz einhaken können (weil
wir keine Info im Vakuum plazieren können), und zweitens, daß all unsere Wissens-Einheiten und Ideen miteinander ver•NETZ•t sind! Deshalb löst ein Begriff (wenige
oder zahlreiche) Assoziationen aus! Und deshalb ist asso-
ziatives Lernen einfach und gehirn-gerecht, das mühselige
Pauken von isolierten Daten, Fakten, Informationen (vgl.
Schule!) hingegen absolut nicht!

- **ZWEI•nigkeit** (oder: **sich ZWEI•nigen**): Ich hatte festgestellt, daß wir Deutschen dazu neigen, uns zu
ent•ZWEI•nigen (wenn EIN•igkeit unmöglich scheint).
Die Angelsachsen kennen hingegen eine immens hilfreiche Redewendung (*let's agree to differ* = einigen wir uns
darauf, daß wir uns in diesem Punkt nicht unbedingt eini-

gen müssen). Dies führte mich zu der Überlegung, daß es uns sicher leichter fallen würde, wenn wir einen Begriff (analog dem *let's agree to differ*) hätten, und so schuf ich den Begriff der ZWEI•nigkeit (und analog im Holländischen: over•TWEN•komst).

Dieser Begriff bringt zum Ausdruck, daß die beiden „Einsen" nebeneinander stehen – keine ist besser als die andere. Übrigens entstand diese Idee ursprünglich durch ein **KaGa**, als ich zwei „Einsen" in verschiedenen Kombinationen gezeichnet hatte ...

Wie gesagt: Zuerst *spielen wir mit dem ganzen Begriff*, zerlegen ihn in Wort-Teile und/oder schauen in einem etymologischen Wörterbuch (z.B. dem Duden Nr. 7: *Das Herkunftswörterbuch*), welches uns die Wort-Wurzeln erklärt; dabei können wir immer wieder absolut faszinierende Entdeckungen machen (vgl. meine Erklärungen zu *POTENZ•ial* Seite 144 ff.).

Anschließend werden wir sehen, was uns **zu jedem einzelnen Buchstaben** einfällt.

KaWa (Teil 2)

Ist Ihnen Ihr erstes **KaWa** zu *Geld* schwer- oder leichtgefallen? Bitte bedenken Sie in diesem Zusammenhang auch die folgenden Aspekte:

1. **Jede Technik** wird durch Üben leichter (das gilt für Rollerskating wie für Kreuzworträtsel und Analografien!).

2. **Zu manchen Begriffen** (Themen) werden die Gedanken nur so „strömen", bei anderen nicht. Das hat damit zu tun, wie viele Fäden Sie hierzu in Ihrem Wissens-Netz haben und wie intensiv diese mit anderen Netz-Teilen verbunden sind.

3. **Je seltener Sie früher** nach assoziativen Ver•BIND•ungen gesucht haben, desto **schwächer** sind die neuronalen Ver•BIND•ungen im Gehirn. Aber Übung stärkt die Fertigkeit, früher unverbundene Begriffe spielerisch miteinander zu verbinden und diesen Verbindungen dann einen neuen Sinn zu geben. Und genau dies ist ein wichtiger Aspekt des kreativen Denk-Prozesses.

4. **Einsteiger** neigen dazu, mit dem *ersten* Buchstaben des Wortes zu beginnen und dann „stur" einen nach dem anderen „abzuarbeiten", aber natürlich sollen wir uns **keinesfalls** von der vorgegebenen Reihenfolge der Buchstaben versklaven lassen. Im Gegenteil: Lernen Sie loszulassen! Erlauben Sie Ihren Augen, frei über den Begriff zu „schweifen", und warten Sie. Ihr (Unter-)Bewußtsein wird sich bald einen Buchstaben auswählen, indem es Ihnen eine Assoziation dazu anbietet.

Notieren Sie diese und machen Sie weiter, bis Sie zu jedem Buchstaben „gesprungen" sind. (Falls Ihnen zu einem Buchstaben absolut nichts einfallen will, notieren Sie einfach ein *Fragezeichen*. Erstens wissen Sie dann später, daß es sich **nicht** um eine versehentliche Auslassung handelt, zweitens kann es sein, daß Ihnen zu einem späteren Zeitpunkt sofort etwas zu diesem Fragezeichen einfällt.)

KaW**as** spiegeln den natürlichen Gedanken•FLUSS wider. Kreieren Sie regelmäßig **Ka**W**as** zu wichtigen Begriffen, und Sie werden bald merken, wie leicht und flüssig der ganze Prozeß ist. Gehen Sie es *spielerisch* an. Wenn Ihnen bei einem Buchstaben nicht sofort etwas einfällt, gehen Sie locker zu anderen über. (Vielleicht können Sie mit Musik besser denken?)

HINWEIS: Als ich mit meinen ersten **Ka**W**as** begonnen habe, legte ich mir einige Sachbücher mit Stichwortverzeichnissen griffbereit. Wenn mir dann bei einem Begriff zu einem Buchstaben partout nichts einfallen wollte, sah ich in diesen Stichwortverzeichnissen nach. Dies hat den Vorteil (gegenüber einem großen Wörterbuch), daß zu jedem Buchstaben nur eine begrenzte Anzahl von Stichwörtern angeboten wird. In der Regel fand ich schnell ein Wort, das „genau" zu meiner Suche paßte.

Um Ihnen den Einstieg zu erleichtern, finden Sie im Anhang meine persönliche **KaWa**-Liste (ab Seite 356 ff.).

Sie wird natürlich so manchen Begriff enthalten, der Ihnen vielleicht „nichts sagt", denn sie entstammt ja *meinem* persönlichen Wissens-Netz, z.B. HEISENBERG (für die Heisenbergsche Unschärfe-Relation, ein Konzept aus der Quantenphysik), LILA aus den indischen Upanishaden oder ATTRAKTOR (aus der Chaos-Forschung). Aber meine Liste kann und soll Ihnen ja nur einen ersten Startpunkt liefern. Im Laufe der Zeit erstellen die Teilnehmer/innen, die intensiv mit **KaWa** arbeiten, sowieso ihre eigenen persönlichen **KaWa**-Listen.

Bitte berücksichtigen Sie:

Wenn man Beschreibungen einer Technik nur *liest*, kann man sich kaum vorstellen, welche großartigen kreativ-schöpferischen Kräfte sie in einem auslösen kann.

Deshalb habe ich Sie ja immer wieder eingeladen, sofort aktiv mitzumachen, *damit Ihre eigenen Erlebnisse Ihnen beweisen*, wie originell, wie „anders" und wie kreativ Ihre Assoziationen bei **KaGa** und **KaWa** sein werden.

Wann werden Sie Ihr erstes „echtes" **KaWa** zu einem Ihnen wichtigen Thema anlegen?

Reden wir mal über das „echte" Zeichnen

Wie Betty EDWARDS (in *Garantiert zeichnen lernen*) aufzeigt, entwickelt sich die Fähigkeit zu zeichnen bei Kindern zunächst wie alle Fähigkeiten: Kinder werden ständig besser darin bis zum Alter von ca. 9–10 Jahren. Dann ist es für die meisten „gelaufen", dann hat das Schulsystem uns voll erwischt. Dann ist es vorbei. Die meisten Erwachsenen behaupten ja im Brustton der Überzeugung, sie könnten nicht zeichnen, wenn es darum geht, dieses Gesicht, diese Vase konkret zu zeichnen.

Wer aber meint, er könne nicht zeichnen, ist in Wirklichkeit einem entsetzlichen Denkfehler aufgesessen, den man dann per selbsterfüllender Prophezeiung immer wahrmachen muß. Wer meint, er könne nicht zeichnen, meint nämlich, er/sie habe Probleme damit, *die Linien so* aufs Papier *zu setzen*, wie sie ihm/ihr nach Anblick des Modells oder der Vorlage vorschweben. Wenn das wahr wäre, könnten Sie nicht schreiben!!!

Wenn Sie schreiben, setzen Sie die Linien zielgerichtet so aufs Papier, wie Sie wollen. Waagerecht, senkrecht, rund, eckig. Sie haben null Probleme mit dem Setzen der Linien. Ihr Problem muß also woanders liegen. Wenn wir eine Person beobachten, die behauptet, sie könnte nicht zeichnen, dann sehen wir, worin das Problem liegt. Wir sagen also: „Zeichne mal den Herrn Klein." Sagt sie: „Das kann ich nicht!" – „Probier es halt einmal." – „Nee, kann ich nicht." Wenn wir sie endlich dazu kriegen, daß sie es probiert, dann macht diese Person folgendes: Sie starrt wie gebannt auf ihr Papier, wirft kurze Kontrollblicke auf das Modell (oder die Vorlage), zeichnet dann das, was sie genaugenommen *nie* wahrgenommen hat, und sagt: „Sag ich doch, das kann ich nicht!" Stimmt's??

Beobachten wir hingegen einen Künstler, z.B. auf dem Boulevard, der für ein kleines Honorar die Portraits der Spaziergänger anfertigt, dann benimmt der sich völlig anders. Er blickt nur auf das Modell! Wenn Sie ihm gespannt zusehen, werden Sie ihn kaum je dabei „erwischen", seine Zeichnung anzusehen (zumindest während der Zeit, bis er die großen Formen skizziert hat). Aber seine Wahrnehmung ist ganz auf die Person gerichtet, die er SEHEN will, um sie zeichnen zu können.

Also liegt der Knackpunkt in der Wahrnehmung und nicht im Zeichnen selbst. Das zeigt uns auch die zweite Übung, die Sie (hoffentlich) durchgeführt haben, denn die **Hunde** der Teilnehmer/innen lassen in der Regel erkennen, daß sie den richtigen Blick noch nicht entwickelt haben, um den es uns in diesem Abschnitt geht. Also fällt es relativ schwer, und deshalb beginnen viele Teilnehmer/innen bei dieser Aufgabe nervös zu grinsen (zu lachen) und ihre Zeichnung vor den Augen anderer zu verbergen oder aber abfällige Bemerkungen über ihr Werk zu machen, denn sie glauben ja zu diesem Zeitpunkt noch, sie könnten nicht zeichnen. (Wie viele von Ihnen, liebe Leser/innen, auch.)

Darum lade ich Sie in einigen Minuten zu einer ganz besonderen Übung ein, die Ihnen die Möglichkeit gibt, *sich selbst beim Schauen zu beobachten*, also den (visuellen) *Wahrnehmungsprozeß als solchen bewußt wahrzunehmen*.

Sie werden in Kürze gebeten werden, einige Schriftzüge (arabisch) in einer ganz besonderen Weise zu betrachten und „abzuschreiben" (genauer abzuzeichnen!). Wenn ich Ihnen etwas

Deutsches (in meiner Handschrift) anbieten und Sie bitten würde, meine Handschrift abzuzeichnen, dann könnten Sie diesen Schriftzug zwar schreiben, aber in der Regel nicht zeichnen.

Nehmen wir an, ich hätte meinen Lieblingssatz aus *Die Möwe Jonathan* (**Glaube an Grenzen, und sie gehören dir**) gewählt, was würde jetzt passieren? Antwort: Sie sehen *mein „G"* und schreiben (genauer: zeichnen) *Ihre Variante von „G"*; dann sehen Sie *mein „L"* und zeichnen *Ihre persönliche Variante,* also *„Ihr L"* usw.

Sie „sehen" nämlich nicht die Form der Wörter auf dem Papier, sondern Sie „lesen" Wörter! Die meisten Erwachsenen sind unfähig, die Linien, aus denen die Buchstaben bestehen, *als Linien zu sehen*, weil sie *den Inhalt lesen*, also fallen sie in den Automatismus des Schreib-Lese-Zwangs.

Wenn wir hingegen in einer fremden oder geheimen Schrift (siehe unten) schreiben sollen, dann beginnen wir plötzlich die **Linien** wahrzunehmen. Bitte denken Sie an die beiden Übungen vorhin zurück:

Erinnerung: Als Sie in der Geheimschrift schrieben, da handelte es sich anscheinend eindeutig um eine Schreib•Aufgabe, und deshalb hatten die meisten von Ihnen damit keine (oder kaum) Probleme.

Frage: Wenn Sie Ihre Unterschrift „leisten": unter•schreiben oder unter•zeichnen Sie?! Im Klartext: Wer schreiben kann, kann auch zeichnen. Erinnern Sie sich an folgende Aussage am Anfang dieses Abschnitts: Wer meint, nicht zeichnen zu können, meint, er/sie habe Probleme damit, die Linien so aufs Papier zu setzen, wie sie ihm/ihr nach Anblick des Modells oder der Vorlage vorschweben. Aber wenn Sie *schreiben*, dann *setzen Sie die*

Linien genau so aufs Papier, wie sie Ihnen vorschweben: rund, eckig, gerade, geschwungen, groß oder klein – Sie haben absolut kein Problem mit dem Setzen der Linien, sofern Sie die Linien kennen, die Sie zeichnen (schreiben) wollen. Und genau das ist des Pudels Kern: Schreiben und Zeichnen sind so lange identisch, wie Sie nicht in den Automatismus verfallen, Buchstaben aufs Papier zu setzen, deren Linien Sie überhaupt nicht wahrnehmen, weil Sie nur über die Bedeutung der Wörter nachdenken.

Analogie: Kaffee

Wollen wir dies mit dem *Gehen* vergleichen: Wenn Sie vorhaben, die zweite Kanne Kaffee für Ihre Gäste aus der Küche zu holen, dann arbeiten Ihre Beine vollautomatisch; Sie bewegen sich wie ein Geh-Automat, ohne das Gehen bewußt wahrzunehmen. Sie denken nur „Kaffee", und Ihr Unbewußtes macht den Rest. Analog dazu können wir sagen: Wollen Sie das Wort *Kaffee* (auf die Einkaufsliste) schreiben, dann schreiben Sie wie ein Schreib-Automat. Sie denken nur „Kaffee". Ihr Unbewußtes steuert den Prozeß der Linien, die Sie ziehen (wenn Sie Buchstaben „zeichnen"). Wollen Sie hingegen „offiziell" zeichnen, dann müssen Sie vollbewußt im Hier und Jetzt sein. In unserer Analogie können wir sagen: *Zeichnen ist, als wollten Sie rückwärts in die Küche gehen, um den Kaffee zu holen.*

Wenn Sie dies vollbewußt ausführen, kann dies eine hervorragende Bewußtseins-Übung (im Hier und Jetzt) sein, denn es ist Ihnen *so lange* nicht möglich, wie ein Automat rückwärts zu gehen, wie die nötigen bevorzugten Nervenbahnen hierfür in Ihrem Gehirn noch nicht existieren.

Sie erinnern sich an unsere Kern-Aussage bezüglich gehirn-gerechten Vorgehens: Die Qualität der KONSTRUKTION bestimmt die Qualität der späteren RE•KONSTRUKTION. Dieser Prozeß der RE•KONSTRUKTION muß so lange voll bewußt (in Zeitlupe) ausgeführt werden, bis Sie neue Nerven-Ver• BIND•ungen geschaffen haben.

Fazit: Jemand, der sehr viel Zeichen-Erfahrung hat, mag ähnlich „gedankenlos" zeichnen, wie wir in die Küche gehen oder „Kaffee" auf die Einkaufsliste schreiben. Für jemanden, der das *noch nicht trainiert hat,* wird es eine Bewußtseins-Aufgabe (eine handelnde Meditation)!

Wenn Sie also schreiben können, dann können Sie prinzipiell auch zeichnen, denn Sie beherrschen die Fähigkeit, den Stift aufs Papier zu setzen und dorthin zu führen, wo Sie ihn „hinhaben" wollen. Aber da Sie bisher vor allem das Schreiben trainiert haben, können Sie dies schnell und automatisch tun, im Gegensatz zum Zeichnen.

Deshalb biete ich Ihnen für die folgende Aufgabe Schriftzüge in Sprachen, die Sie (voraussichtlich) nicht kennen. Diesen Wörtern „fehlt" für Sie die Bedeutung, also sehen Sie plötzlich (was jedes Wort Ihnen immer *auch* bietet): die Linien. Dadurch können Sie jetzt auf einmal die Augen-Hand-Ver•BIND•ung wahrnehmen, welche die Grundlage für das „offizielle" Zeichnen ist.

Bitte gehen Sie – genau zwei Minuten lang – wie folgt vor:

Stellen Sie sich vor, jeder Schriftzug sei ein schmiedeeisernes Gitter, das Sie (mit der Hand) abtasten wollen. *Sehen* heißt ja *mit den Augen abtasten.* Wenn die zwei Minuten beginnen, dann werden Sie die Blicke auf die Vorlage im Buch „werfen", und Sie stellen sich vor, Sie würden die Figur abtasten. Gehen Sie es ruhig und entspannt an. Warten Sie, bis sich ein *Tastgefühl* einstellt, *dann erst* bewegt sich – wie zufällig – Ihr Stift auf dem Papier. Ihre Augen bleiben auf der Vorlage. Erinnern Sie sich an den Portrait-Künstler (S. 108), der ja auch nur das Modell anschaut!

Wenn Sie das Tastgefühl *verlieren*, dann halten Sie inne, bis Sie es wieder-„haben". Es könnte theoretisch passieren, daß Sie in diesen zwei Minuten keinen einzigen Strich zeichnen, weil sich das Tastgefühl nicht einstellt; das wäre auch nicht schlimm. Sie werden die Übung später noch öfter machen, aber belassen Sie es beim ersten Mal bitte bei den zwei Minuten. Manche Menschen zeichnen ihren Schriftzug fünfmal, manche einmal, manche gar nicht. *Darum geht es nicht.* Es geht um etwas ganz anderes. Es ist eine Hier-und-Jetzt-Übung. *Es geht darum, daß Sie den Prozeß der visuellen Wahrnehmung zwei Minuten lang selber wahrnehmen.* Darum geht es! Daß Sie sich beim Wahrnehmen beobachten.

Ein letzter Rat, ehe Sie beginnen: Registrieren Sie, wenn Widerstände in Ihnen auftauchen. Das ist wichtig für Ihre Selbsterkenntnis. Fällt es Ihnen leicht oder schwer, zwei Minuten lang *bewußt wahrzunehmen?*

Die zwei Minuten werden sich *subjektiv* unterschiedlich anfühlen. Manche meiner Teilnehmer/innen wundern sich immer, wenn sie vorbei sind, andere denken, ich hätte geschummelt und sie vier Minuten lang zeichnen lassen.

Registrieren Sie bewußt, wie lang oder kurz die zwei Minuten Ihnen erscheinen. Sie können mit dem Zeichnen aufhören, wenn Sie starke Widerstände empfinden, und statt dessen Ihre Eindrücke aufschreiben. Die Aufgabe stellt natürlich auch eine Selbsterfahrungsübung dar.

Legen Sie sich das Papier griffbereit, Stift in Position, sehen Sie sich die arabische Vorlage an, und beginnen Sie jetzt genau zwei Minuten lang zu üben ...

Falls Sie Arabisch können, finden Sie im Anhang (S. 365) auch eine japanische Vorlage, so daß auch Sie die Übung mit einer Ihnen unbekannten Schrift durchführen können.

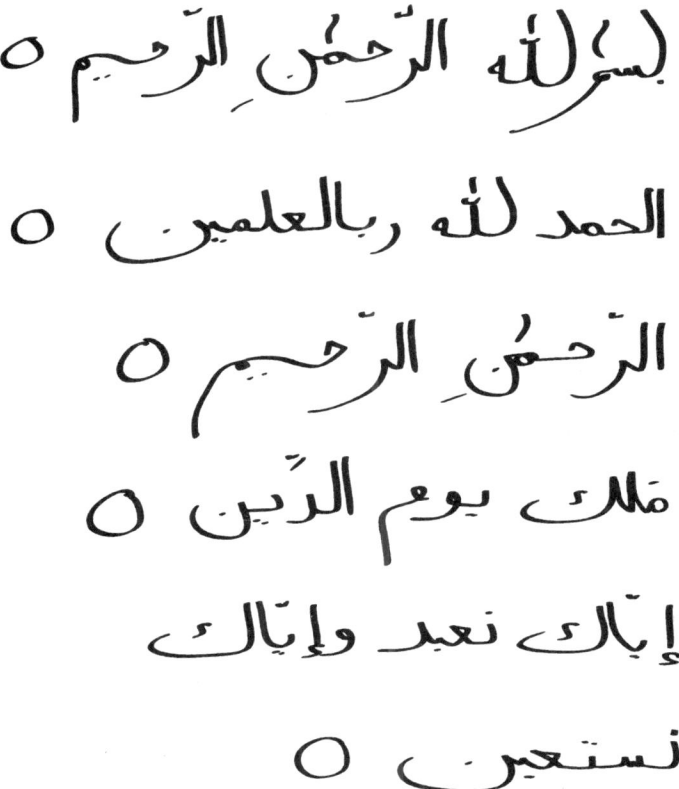

Selbst-Check:

1. Ich habe die Möglichkeit einer Selbst-Einsicht vermieden, und/aber ...
   ☐ ich habe vor, die Übung später zu absolvieren, ☐ nein, danke!

2. Die Zeit ist mir ... erschienen
   ☐ extrem kurz, ☐ kurz, ☐ normal, ☐ eher lang, ☐ ziemlich lang, ☐ sehr lang

3. Die Übung hat mir ...
   ☐ sehr gefallen (spannend, faszinierend), ☐ nicht gefallen (langweilig, doof)

4. Ich könnte mir vorstellen, die Übung in Zukunft ...
   ☐ gerne, ☐ wenn es sein muß, ab und zu, ☐ nie wieder zu absolvieren!

5. Wiewohl das Ergebnis der Zeichnung bei dieser Übung vollkommen unwichtig ist (manche zeichnen auch gar nichts und haben doch intensiv geschaut und demzufolge „brav" geübt), passiert es doch manchen Teilnehmer/innen, daß einzelne Elemente in der Zeichnung großartig geworden sind (dem Vorbild sehr ähneln):
   ☐ stimmt, ich bin ganz überrascht! ☐ bei mir nicht.

Falls Sie feststellen mußten, daß Sie akute Probleme hatten, 120 Sekunden lang nur *wahrzunehmen*, könnten Sie sich fragen, was Ihnen das Schul- und Ausbildungssystem angetan hat?! Oft hat man uns nicht *ge*- sondern *ver*•bildet. Das merken wir später daran, wenn es uns anstrengt, zwei Minuten lang bewußt wahrzunehmen! Ob wir Lebenspartner, Eltern, Verkäufer, Berater, Kolleg/innen, Mitarbeiter/innen oder Führungskräfte sind – es ist absolut dramatisch, wenn wir unfähig sind, *wahrzunehmen*.

Das kann man natürlich trainieren, das ist ja der Grund, warum ich Ihnen diese Übung angeboten habe. Stellen Sie sich bitte folgendes vor:

Sie sind in einem Gespräch, es wird heftig, und der andere schimpft („Du Depp!" oder ähnlich). Nun brauchen Sie keinen Psychologen, der Ihnen mitteilt: „Jetzt ist er sauer!" Aber es erhebt sich die Frage: Was war in den fünf Minuten *davor* passiert? Was haben wir alles *nicht* wahrgenommen? Die Frage sollten sich vor allem jene Menschen stellen, die regelmäßig von solchen „Ausbrüchen" *überrascht* werden, während sie dachten, das Gespräch liefe doch wunderbar. Nun erleben sie (wieder einmal) eine bittere Enttäuschung. Aber die *Enttäuschung* (analog der *Entbindung*) bedeutet lediglich: *die Täuschung hört auf.* Was glauben Sie, ist vor dem Ausbruch passiert, als der andere vielleicht zunächst nur ungläubig die Augenbraue hob, dann mehrmals versuchte, etwas zu sagen, abwehrend den Kopf schüttelte oder ähnlich. Video-Aufzeichnungen von Gesprächen mit „überraschenden" Ausbrüchen zeigen ganz klar: Überrascht können nur Menschen werden, die unfähig sind, wahrzunehmen (wie die meisten von uns)!

Daher werden manche Menschen so *regelmäßig* in Gesprächen enttäuscht, daß sie überzeugt davon sind, die meisten ihrer Gesprächspartner seien „fiese Typen". Sie leiden unter der Situation, weil sie das Wahrnehmen *nicht gelernt* haben. (Genaugenommen haben sie es *ver•lernt*, als sie vom System *ver•bildet* wurden, denn Kinder nehmen noch gerne und sehr genau wahr!) Lesen, Schreiben, Rechnen wurden in Schule und Ausbildung geübt. Aber *Wahrnehmen* – darauf wurde *kein Wert* gelegt.

Mit dieser Übung können Sie sich dafür sensibilisieren. Wenn Sie sie regelmäßig ausführen und langsam auch die Zeitspanne ausdehnen, werden Sie „offiziell" das Wahrnehmen trainieren, ganz nebenbei jedoch, als „Abfallprodukt", Ihre Zeichen-Fertigkeit ausbilden. So *bildet* man sich selbst oft besser, als das System uns „gebildet" hat ...

Bitte blättern Sie noch einmal zurück, und studieren Sie Ihre Kreuzchen von vorhin (Seite 114). Betrachten Sie die Aussagen jetzt bitte wie ein *Rechteck* (vgl. folgende Abbildung):

1. Ich habe die Möglichkeit einer Selbst-Einsicht vermieden, und/aber ...
   □ ich habe vor, die Übung später zu absolvieren, □ nein, danke!
2. Die Zeit ist mir ... erschienen
   □ extrem kurz, □ kurz, □ normal, □ eher lang, □ ziemlich lang, □ sehr lang
3. Die Übung hat mir ...
   □ sehr gefallen (spannend, faszinierend), □ nicht gefallen (langweilig, doof)
4. Ich könnte mir vorstellen, die Übung in Zukunft ...
   □ gerne, □ wenn es sein muß, ab und zu, □ nie wieder zu absolvieren!
5. Wiewohl das Ergebnis der Zeichnung bei dieser Übung vollkommen unwichtig ist (manche zeichnen auch gar nichts und haben doch intensiv geschaut und demzufolge „brav" geübt), passiert es doch manchen Teilnehmer/innen, daß einzelne Elemente in der Zeichnung großartig geworden sind (dem Vorbild sehr ähneln):
   □ stimmt, ich bin ganz überrascht! □ bei mir nicht.

Liegen Ihre Kreuze eher LINKS/RECHTS vom senkrechten Strich?

□ eher links, □ weitgehend im mittleren Bereich, □ eher rechts

Merke: Je weiter links Ihre Kreuzchen liegen, desto besser können Sie wahrnehmen und bereits (oder sehr bald) zeichnen, und zwar „lässig" (mit LINKS). Je mehr Kreuze rechts „gelandet" sind, desto ge•RECHT•fertigter wäre ein regelmäßiges Training für Sie. Dreimal pro Woche zwei bis fünf Minuten wird sehr viel bringen, wenn Sie es im Sinne der Übung vorhin, also im RECHTEN Geiste tun!

Natürlich bleiben Sie nicht bei Schriftzügen in fremden Sprachen. Sie können eine Übung von Betty EDWARDS (in *Garantiert zeichnen lernen*) einsetzen, indem Sie Zeichnungen *auf den Kopf gestellt* abzeichnen. Mehr dazu finden Sie auch in *Stroh im Kopf?* (6. Kapitel). Die Reaktionen der Leser/innen zeigen, daß vielen Menschen schon *innerhalb weniger Tage* unglaubliche Dinge gelingen, weil *Teile der Zeichnung* sehr schnell relativ gut werden.

Wir schauen (und sehen) anders, wenn wir zeichnen wollen. Wenn Sie anfangen, Ihre Zeichen-Übungen *neben* dem Fernsehen zu machen (bei vielen Sendungen reichen Kontrollblicke ohnehin), brauchen Sie keine Minute Extra-Zeit in Ihre Zeichen-Übungen zu investieren (vgl. auch **Anders fernsehen**, Strategie Nr. 6, Seite 290 ff.).

In kürzester Zeit beginnen meine Teilnehmer/innen zu merken: Jedes Auge, jede Nase, jeder Mund ist anders. Die Vielfalt ist unglaublich. Das hatten sie vorher „so" nie wahrgenommen.

Namens-KaGa

Wir sprachen in Block 1 über das angeblich so schlechte Namens-Gedächtnis vieler Menschen und über die Tatsache, daß wir laufend Namen von Dingen lernen, aber absurderweise glauben, wenn es sich um den Namen einer Person handelt, dann würde unser Gehirn schreien:

> „Halt, jetzt kommt der Name einer Person, und das kann ich nicht!"

Wenn Sie gehirn-gerecht vorgehen, ist es dem Management Ihres Wissens-Netzes vollkommen egal, welche Fäden Sie als Gehirn-Besitzer einklinken wollen. **Nicht egal** ist es hingegen, ob Sie

117

sich einer Sache AUF•MERK•sam nähern, denn dann sind Sie offen (u.a. für Assoziationen aus „entfernten" Knoten im Wissens-Netz), und Sie werden sich gut MERK•en, was Sie jetzt denken.

Neben Eselsbrücken jeglicher Art für Namen (BILD•lich oder akustisch) können Sie die Vorteile der Analografie auch hierfür nutzen. In Block 1 haben Sie schon das Namens-**KaWa** kennengelernt (vgl. *Heinz* auf Seite 59). Wir sprachen an der Stelle über das technische Vorgehen beim **KaWa** und über die Tatsache, daß ein Namens-**KaWa** uns den Namensträger näherbringen kann. Zum einen wird uns klar, was wir (teilweise unbewußt) über ihn wissen, so daß sich unsere Eindrücke von ihm vertiefen. Zum anderen werden Sie einen Namen, zu dem Sie ein **KaWa** angelegt haben, wohl kaum mehr vergessen, denn Sie haben diesen spezifischen Namen bewußt mit Aspekten der Person verknüpft, so daß das **KaWa** sich ganz nebenbei auch als Gedächtnis-Trick entpuppt! Vielleicht erinnern Sie sich in **diesem Zusammenhang** auch an die wichtige Verbindung zwischen Gedächtnis und Kreativität?

Der Schlüssel zu unserem **Gedächtnis** ist gleichzeitig der Schlüssel zu unserer K r e a t i v i t ä t !!

Aber natürlich können wir mit Namen auch **grafisch spielen**, also Namens-**KaG**as anlegen. Einige Fallbeispiele:

Frau TIETZE ist seit über zwei Jahrzehnten meine rechte Hand und gute Freundin. Ihr Namens-**KaGa** basiert auf der ehemaligen „TV-Lottofee" (selbe Schreibweise).

Frau UNDEN schickt mich u.a. liebevoll auf Reise (indem sie viele Thermoskannen ins Büromobil packt). Ihr Namens-**Ka**G**a** ist das kaufmännische UND-Zeichen (plus „en").

Frau WILD, deren freiberufliche Leistungen ich seit Jahren schätze. Assoziation „Wild" (wie „Reh"). Merke: Die Zeichnungen müssen nie „schön" sein; sie helfen trotzdem a) zu denken, b) kreative Assoziationen zu schaffen und c) sich das Gedachte besser zu merken.

Bei unserem Herrn BORGER fiel mir das Volk der BORG ein (Star-Trek-Insider haben diesen Faden in ihrem Wissens-Netz), und diese Cy•BORG•s (daher der Name!) sehen etwas sonderbar aus. Wichtig ist ja immer nur, daß wir einen (oder mehrere) der Fäden in unserem **eigenen** Wissens-Netz verwenden.

Vielleicht haben Sie „keinen Bezug" (keinen oder wenige Fäden im Netz) zu den BORGs, aber Sie lieben die BERGE und würden Ihr Namens-**Ka**G**a** auf einer herrlichen BERG-Landschaft aufbauen? Oder haben es Ihnen alte BURG•en mehr angetan?

Bedenken Sie immer: Ein Namens-**Ka**G**a**, das wir vornehmlich anlegen, um diesen Namen in unserem Wissens-Netz (Gedächt-

119

nis) zu plazieren, soll **uns** „etwas sagen". Ein gutes Fallbeispiel hierfür ist der Namen von Herrn Bodo WARDIN (im Büro von birkenbihl-media in Bergisch Gladbach).

Die erste spontane Assoziation, die ich hatte, als ich seinen Namen das allererste Mal (am Telefon) hörte, wer das arabische Wort **WARD**atun (Rose), und so notierte ich es mir auch! Die Abbildung hier ist ein Scan der ursprünglichen Notiz.

Bei einem Trainer-Kollegen, Herrn TESCH, fiel mir sofort TISCH ein , und bei einem meiner Kunden,

Herrn METTEN, dachte ich an die Christ•METTE (es war die Jahreszeit ...), und so sieht das **KaGa** auch aus.

Welche Namen werden Sie als erstes in ein **KaGa** „packen"? Denken Sie dabei an zwei Kategorien:

1. Personen, deren Namen mir immer wieder Probleme bereiten. (Wo habe ich nur den Zettel, auf dem ich nachschauen kann, um die Übung zu absolvieren?)

2. Personen, die ich durch das **KaGa** vielleicht ein wenig „besser" kennenlernen werde.

Übrigens kann es ungemein spannend sein, wenn man gegenseitig **KaGa**s und/oder **KaWa**s vom Namen des anderen macht und diese dann gemeinsam bespricht.

Dabei lernen Sie häufig Aspekte kennen, die **der andere an Ihnen** schätzt (**und umgekehrt**), ohne daß Sie das wußten. Es

könnte theoretisch auch sein, daß Sie dabei lernen, was der andere an Ihnen weniger schätzt, aber das Gegenteil ist häufiger. Warum? Nun, weil die meisten Menschen doch ganz gerne „heraus-
hängen lassen", was ihnen nicht paßt, zumindest indem sie „verbissen schauen", auch wenn sie „extra nichts sagen" wollen. Aber
wir haben in der Regel nicht gelernt, Positives genauso leicht mit-
zuteilen. Für viele Führungskräfte gilt Abwesenheit von Tadel
immer noch als Lob, nach dem Motto: Wenn ich nicht meckere,
ist alles ok. Dies hat mit der Prägung aus der Vergangenheit zu
tun, und auch das ist ein wichtiges Thema in unserem Buch-Seminar (Stichwort: Programme). Wir kommen darauf zurück.

Der Hormontopf als Filter
der Wahrnehmung

Im Seminar schildere ich gern die Story von Herrn Murgatoyd
(eine Frau, ein Reihenhaus, zwei Autos, zwei Kinder – in dieser
Reihenfolge!), genauer von dem Morgen, an dem der Wecker
nicht geläutet hat. Normalerweise weckt ihn sein Sohn (weil
Herr Murgatoyd als letzter ins Bad geht), aber heute weckt ihn
die Stimme seiner Frau, die eine Note der Panik enthält (weil sie
ihn halt gut kennt), so daß zuallererst sein Reptil aufwacht. Diese Art des Aufwachens ist mit Unlustgefühlen verbunden, und
schon fallen die ersten Tropfen Kampfhormone in seinen Hormontopf, was auch sofort erste praktische Konsequenzen nach
sich zieht, z.B. indem er den Wasserhahn so ungeschickt mani-
puliert, daß er sich verbrüht (und beim Rasieren schneidet er
sich dann). Sie können sich das sicher gut vorstellen. Mit dieser
Story etablieren wir

1. **Koordination:** Die Koordination verschlechtert sich, weil Kampfhormone dem Körper Energie für Kampf oder Flucht zur Verfügung stellen sollen (Fingerspitzengefühl ist in Gefahrenmomenten nicht gefragt). Deshalb lassen wir in solchen Momenten gern etwas fallen oder wir stoßen uns an einem Möbelstück, um das wir normalerweise elegant herumsegeln ...

2. **Denk-Blockaden:** So begreift Herr Murgatoyd zunächst überhaupt nicht, was seine Frau ihm erklärt.

3. **Die hormonelle „Brille":** So wird aus der Ehefrau (zu anderen Zeiten „Liebling") plötzlich die „dumme Gans" (die verschlafen hat, also schuld ist an dem ganzen Streß!), und so sind wir dann umgeben von „fiesen Mitmenschen", z. B. von de-motivierten Mitarbeiter/innen, ekelhaften und unfreundlichen Kund/innen, Kolleg/innen oder Nachbarn bzw. (vor allem im Auto) von Idioten ...

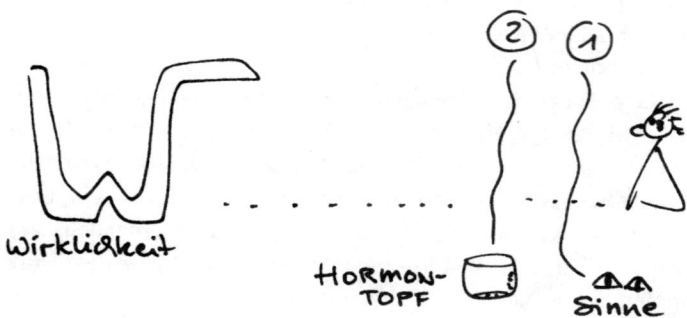

Um wieder auf das Bild mit den Filtern zurückzugreifen, können wir jetzt sagen: Der erste Filter, das sind unsere Sinnesorgane. Wir nehmen eine andere Welt wahr als eine Fliege, eine Biene oder ein Frosch. Somit leben wir nicht in „der" Welt, sondern in einer spezifisch menschlichen Welt. Der zweite Filter ist der hormonelle Filter. Befinden sich in unserem Hormontopf überwiegend Freudehormone, dann blicken wir durch die „Optimistenbrille" (die Sonne scheint). Andernfalls ist der „Dreck" im Filter (nicht in der Welt), aber auf uns WIRK•t dann die Welt, die WIRK•lichkeit „ganz furchtbar". Das Schlimmste daran ist, daß die meisten Menschen von diesen Prozessen wenig wissen (wollen).

Wenn man aber negiert, daß unsere Wahrnehmung sich mit zunehmendem Kampfhormonpegel negativiert, dann versucht man, die Schuld für das eigene Unwohlsein im „Außen" zu suchen, so wie ich früher auch. Ein Beispiel:

Die bösen „Reinschneider"

Seit zwei Jahrzehnten reise ich ja mit einem behäbigen Büromobil. Aber früher, als ich noch flotte PKWs fuhr, konnten mich *Reinschneider* maßlos nerven. So bezeichnete ich Leute, die vor mir „hineinschnitten" und mich „zwangen" zu bremsen. Vielleicht fuhren sie dann etwas langsamer, als ich zuvor gefahren war … Sie kennen das. Solche Leute hatten damals die Macht, mich ungemein zu „nerven". Jeder Reinschneider „kostete" mich einige Tropfen Kampfhormone, was meinen Hormontopf auf langen Fahrten ganz schön anfüllte. Ich fühlte mich diesen „fiesen Mitmenschen" hilflos ausgeliefert. Sie machten mich zornig. Sie kosteten mich Kraft. Sie nahmen mir die Lust am Fahren.

> Das heißt: Jedesmal, wenn mir ein Reinschneider vor die Kühlerhaube fuhr, produzierte ich Streßhormone und reagierte aggressiv! Aber es war natürlich nicht meine Schuld. Diese

Reinschneider waren an meinem Zorn schuld; ich konnte absolut gar nichts dafür …

Lassen wir die Wahrnehmung hier *vorläufig* ruhen, damit die Gedanken in Ihnen etwas WIRK•en können. Wir kommen später darauf zurück.

Im Augenblick möchte ich Sie bitten, zum Thema „Gedächtnis" den nächsten Schritt zu gehen, wobei dies ein entscheidender Schritt für die Zielstellung des Power-Tages ist.

Zum sechsten Mal: die Dach-Liste

Falls Sie dieses Buch mit längeren Lesepausen durcharbeiten, könnte es sein, daß Sie die Dach-Liste noch einmal bewußt aktivieren wollen, bevor wir einen großen Schritt weitergehen. Dieser Schritt wird Ihnen LEICHT fallen, wenn Sie die Dach-Liste beherrschen (weil Sie diese Fäden in Ihrem Wissens-Netz benutzen, um neue Infos einzuhängen). Deshalb hier zur Sicherheit die Liste zum „Spicken":

1. Dach	9. Portal
2. Gabe	10. Scheck
3. Frankenwein	11. Aus
4. Igel	12. Dock
5. Elefant	13. Fundbüro
6. Nadel	14. Irrtum
7. Garten Eden	15. Lux
8. Birne	

Darf ich noch einmal daran erinnern, daß diese aktiven Übungen im Seminar weder „ausgelassen" noch „getürkt" werden, weil erstens alle gleichzeitig arbeiten und weil wir zweitens oft einen Teil der Arbeit zu zweit oder in der Kleingruppe erledigen. Wenn Sie bedenken, daß es gerade diese in Jahrzehnten entwickelten Übungs-Zyklen sind, die Ihnen Schritt für Schritt zeigen, was Sie können, dann leuchtet sicher ein, daß Lesen allein Ihnen diesen Beweis nicht erbringen wird.

Machen Sie mit?

Dann beginnen Sie mit dieser kleinen Vor-Übung: Sagen (*oder* schreiben) Sie die Dach-Liste wie folgt:

1. Vorwärts und rückwärts (langsam und gemütlich!) und
2. vorwärts in Zweier-Schritten (von Nr. 1 zu 3, 5 etc.), und nach Nr. 15 zu 14, 12, 10 usw. (also in Zweier-Schritten „runter" bis Nr. 2).

Wenn Sie das können, dann lade ich Sie herzlich zum nächsten Schritt ein.

Diesmal „hängen" wir an jeden Begriff der Dach-Liste einen weiteren. Hier testen Sie selbst (mit wachem Forschergeist), was ich schon mehrmals gesagt habe: *Je besser der vorhandene Faden im Netz, desto leichter kann eine neue Info „drangehängt" werden!*

Wenn Sie die Dach-Liste bereits gut beherrschen, haben Sie jetzt 15 solide neue Fäden im Netz, an welche Sie später jederzeit weitere Infos hängen können! Und genau das möchte ich Ihnen jetzt zeigen. Bei diesem Experiment testen Sie, wie leicht es Ihnen (schon) fällt, gehirn-gerecht vorzugehen.

Aufgabenstellung: Sie wollen jedem Begriff der Dach-Liste einen ganz bestimmten zweiten zuordnen (siehe S. 128).

Dabei wollen Sie folgende Spielregeln einhalten, damit Sie sehen, welche Voraussetzungen garantieren, daß es leicht wird:

1. Sie beherrschen die 15 Dach-Begriffe: vorwärts und rückwärts (siehe S. 124), und Sie können den Grund nennen, **warum** jeder Begriff an seiner Stelle in der numerischen Reihenfolge auftaucht! (Falls Sie jetzt erschrecken: Das sind die normalen Ergebnisse der ersten fünf Dach-Experimente im Seminar! Die meisten Teilnehmer/innen können es jetzt, denn sie haben ja aktiv mitgemacht!)

2. Sie schaffen eine kreative Ver•BIND•ung zwischen dem Dach-Listen-Wort und dem Begriff, den Sie jetzt „dranhängen", so daß die beiden Begriffe fest miteinander verbunden werden. Diese Ver•BIND•ung kann logisch oder analog sein, „seriös" oder „albern". Beispiel: Die Nr. 7 (Garten Eden) wird diesmal mit Latzhose verbunden. Logisch/rational gab es natürlich im Paradies keine Latzhosen! Aber die (analoge) Vorstellung von Adam oder Eva in Latzhosen läßt sich sicher gut MERK•en, oder?

3. Sie arbeiten ganz gemütlich, in Zeitlupe! Diese geistige Leistung ist der berühmte Prozeß der KONSTRUKTION, der die Qualität Ihrer späteren RE•KONSTRUKTIONs-Fähigkeit bestimmt!

4. Merke: Schlampige/saubere KONSTRUKTION führt später zu schlampiger/sauberer RE•KONSTRUKTION! Sie sehen also, daß dieser Teil der Aufgabe das eigentlich Wesentliche ist. Er ist keine „lästige Vorbereitung" auf später – this is it (= dies ist ES)! Wenn ich Ihnen eine Analogie anbieten darf: Für manche Männer bedeutet VOR•spiel eine lästige Pflicht, sie hoffen, es möglichst rasch hinter sich zu bringen, um zum Eigentlichen zu gelangen (was dann oft nur kurz währt). Für andere Männer ist das Vor•SPIEL ein Spiel, das in all seinen Details gespielt und genossen werden soll.

Welcher Typ Mann wird a) mehr Freude erleben, b) dem/der Partner/in wohl mehr geben können und c) die intensiveren Erinnerungen behalten?

5. Gehen Sie die Liste zwar extrem langsam und gemütlich, aber vorläufig nur ein einziges Mal durch. Blicken Sie jeweils nur auf eine Kombination (z.B. DACH & eine Ausgabe von JOURNAL für die Frau) und denken Sie über eine mögliche Kombination der beiden nach. Dabei können Sie still sitzen (liegen) und warten, was Ihr Unterbewußtsein Ihnen anbietet, Sie können herumlaufen, Skizzen anlegen – aber wenn Sie eine Assoziation „gefunden" haben, die als kreative Ver•BIND•ung fungieren kann, dann notieren Sie diese und gehen zum nächsten Begriffspaar über (warum Sie nur einen einzigen Durchgang machen sollen, wird später erklärt).

6. Machen Sie unbedingt Notizen oder Skizzen mit Stichwörtern (oder auf Band), wodurch Sie Ihren Ideenfindungsprozeß dokumentieren. Sie werden später froh darum sein!

Bedenken Sie bitte auch diese Tatsache:

Eine Tätigkeit fällt um so leichter, je öfter wir sie in der Vergangenheit bereits ausgeführt haben (das erhöht nämlich die Geschwindigkeit der normalerweise unbewußt ablaufenden RE•KONSTRUKTION).

Deshalb gilt:

Das Schaffen von kreativen Ver•BIND•ungen (wie auch von **Ka**Was und **Ka**Gas) ist wie jede Fertigkeit (vgl. Kreuzworträtsel-Raten) Übungssache.

Dabei können wir sagen, daß die ersten die schwierigsten sind; die nächsten sind schon leichter, dann geht es schon flotter, und spätestens jetzt beginnt es Freude zu machen! Ich habe mich früher mit so manchem sehr „schwergetan" (weil ich glaubte, ich hätte kein Talent auf dem Gebiet), und ich konnte immer wieder feststellen:

> Wenn man die ersten Übungen in Zeitlupe absolviert, ganz total im Hier-und-Jetzt, entspannt und selbst neugierig, welche Assoziationen Ihr Wissens-Netz Ihrem Bewußtsein zur Verfügung stellt (wenn Sie lernen, ein wenig zu warten), dann können auch die ersten Übungen bereits sehr befriedigend (auch seelisch!!) verlaufen.

Auch davon können Sie sich bei der folgenden Aufgabe selbst überzeugen, wenn Sie sich Zeit lassen!

Bitte denken Sie besonders an die Spielregel: **Gehen Sie die Liste zwar gemütlich, aber <u>vorläufig nur ein einziges Mal durch.</u>**

Genießen Sie das „Vor-Spiel"! Auf geht's!

1. **Dach** & eine Ausgabe von **JOURNAL** für die Frau
2. **Gabe** & ein **Ohrring**
3. **Frankenwein** & ein **U-Boot**
4. **Igel** & **Rollschuhe**
5. **Elefant** & ein **Einkaufs-Netz**
6. **Nadel** & (eine Spielkarte:) **As**
7. **Garten Eden** & **Latzhosen**
8. **Birne** & eine **Führungskraft**
9. **Portal** & ein **Dackel**
10. **Scheck** & ein **Inspektor**
11. **Aus** (im Fußball) & eine **Ente**
12. **Dock** & ein **Frosch**

13. **Fundbüro** & ein (rasender) **Reporter**

14. **Irrtum** & ein **Adler**

15. **Lux** & ein (endloses) **Ufer**

Legen Sie jetzt Ihre Notizen beiseite, ehe Sie weiterlesen. Danke.

Ich hatte Ihnen die Erklärung dafür versprochen, **warum Sie die Liste zwar intensiv, aber nur ein einziges Mal durchgehen sollten.** Antwort: Der nachfolgende Selbst-Check ist als Selbst-Kontrolle nach einem einzigen Durchgang konzipiert. **Denn auch die Art, wie wir unseren Fortschritt überprüfen, sollte anders ablaufen als in der Schule (aber das sehen Sie gleich) …**

Intelligentes Lückenmanagement

(Der gehirn-gerechte Selbst-Check bzw.
der Umgang mit Wissens-Lücken)

Es ist extrem wichtig, daß Sie den folgenden Check keinesfalls im alten Stil (wie eine „Prüfung" in der Schule) ansehen, sondern als eine **für jeden Erfolg wichtige Selbst-Inventur!**

Sie wollen nämlich in einigen Minuten **nicht nur** herausfinden, wie viele der Kombinationen Sie nach Ihrem (vor-)spielerischen Durchgang aktiv RE•KONSTRUIEREN können, sondern Sie wollen darüber hinaus **lernen, ab heute mit Wissens-Lücken kreativ und gehirn-gerecht umzugehen.** Und dieser zweite Aspekt ist mindestens so wichtig wie der erste!

Ich werde Sie gleich bitten, spielerisch herauszufinden, wie viele der 15 Positionen Sie schon mit der **neuen Kombination**

„drauf haben", aber ich verspreche Ihnen, daß die Lücken anschließend sehr spannend werden.

Also, nehmen Sie bitte ein neues Blatt. Numerieren Sie: 1 – 15 und notieren Sie entweder die kreativen **Ver•BIND•ungen,** die Sie geknüpft haben, oder aber, daß das Neue noch nicht „gegriffen" hat. In diesem Fall schreiben Sie das erste Element (den Dach-Listen-Begriff) alleine in die Zeile.

Tun Sie das bitte jetzt.

Nun frage ich Sie, ob Sie sich an die drei wichtigsten möglichen Fehlerquellen erinnern, die das Festhaken einer Info in Ihrem Wissens-Netz **verhindern** können?

Nr. 0 _____ (vorläufig frei lassen)

Nr. 1 _____

Nr. 2 _____

Nr. 3 _____

Falls Sie sich nicht erinnern konnten, spicken Sie (ab Seite 67) ruhig und tragen Sie die drei Gründe hier oben ein. Diese brauchen Sie gleich für das **intelligente**, **kreative** und **gehirn-gerechte Lücken-Management!**

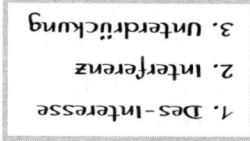

1. Des-Interesse
2. Interferenz
3. Unterdrückung

Sie haben vielleicht mit etwas Staunen auf die Vorbereitung für eine (neue) Fehlerquelle (Grund Nr. 0) reagiert. Nun, Grund

Nr. 0 beinhaltet *mangelnde Fäden im Netz.* Wo nichts ist, da kann auch nichts haften (eingehakt werden). Wenn Sie diesen Grund bei seinem offiziellen Namen nennen wollen, dann tragen Sie *Ignoranz* als Null-Grund ein, andernfalls schreiben Sie *Nichtwissen.*

Gehen Sie jetzt bitte langsam/gemütlich Ihre Notizen zu Ihren kreativen Ver•BIND•ungen (zu den *neuen* Kombinationen) durch, und prüfen Sie *jene* Kombinationen, die im Check zur **Lücke** geführt haben. Setzen Sie jede Lücke in Beziehung zu den möglichen Fehlerquellen. Fragen Sie sich:

1. Warum konnte diese Info (die Kombination, diese Eselsbrücke, dieses Bild etc.) sich nicht vollautomatisch in mein Wissens-Netz einhaken?

2. War der Faden in meinem Wissens-Netz zu schwach (weil ich die Dach-Liste nicht wirklich „draufhatte", als ich mich in die Aufgabe gestürzt habe, oder ist einer der drei Hauptgründe für sogenannte Gedächtnis-Probleme die Ursache)?

Finden Sie es heraus. Dies ist sehr wichtig!

Selbst-Check-Ergebnis:

Listen Sie Ihre Lücken und Fehlerquellen auf im Sinne von: Habe festgestellt, daß diese Lücke folgender Fehlerquelle zugeordnet werden kann, z.B.

Nr. 3 – Frankenwein & U-Boot: Wollte erst die Weinflasche im Sinne einer Flaschenpost einsetzen, habe aber dann auf einen Frankenwein-saufenden U-Boot-Kapitän umgestellt und wußte hinterher weder das eine noch das andere. Also eindeutig **Interferenz!**

*Nr. 10 – Scheck & Inspektor: Habe meinen ehemaligen Chef als Inspektor gesehen und diesen dann vergessen. Da ich den Mann nicht ausstehen kann, tippe ich auf **Unterdrückung** als Grund ...*

Falls Sie sich wundern, warum Sie Ihre Arbeit und Ihren Fortschritt „dokumentieren" sollen, möchten Sie vielleicht berücksichtigen, daß wir mit wachem Forschergeist an die Sache herangehen wollen. Und jede/r Forscher/in dokumentiert seine Ziele, Fehler und mögliche Gründe, weitere Gedanken. Leider haben die meisten von uns *in der Schule nie gelernt, wissenschaftlich zu arbeiten.* Weder wie man sich neues Wissen selbst aneignet, noch wie man Experimente so dokumentiert, daß man *erstens* momentan einen Lerneffekt „erntet", und *zweitens*, daß man das Ganze ein Jahr oder ein Jahrzehnt später gedanklich nachvollziehen könnte ...

Es ist natürlich Ihre Entscheidung, wie intensiv Sie sich hier auf einen echten Lernprozeß einlassen wollen. Aber wenn Sie denken „Ich werde mir meine Gedanken und Eindrücke schon merken ...", dann muß ich Ihnen leider mitteilen: Die MERK•Qualität solcher Erlebnisse ist flüchtig, und die augenblicklichen Eindrücke werden schnell von späteren überlagert (Interferenz), denn das jeweils Neuere siegt *kurzfristig*, um von wieder Neuerem überlagert zu werden. Denken Sie an *Wellen am Strand:* Jede Welle ist absolut perfekt und wohlgebildet, bis die nächste kommt.

Was können uns die Dach-Listen-Übungen zeigen?

Sie haben (wenn Sie aktiv mitgemacht haben) eigene Assoziationen gesucht. Der Grund ist einfach zu verstehen:

Die eigenen Assoziationen sind der Schlüssel, an sie erinnern wir uns später immer besser als an die (eigentliche) Info, die von außen kam.

Daraus können wir einen sehr praktischen Tip ableiten, den Win Wenger (in *Der Einstein-Faktor*) vorschlägt:

Wenn Sie Notizen machen wollen, z. B. in einem Meeting, dann *schreiben Sie vor allem Ihre eigenen Assoziationen auf.* Das ist wesentlich effizienter als krampfhaft notieren zu wollen, was der Redner erzählt (und was die anderen alle sagen).

Angenommen, der Vorstand beginnt: „Die Regelung, wer wann welche Autos benutzen darf, muß neu überdacht werden!" und angenommen, Ihnen fällt ein, daß in der Firma, in der Sie *früher* gearbeitet haben, ein richtiger Dienstwagen-Kult betrieben worden war; insbesondere von einem Ihrer Kollegen (Herrn Dieter), der immer verzweifelt versucht hatte, einen Wagen mit Sonnendach zu bekommen, obwohl ihm gar keines zugestanden hatte usw.

Nun laufen Ihre eigenen Gedanken parallel mit den Aussagen im Raum: Die Aussagen der Redner rufen bestimmte eigene Assoziationen in Ihnen wach, und diese wiederum merken Sie sich am besten. Deshalb notieren Sie z.B.: „Dienstwagen – Dieter – Sonnendach". Dann fällt Ihnen später wieder ein, was im Meeting besprochen worden war, weil diese Ideen eine enge Ver•BIND•ung zu Ihren eigenen Assoziationen eingegangen waren, und so *binden* Sie die Infos in Ihr Netz.

133

Merke: **Ihre eigenen Assoziationen** sind altbekannte (und vertraute) Verbindungen im Netz. Diese können Sie hinterher sehr leicht wieder erinnern, also RE•KON-STRUIEREN. Da aber an Ihren eigenen Assoziationen automatisch jene Informationen wieder „dranhängen", die Ihre eigenen Gedanken ausgelöst haben, fallen Ihnen (einen Moment später) auch diese wieder ein!

Wobei sämtliche Arten von Ver•BIND•ungen hilfreich sind. Angenommen, Ihre Firma hat jedes Jahr ein besonders wichtiges Meeting, dann speichern Sie (unbewußt) auch die Umgebung (die Landschaft, das Klima, das Hotel, den Raum des Meetings) mit ein. Oder Sie speichern, welche Personen wo gesessen hatten. Oder (wenn Sie Fäden für Mode in Ihrem Wissens-Netz haben) Sie speichern, welche Kleidungsstücke die Personen trugen usw. All diese Details „hängen" an den Gedanken *und* an Ihren eigenen Ideen, Gedanken, Gefühlen, die Sie entwickeln!

Sie können dieses Konzept in einem interessanten Experiment *testen*. Nehmen Sie ein Gedicht mit vier bis fünf Versen, damit Sie die Technik testen können. Schreiben (fotokopieren und kleben) Sie jeden Vers auf eine Karteikarte, und weisen Sie jedem Vers (und jeder Karte) einen bestimmten *Ort* zu (z.B. Vers 1 = Terrasse im Liegestuhl, Vers 2 = im Supermarkt an der Kasse, wenn Sie warten müssen, Vers 3 = in der Badewanne usw.).

Dann lernen Sie die Verse dementsprechend, und später werden Sie es erleben: *Sie können niemals an den dritten Vers denken, ohne sich in der Badewanne zu sehen* (fühlen); aber auch umgekehrt: Wenn Sie in die Wanne steigen, fällt Ihnen der dritte Vers des Gedichtes ein.

Wenn wir einmal begriffen haben, wie unser Wissens-Netz funktioniert und wie wir diesen phänomenalen Reichtum im Kopf aktiv nutzen können, dann begreifen wir erst, wie brillant unser Gedächtnis in der Tat ist!

Die armen Kinder in der Schule …

Denken Sie an die armen Kinder in der Schule: Die meisten Kinder sind weder „doof" noch unbegabt. Aber zu viele von ihnen leiden unter einem gehirn-feindlichen System! Wer leidet, ist nun mal nicht super-motiviert – wir doch auch nicht, oder? Bedenken Sie bitte:

Die Schule legt den Schwerpunkt auf die „güldenen Worte" des Lehrpersonals, **nicht etwa auf eigene Ideen.** Zwar wird heute schon ein wenig „Gruppenarbeit" gemacht, und ab und zu dürfen Schüler sich wirklich austauschen, aber diese Augenblicke sind a) noch selten und b) nicht einmal an allen Schulen üblich. Wenn wir aber wissen, daß eigene Gedanken sich besser merken lassen und daß das Neue dann an diesen „dranhängt", dann heißt das: Wenn Eltern mit ihren Kindern regelmäßig über die Inhalte des Unterrichts sprechen, dann helfen sie dem Kind, eigene Gedanken zu „produzieren", mit welchen der Stoff später verbunden sein wird.

Ob als Selbstlerner oder als betroffener Elternteil, der den Kindern helfen will: Nutzen Sie die *Tatsache, daß das Umfeld beim Lernen miteingespeichert wird.* Bereits vor Jahrzehnten zeigten Experimente mit Tauchern, die *unter* Wasser gelernt hatten, daß sie *über* Wasser extrem wenig wußten. Als sie jedoch wieder unter Wasser gingen, war das Wissen wieder präsent.

Ähnlich zeigte eine Studie, daß Leute, die mit einem leichten Schwipps gelernt (gepaukt) hatten, im nüchternen Zustand auf dieses Wissen kaum zugreifen konnten. Erst nachdem sie sich wieder einen „hinter die Binde gekippt" hatten, fiel ihnen das Gepaukte wieder ein.

Im Klartext: Diese Versuchspersonen (Taucher und Angesäuselte) waren natürlich NICHT gehirn-gerecht vorgegangen, sondern hatten stur gepaukt. Demzufolge waren die Infos eindimensional, langweilig und flach, mehr schlecht als recht am Wissens-Netz „angeheftet" (aber nicht eingehakt) worden.

Stures Pauken führt zu einer Art *temporaler Schleife*, die nur so lange existiert, wie sie durch ständige weitere Wiederholungen am Leben gehalten wird (vgl. auch *Stroh im Kopf?*).

Beispiele aus der täglichen Praxis:

1. Redner *schreiben* (am Tisch sitzend) eine Rede, die sie später stehend (vielleicht am Rednerpult) halten (indem sie *reden!*).

2. Verkäufer/innen lesen alleine über neue technische Details (und Produktvorteile) in Memos, die oft absolut nicht gehirngerecht verfaßt sind (Behörden- oder Techno-Jargon!). Diese Infos sollen sie demnächst ihren Kunden sprechend (und wenn's geht, auch noch verständlich!) vermitteln …

3. Kinder lernen ZU HAUSE für die SCHULARBEITEN!

Greifen wir den letzten Punkt (stellvertretend für vergleichbare Situationen) auf und sehen ihn uns etwas näher an:

Wenn das Kind zu Hause (an einem *anderen* Tisch als in der Schule) mit Stiften, die es *nur zu Hause* verwendet, Hausaufgaben macht, und wenn es darüber hinaus noch *andere Kleidung* trägt als demnächst in der *Prüfung*, dann gibt es so gut wie nichts, was das gelernte Wissen mit dem Klassenzimmer verbindet. Deshalb:

1. Wenn das Kind zu Hause mit denselben Stiften arbeitet und beim Lernen dasselbe Lieblings-T-Shirt trägt wie auch in der Prüfung, besteht eine Ver•BIND•ung, so können Infos in der Prüfung besser abgerufen werden.

2. Wenn Eltern zu Hause mit den Kindern über Schulstoff reden (nicht nur über verpatzte Prüfungen und Probleme aus der Schule), dann schaffen sie auch hier zusätzliche, mächtige Ver•BIND•ungen.

Das hilft nicht nur dem Kind, zu Hause besprochene Infos aufgrund der eigenen Assoziationen *im Schulbetrieb zu aktivieren*, sondern es hilft dem Kind auch später, Schulwissen in das Leben zu Hause zu transferieren und umgekehrt! Damit wir wirklich beginnen, *fürs Leben* (und nicht nur für die Schule) zu lernen. Und damit Kinder eine Chance haben, so leicht zu lernen, wie es von der Arbeitsweise des Gehirns ausgehend wirklich möglich wäre.

Merke: Je gehirn-gerechter wir vorzugehen lernen, desto vollständiger (multi-dimensionaler) werden die neuen Infos in unser Wissens-Netz eingehängt.

Gleichzeitig sorgt gehirn-gerechtes Vorgehen dafür, daß jede Info weit mehr Ver•BIND•ungen zu anderen Stellen im Netz aufbaut als stures Lernen (im alten Stil). Je mehr neuronale Ver•BIND•ungen eine Info (in alle Richtungen) angelegt hat, desto unabhängiger werden wir von äußeren Ver•BIND•ungen wie **Ort** des Paukens (unter Wasser, zu Hause) oder Zustand (gelangweilt, leicht angetrunken, Erkältung usw.)!

Gehirn-gerechtes Vorgehen erlaubt saubere KONSTRUKTIONEN der neuen Infos. Diese bereiten spätere schnelle RE•KON-

STRUKTIONEN vor. Eine glatte (saubere) RE•KONSTRUK-
TION läuft extrem schnell ab (ca. 500- bis 2000mal schneller,
als wir bewußt denken können).

Da der Gedanke (Gedächtnis = RE•KONSTRUKTION, deren
Qualität von der Qualität der KONSTRUKTION abhängt) für
viele Teilnehmer/innen noch etwas zu „neu" ist, lade ich Sie
wieder zu einem kleinen Erlebnis ein. Das folgende Experiment
bietet Ihnen die Chance, eben jenen (RE•)KONSTRUKTIONs-
Prozeß ganz bewußt zu erleben. Die Seminarerfahrung zeigt,
daß diese kleine Übung für viele enorm hilfreich ist (außerdem
macht sie so viel Spaß, daß viele später auch ihre Freunde damit
„testen").

Experiment: KONSTRUKTION
oder RE•KONSTRUKTION?

Das Experiment besteht aus drei sehr kurzen Übungen, bei welchen Sie bitte halblaut vor sich hinsprechen. Sollten Sie sich gerade in der Öffentlichkeit befinden (z.B. in einem Café), dann
sprechen Sie sub-vokal, d.h., sprechen Sie innerlich (stellen Sie
sich den Sprechvorgang ganz bewußt vor); dabei bewegen sich
die Muskeln Ihres Sprechapparates minimal, und Sie können
den Effekt, um den es uns geht, ebenfalls erleben.

Es ist sehr wichtig, daß Sie bei diesem Experiment die Aufgabenstellung des zweiten und dritten (letzten) Schrittes NICHT
aus Versehen VORAB LESEN. Bedenken Sie bitte, daß Sie im
Seminar die Anweisung auch erst zu hören bekommen, nachdem Sie den vorhergehenden Schritt vollzogen haben. Daher

setze ich die Anleitung für die Schritte 2 und 3 in kleiner Schrift und Anleitung 3 zusätzlich auf dem Kopf stehend.

Aufgabe Nummer 1: Sagen Sie die Wochentage auf – schnell!

KOMMENTAR: Das geht bei fast allen Teilnehmer/innen ziemlich schnell. Dadurch entsteht das Gefühl, wir hätten lediglich eine Gedächtnis-Schublade aufgemacht, da war das Gesuchte (hier die Wochentage) „drin", und das haben wir dann einfach „entnommen" und herausgeholt.

Aufgabe Nummer 2: Dasselbe noch einmal, aber diesmal rückwärts!

KOMMENTAR: Jetzt wird es (bei den meisten Menschen) spürbar langsamer. Hier können die meisten **den RE•KON-STRUKTIONs-Prozeß bewußt registrieren!**

Aufgabe Nummer 3: Ein letztes Mal die Wochentage, aber diesmal alphabetisch!

KOMMENTAR: Diesmal wird es in der Regel um einiges langsamer, bei den meisten meiner Teilnehmer/innen könnte man jetzt von *Zeitlupe* sprechen … Bei dieser Aufgabenstellung müssen die meisten Menschen ganz bewußt KONSTRUIEREN, denn: Wenn sie die Wochentage *normalerweise nicht* in alphabetischer Reihenfolge benötigen, dann ist es keine Frage der RE•KONSTRUKTION, sondern eine der KONSTRUKTION.

Ebenfalls interessant ist, daß einige Teilnehmer/innen steif und fest behaupten, *sie könnten das nicht*. Wir müssen dann erst gemeinsam etablieren, daß sie (in der Regel) das Alphabet sehr wohl kennen und z.B. ein Wort im Wörterbuch nachschlagen (oder eine Telefonnummer heraussuchen) können und daß sie die Wochentage kennen (sonst hätten sie die ersten beiden Aufgaben nicht lösen können). Dann erst wird ihnen klar, daß sie alle Infos im Wissens-Netz haben, die sie benötigen, um die dritte Aufgabe zu lösen! Und so geht es uns oft! Wir haben die nötigen Fäden und glauben trotzdem, wir seien unfähig, eine bestimmte Handlung auszuführen. Auch dies ist ein Ergebnis unseres Schulsystems (vor allem der ersten sechs Schuljahre):

Wenn die jungen Leute vorwiegend Infos wie ein Tonbandgerät wieder „abspulen" sollen, reagieren zu viele von ihnen später (z.B. als Arbeitnehmer!) auf jede Aufgabe, die sie in **dieser** exakten Form nicht kennen, mit „Kann ich nicht!" Wenn man nachfaßt, erfährt man vielleicht noch: „Das hatten wir (noch) nicht!" oder: „Da muß ich gefehlt haben" o.ä.

Im Klartext:

Die Unfähigkeit vieler Mitarbeiter, Probleme selbständig zu lösen **und sofort aufzugeben,** wenn keine fertige Checkliste angeboten wird, sagt absolut nichts über die (Un-)Fähigkeit dieser Menschen (im Sinne eines Charaktermerkmals). Es sagt lediglich etwas über die mangelnde **Fertigkeit,** mit den vorhandenen Infos im eigenen Wissens-Netz **spielerisch** umzugehen.

Fertigkeiten aber können trainiert werden (z.B. trainieren alle Analografie-Aufgaben das „Spielen" mit Inhalten des Wissens-Netzes!). Durch die Übung mit den eigenen Assoziationen haben wir gelernt: Jede Info, zu der wir bereits Fäden im Netz hatten, hat sich vollautomatisch eingehakt (d.h., sie hat sich vollautomatisch „gelernt"), eben weil unser Gedächtnis phänomenal ist.

In anderen Worten: Wenn Sie Infos AUF•MERK•sam hören (oder lesen) und wenn Sie eigene Gedanken denken (bewußte

Assoziationen bilden), dann werden Sie sich später sehr leicht *an Ihre eigenen Gedanken* erinnern. Da aber dann die gehörten (gelesenen) Informationen *an Ihren eigenen Assoziationen "dranhängen"*, können Sie sich auch **leicht an das Gehörte (Gelesene) erinnern!**

Gehirn-gerechter Umgang mit (neuen) Infos:

Zwischenbilanz und ergänzende Gedanken zu den bisher absolvierten Dach-Listen-Aufgaben

Sie haben es sicher bemerkt: Dieses Buch-Seminar „arbeitet" oft auf mehreren Ebenen zugleich.

1. Einerseits geht es um spezifische Inhalte, wie z.B. die Idee, daß gehirn-gerechtes Vorgehen unsere geistigen Leistungen (z.B. Gedächtnis, Kreativität) dramatisch erhöhen kann.

2. Andererseits geht es um Methodik, z.B. daß jede (wie auch immer geartete) bewußte AUF•MERK•same Auseinandersetzung mit Informationen bereits mehr als die halbe Miete auf dem Weg zur MERK•Leistung darstellt. Die Experimente und Übungen gaben Ihnen die Möglichkeit, dies selbst zu erfahren!

Allerdings haben wir bisher meistens *entweder* eine Übung gemacht, welche Sie auf gewisse methodische Ansätze vorbereitet hat, *oder* aber wir haben bestimmte konkrete Ideen besprochen (Inhalt). Deshalb habe ich ja immer wieder so penetrant darauf hingewiesen, wie wichtig es ist, daß Sie aktiv mitmachen, damit

Ihre eigenen Erfahrungen Sie überzeugen können (z.B. indem Sie zu den Begriffen der Dach-Liste eigene Assoziationen notieren, um festzustellen, daß Sie viele aufgrund Ihrer eigenen Assoziationen RE•KONSTRUIEREN konnten). Da es mir dabei um den Überraschungs-Effekt ging (der bei den Teilnehmer/innen oft sehr groß ist), wollte ich Ihnen ähnliche Erlebnisse vermitteln und habe deshalb vorab nicht verraten, warum wir die Übung machen (wie im Seminar)!

Aber die Liste enthielt auch *einige* Begriffe, zu denen im Wissens-Netz vieler Menschen keine (oder nur sehr dünne) Fäden vorhanden sind (z.B. Lux, Adipositas), damit wir später über die drei Hauptgründe des sogenannten „Vergessens" sprechen konnten. Denn es ist enorm wichtig zu begreifen, daß es sich hierbei nicht um „Vergessen" (im üblichen Wortsinn) handelt, sondern um mangelnde Qualität bei der KONSTRUKTION, die zwangsweise später zu Problemem bei der RE•KONSTRUKTION führen wird, was den falschen Eindruck eines „schlechten Gedächtnisses" schaffen kann.

Und Sie haben erlebt, daß die Qualität der KONSTRUKTION (welche die Qualität der RE•KONSTRUKTION **bedingt**) abhängt von einem einzigen Faktor, den wir als **Ver•BIND•ung** bezeichnen. Dabei gibt es die berühmten **zwei Möglichkeiten**:

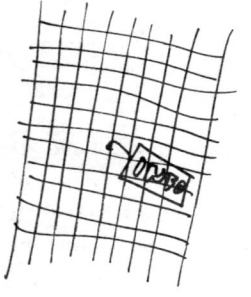

Entweder es gibt bereits „starke" Fäden zu einer Info, die Sie hören (lesen), dann wird die Info wie magisch an eine passende Stelle im Netz hingezogen und vollautomatisch „eingeklinkt". Sie als Gehirn-Besitzer/in müssen aktiv nur

a) **wahrnehmen** und

b) begreifen.

Ich erinnere an den **MERK**•satz zum **MERK**•en von Infos:

Einmal wahrgenommen und begriffen = ge•MERK•t!

Oder aber die neue Info wird von *keinem* Faden im Netz magisch angezogen. Dann müssen wir selbst eine Ver•BIND•ung schaffen. Hier unterscheiden sich Gehirn-Besitzer/innen sehr von Gehirn-Benutzer/innen, *weil Gehirn-Benutzer/innen bereit sind, Techniken zu lernen, die ihnen helfen, die nötigen Ver•BIND•ungen selbst aktiv herzustellen.* Und das ist ein wichtiger Knackpunkt des gehirn-gerechten Vorgehens. Denn:

> Gelingt es Ihnen, eine neue Info „irgendwie" an einen Faden im Wissens-Netz anzu•BIND•en, dann haben Sie gewonnen. Dabei kann diese Ver•BIND•ung sowohl logisch (rational) als auch ana•logisch (analog, kreativ, verrückt, absurd) sein.

Deshalb gilt es zu lernen, wie man mit Ideen „spielen" kann, denn jedes (wie immer geartete) AUF•MERK•same Nachdenken über die Info schafft jene magische **Ver•BIND•ung**, um die es beim gehirn-gerechten Ansatz geht!

Ob Sie erste Gedanken-**Ver•BIND•ungen** notieren und z.B. ein MIND MAP oder CLUSTER anlegen (Seite 36 f.), ob Sie in einem Nachschlagewerk oder in anderen Quellen entdecken, was dort darüber steht, ob Sie mehrere Schlüsselworte nach gewissen logischen (ana•logischen) Kategorien „sortieren" und in eine (künstliche?) Ordnung bringen oder ob Sie „analografisch" arbeiten (**KaWa** oder **KaGa**) – was immer Sie tun, Sie schaffen automatisch neue **Ver•BIND•ungen** und erzeugen so die MERK•*Würdigkeit* – Sie selbst machen die Info/s (**aktiv!**) würdig, ge•MERK•t zu werden. Es handelt sich also um einen Akt *geistiger Wert•Schöpfung*!

Im folgenden Abschnitt möchte ich Inhalt und Methode so miteinander ver•BIND•en, daß Sie die gehirn-gerechte Denkweise bewußt erleben, während wir gleichzeitig den nächsten wichtigen inhaltlichen Punkt dieses Buch-Seminars in Angriff nehmen. Deshalb beginnen wir wieder einmal mit einigen kleinen Aufgaben ...

Das menschliche POTENZ•ial

Aufgabe Nr. 1

Bitte notieren Sie Ihre allerersten spontanen Assoziationen zu dem Begriff *Potenz,* **bevor** Sie die folgende Frage lesen.

Waren Ihre ersten Gedanken Worte? **KaGa**-Profis können ebensogut mit „rein grafischen" Assoziationen beginnen ...

Aufgabe Nr. 2

Jetzt versuchen Sie bitte ein **KaWa** zu *Potenz* in gedanklicher Verbindung zu dem Begriff *Potential*, ehe Sie die folgende Bemerkung lesen.

KaWas ähneln Kreuzworträtseln: Erstens werden sie mit zunehmender Übung immer leichter, zweitens machen sie bald regelrecht Spaß, weil sie nicht nur zu neuen Gedanken-Ver•BIND•ungen führen, sondern auch zu faszinierenden neuen (und oft tiefen Ein•SICHT•en) ...

144

Aufgabe Nr. 3

Weitere Möglichkeiten, wie Sie mit dem Begriff (und den Ideen, die er „enthält") spielen könnten, wären:

1. Andere Menschen (kurz) interviewen (nach dem Motto: „Was fällt Dir zu [diesem Begriff] ein?) und deren Ideen in Bezug zu Ihren setzen (womit Sie eine Ver•BIND•ung schaffen).

2. In irgendeinem Text (z.B. Zeitschrift, Buch) einen beliebigen Satz lesen und diesen in eine (möglicherweise auch absurde) Ver•BIND•ung zu dem Begriff setzen, mit dem Sie gerade auf geistige Ent•DECK•ungs-Tour gehen.

3. Ein **KaGa** zu diesem Begriff zeichnen (vgl. unsere Übungen zu *Außenseiter* und *Zeit*).

4. Ein **KaWa** anlegen (vgl. unsere Übungen zu den Themen *Geld* und *Problem).

5. In einem Wörterbuch nachsehen …

Beginnen wir gleich damit und schauen in den *Duden Nr. 7.* Dieses *Herkunftswörterbuch* erklärt uns neben der Bedeutung auch die sprachlichen Wurzeln.

1. von *potent (= mächtig),* das wir im *Potentaten (= Machthaber)* erkennen. Als Gegenteil kennen wir von (lat.) *impotentia* das *Unvermögen* (die *Ohnmacht),* wobei dieser Begriff im Deutschen leider fast nur noch auf die männliche Zeugungsfähigkeit bezogen angewendet wird, weshalb die ersten Assoziationen zu „Potenz" bei vielen Teilnehmer/innen in diese Richtung gehen.

2. von *potentia (= Möglichkeit),* das in unserem *potentiell* noch anklingt. So sprechen wir z.B. von *potentiellen Kun-*

den, um Personen zu beschreiben, die *vielleicht* bei uns kaufen werden, wenn – und das ist wesentlich – wir das *latente* (*verborgene*) Kauf-Potential dieser Menschen ent•wickeln (= *herauswickeln*) oder ent•falten (*herausfalten*) können.

Und genau das ist der springende Punkt des Begriffes *Potential* mit seinem doppelten „Potential": Er beinhaltet potentielle Macht, also (erstens) eine latente, noch schlummernde Kraft und Stärke, die jedoch (zweitens) erst ent•wickelt und ent•faltet werden muß.

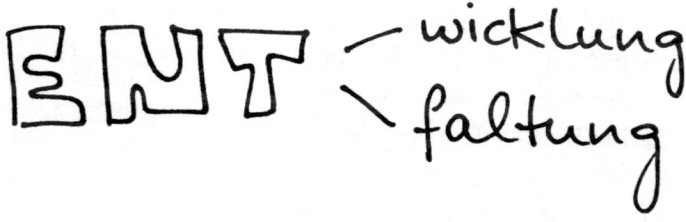

Nun ist es ja modern geworden, davon zu sprechen, das *Potential* „der Leute" (Mitarbeiter/innen, Schüler/innen, Kinder) fördern zu wollen. Aber noch immer übersehen zu viele Führungskräfte, Lehrer und Eltern, daß es hier darum geht, die der Person bereits „innewohnenden" Anlagen, Talente, Fähigkeiten HERAUS•zu•WICK•eln. Viele „Personalentwickler" versuchen immer noch, „ihren Leuten" irgendwelche Aspekte einzupflanzen (Motto: Alles nur eine Frage der Schulung). Das stimmt jedoch nicht! Zwar kann jeder Mensch gewisse Grundfertigkeiten (wie Lesen, Schreiben, Rechnen, Zeichnen, Tanzen, Kommunizieren) bis zu einem gewissen Grad beherrschen lernen, trotzdem ist jeder Mensch ein einzigartiges Wesen, mit einem ganz besonderen „Mix" an Anlagen, Talenten und Fähigkeiten.

Deshalb müßten Erziehung und Bildung eine Doppelrolle einnehmen, nämlich jedem Kind, Heranwachsenden und Erwachsenen helfen,

1. jene **allgemeinen** Grundfertigkeiten sicher zu beherrschen, sowie

2. die ganz **speziellen** Anlagen des einzelnen zu ent•wickeln und zu fördern.

Auch *fördern* (denken Sie z.B. an *Kohleförderung*) beschreibt das Herausholen von Vorhandenem, wie **ent•wickeln** und **ent•falten**.

Also wäre das Optimum eine Erziehung im Sinne des lateinischen *educare* (vgl. englisch *education*), was nämlich genau das bedeutet:

Vorhandenes HERAUS•lösen, um es zur Ent•FALT•ung und Ent•WICK•lung zu bringen (etwa wie ein Gärtner das „Rosenhafte" der Rose zur Ent•FALT•ung bringt). Unsere Erzieher/innen, Führungskräfte, Lehrer/innen und Eltern sollten **Menschengärtner** sein …

Jetzt wollen wir uns der Frage zuwenden, inwieweit **Ihr *Potential*** sich (bisher) optimal entwickeln konnte.

Ab jetzt werden wir den Begriff *Potential* jedoch anders schreiben (**POTENZ•ial**), damit wir uns immer daran erinnern, daß das **POTENZ•ial** den Begriff *Potenz* enthält.

Ich schreibe es in bezug auf die Entwicklung des Individuums schon seit 1978 so (damals galt diese Schreibweise noch als falsch).

Diese Figur symbolisiert Ihr **PO-TENZ•ial** zum Zeitpunkt Ihrer Geburt – also das **POTENZ•ial,** das Ihnen in die Wiege gelegt wurde.

Wenn Sie sich optimal entwickelt hätten, dann wären Sie ein *homo sapiens* (weiser Mensch) im besten Sinne des Wortes. Sie wären *intelligent, kreativ, erfolgreich* und auch *zufrieden.*

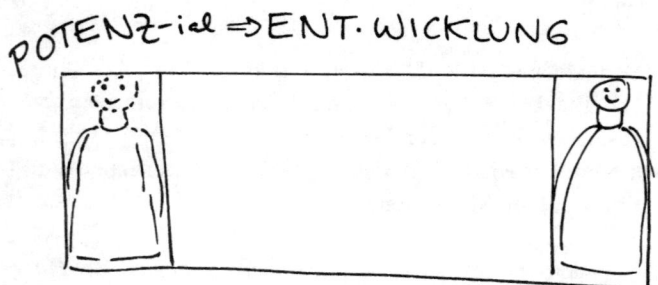

Aber da ist in der Regel etwas dazwischengekommen.

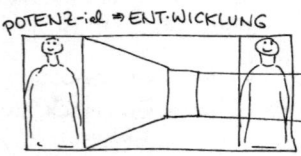

Das nennen wir Erziehung.

148

So hat man uns „normal" gemacht.

✱ Hier wurden wir „kleiner" („weniger"), als wir gemäß unseres angeborenen POTENZ•ials sein könnten!

Normal heißt keinesfalls: *seelisch, körperlich, geistig gesund*, sondern es bedeutet: *der Norm entsprechend.* Diese *Norm* wiederum bedeutet *Durchschnitt (Mittelmaß)!* Und genau darauf zielt das ab, was wir *Erziehung* nennen: Sie soll uns *zur Norm hin•ziehen* (im Gegensatz zur Zielstellung der bei uns kaum stattfindenden *Education*)! Daß das dramatische Auswirkungen auf die **Erfolgs•Fähigkeit** der so Erzogenen haben muß, versuche ich in diesem Abschnitt aufzuzeigen.

Es geht mir hier um zwei Aspekte, die Menschen „kleiner machen", der eine ist universalgültig, der andere ist in jedem Kulturkreis anders, und es ist dieser zweite Aspekte, der für uns so gefährlich werden kann.

Aspekt 1: Der universalgültige Aspekt der Erziehung

Der Mensch wird geboren und weiß noch fast nichts, im Gegensatz zu einem Hühnchen. Das kommt aus dem Ei und weiß, wie man umherläuft, Körner pickt und Würmer sucht. Man muß ihm nichts erklären. Der Mensch hingegen weiß nicht einmal, wie er gehen soll. Dieser „Nachteil" wird jedoch aufgewogen, denn der Mensch ist wahnsinnig lernfähig. Er hat ein gigantisches angeborenes **POTENZ•ial,** und er hat eine Menge angeborene Fähigkeiten, um nur ein Beispiel zu nennen: unsere Sprachfähigkeit. Wie Steven PINKER (in *Der Sprachinstinkt*) aufzeigt, ist unsere Sprachfähigkeit **deshalb** mit einem *Instinkt* gleichzusetzen, weil Sprache nicht gelehrt werden muß! Zwar müssen wir von Sprache umgeben sein, damit wir die spezifische Sprache unserer Umwelt lernen, aber es ist kein Unterricht nötig. Er zeigt auf, daß Kinder mit oder ohne offizielle „Sprachunterweisung" zur selben Zeit dieselben Entwicklungsschritte durchlaufen – sofern sie von der korrekten Sprache umgeben sind. Also sehen wir auch hier wieder, wie wichtig unsere Umgebung ist, denn: Was uns umgibt, das wird uns prägen (nicht nur in der Kindheit, sondern bis wir in die Grube fahren!). Auf der anderen Seite würden Kinder, die nur von Stummen umgeben sind, keine Klangsprache lernen, weil ihr angeborenes Sprach•**PO-TENZ•ial** durch die Umwelt erst **aktiviert** werden muß.

Diesen Prozeß bezeichnen MATURANA und VARELA (in *Der Baum der Erkenntnis*) als *Strukturale Koppelung.* Wir brauchen eine Koppelung zwischen dem Lebewesen, das heranwächst, und seiner Umwelt. Die Umwelt muß das **POTENZ•ial** erst erwecken, damit es sich ent•falten kann!

Wie der Prinz, der die Prinzessin wachküßt, küßt unsere Umwelt diverse Aspekte unseres **POTENZ•ial**s wach. Kommt jedoch der Kuß nicht, dann wird sich dieser Teil unseres **POTENZ•ial**s nicht ent•wickeln können (zumindest nicht in der Kindheit). Manche Aspekte können wir später trotzdem noch ent•falten, aber manche sind unwiederbringlich verloren, wenn sie in einer bestimmten Reifezeit nicht aktiviert wurden. Wenn wir **Sprache**

nicht bis zum Alter von ca. neun Jahren gelernt haben, dann geht das nicht mehr, weil gewisse Nervenbahnen, die für Sprache notwendig sind, danach nicht mehr aufgebaut werden können.

Das Konzept, daß erst die Umwelt unsere latenten Fähigkeiten „wachküssen" soll, ist für viele Menschen zunächst kaum nachvollziehbar, denn auch das Hören oder das Sehen muß erst durch die *strukturale Koppelung* aktiviert werden (wir denken in der Regel, daß die Fähigkeit zum Sehen angeboren wäre). Aber auch Sehen ist zwar Teil unseres **POTENZ•ial**s, wird jedoch erst in der Umwelt „ausgeformt". Wenn man z.B. Kätzchen in den ersten Lebenswochen in einer Umgebung aufzieht, in der es **keine waagerechten Linien** gibt, dann fallen sie hinterher von jeder Tischkante, weil die Fertigkeit, waagerechte Linien wahrzunehmen, von der Umwelt nicht aktiviert wurde. Das können sie später nicht mehr lernen. Wenn Sie die Kätzchen jedoch die ersten Lebenswochen in einem Umfeld halten, in dem es **keine senkrechten Linien** gibt, dann rennen sie ihr ganzes Erwachsenenleben gegen jedes **Stuhlbein**. Gewisse Dinge können sich also nur in gewissen Reifephasen ent•falten, und die **strukturale Koppelung** muß erfolgt sein, damit sich **genau das** entwickeln kann.

Demzufolge lernt ein Papua oder Türke andere Dinge (in seiner Umwelt) als ein kleiner Bayer oder Sachse. Deswegen entwickelt sich jeder kleine Papua wie die anderen Papuas und jeder kleine Türke wie die anderen Türken, außer wir bringen ihn rechtzeitig nach Bayern oder Sachsen.

Fußnote: Wenn er 16 Jahre alt ist, sagen manche Leute: „Ausländer, geh in deine Heimat zurück." Da er jedoch hier geprägt wurde, ist ihm Papua-Neuguinea genauso fremd wie jedem von uns …

Wenn Sie Kinder haben, bedenken Sie bitte: Je vielfältiger die Eindrücke, die Sie diesen Kindern (im Alter von 0 bis 9 Jahren) anbieten, desto mehr Aspekte im POTENZ•ial dieser Kinder werden aktiviert. Je mehr „andere Welten" Sie Ihren Kindern anbieten, z.B. indem Sie sie völlig unterschiedlichen Arten von Musik aussetzen (vielleicht arabischer, indischer, asiatischer oder türkischer Musik), desto mehr Teile ihres POTENZ•ials werden aktiviert! Sie können ja solange einkaufen gehen, wenn Sie selbst diese Musik „absolut nicht ertragen" können, weil Sie in der kritischen Reifephase solchen Klängen nicht ausgesetzt waren und daher heute Probleme damit haben mögen (wiewohl das trainierbar ist, wenn Sie mit einer Minute beginnen und langsam steigern …). Aber den Kindern tut das noch nicht „weh"! Das tut uns erst „weh", wenn wir das Alter verlassen haben, in dem so gut wie alles interessant und faszinierend ist, weil es noch wenige Präferenzen mit ihren Urteilen/Verurteilungen im Kopf gibt.

Im Alter von 6–11 Jahren lernen wir „unsere Kultur", d.h. „die Kultur, die uns zu diesem Zeitpunkt umgibt", sagt Joseph CHILTON PEARCE (in *Der nächste Schritt der Menschheit*). Je mehr unterschiedliche Elemente ein Kind in diesem Alter jedoch umgeben, desto flexibler wird sein Denken!

Warum sollte es eigentlich nur Diplomatenkindern vorbehalten sein, auf multi-kulturellen Schulen mehrsprachig aufzuwachsen? Sie beweisen seit Jahrzehnten, daß es für die Ent• WICK•lung des Gehirns und des individuellen POTENZ•ials nichts besseres als ein multi-kulturelles Umfeld gibt, denn jede Kultur aktiviert andere Aspekte unseres POTENZ•ials.

Zum Beispiel kann Ihnen ein australischer Aboriginee (dessen Clan sich auf das Fährtenlesen spezialisiert hat) aus einem einzigen Reifenabdruck im Sand folgende Fragen beantworten:

War es ein PKW, ein JEEP oder ein Lastwagen? Wenn letzteres: Wie viele Achsen hatte der Wagen? Wie lang war er? War er beladen? Wenn ja, war die Ladung fest oder flüssig? Mit welcher Geschwindigkeit fuhr er? Und so manches mehr.

Das ist für uns unvorstellbar, weil solche Aspekte des gigantischen, möglichen (= potentiellen!) Spektrums menschlicher Leistungen (also unseres POTENZ•ials) in uns nie „wachgeküßt" worden sind!

Wer jedoch in diesem Aborginee-Stamm aufwächst, lernt solche Dinge wahrzunehmen. Dafür sind diese Menschen fast genauso hilflos wie wir, wenn es um eine andere Fähigkeit geht: Stellen Sie sich vor, Sie wären in einer Familie auf Bali aufgewachsen, die seit Generationen Tempeltänzer/innen sind, dann hätten Sie gelernt, ganz andere Aspekte der Wirklichkeit wahrzunehmen, in diesem Fall kleinste Details in Gestik und Mimik, Sechzehntel-Millimeter-Bewegungen der Augenbrauen.

Der Aborginee wird mehr als wir wahrnehmen, weil seine visuelle Wahrnehmungsfähigkeit weit besser ausgeprägt ist.

Sie erinnern sich: **Was uns umgibt, das muß uns prägen!**

Für solche Details durften wir in unserem Kulturkreis keinen Blick entwickeln, weil so etwas bei uns nie gefragt war (deshalb sind die meisten Menschen hier ziemlich blind für körpersprachliche Signale in der normalen Kommunikation). *Dafür haben wir Wurzelziehen gelernt.* Das kann wahrscheinlich weder der australische Aborginee noch die balinesische Tempeltänzerin (außer sie hatten die wunderbare Möglichkeit, sowohl das Typische ihrer eigenen Kultur als auch das Wurzelziehen zu lernen!). Dagegen spricht nichts, denn das menschliche POTENZ•ial ist wahrhaft gigantisch, und Menschen, die das Beste von mehreren Kulturen lernen dürfen, sind echte Glückspilze!

Ab und zu begegnen wir einmal einem Menschen, der sich außerhalb der läppischen Norm unseres Kulturkreises bewegt. Vielleicht kann er sowohl hervorragend mit Sprache umgehen als auch Körpersprache wahrnehmen (wie z.B. der berühmte Pantomime und Autor Samy Molcho). Vielleicht kann er sowohl ein kreativer Wissenschaftler als auch ein ausgezeichneter Geigenspieler sein (wie Einstein).

Vielleicht kann er sich intensiv mit einer Reihe von Wissensgebieten befassen wie z.B Isaac ASIMOV, der u.a. über 60 hervorragende Bücher über Physik, Chemie, Biologie, Mathematik und Astronomie verfaßte und „nebenbei" noch über 35 Science-fiction-Romane schrieb, wobei er in der „sachlichen" Sparte ebenso viele Preise für seine Bücher bekam wie im belletristischen Bereich.

So einen Menschen nennen wir *genial* und glauben, er sei einfach begabter als wir zur Welt gekommen. Tatsache ist aber:

Solchen Menschen ist es gelungen, weit mehr Aspekte ihres POTENZ•ials zu ent•wickeln und demzufolge einen weit größeren Teil des menschlichen Spektrums zu ent•falten.

Zwar gibt es „behindernde" äußere Umstände (wie Alkoholismus oder Drogenabhängigkeit der werdenden Mutter oder langfristiger Hunger in der Kindheit), welche die Gehirnbildung nachhaltig benachteiligen und das intellektuelle POTENZ•ial wirklich bis zu einem gewissen Grad einschränken, aber:

Das Spektrum des individuellen menschlichen POTENZ•ials ist so gigantisch, daß die meisten nur einen Bruchteil dessen nutzen, was sie persönlich ent•wickeln könnten!

154

Es ist, um einen (ana•logischen) Vergleich zu wählen, wie bei Computern: Ein *IBM*-kompatibler *Compaq* und ein *IBM* sind nicht identisch „geboren worden", aber beide können Millionen identischer Software-Produkte „fahren", wenn – und das ist der springende Punkt – sie ihnen „angeboten" werden. Und uns wurde einfach viel zu wenig angeboten, weshalb wir erst lernen müssen, daß wir uns als Erwachsene selbst um ein besseres Angebot kümmern müssen, wenn wir Verantwortung für unser Leben übernehmen!

Was unsere (vergangene) Kindheit angeht, so gilt: Wir wollen weder Eltern- noch Lehrer-Schelte betreiben (vgl. meine Erklärung hierzu auf Seite 50). Denn erstens wurden diese Menschen ja ebenfalls so „limitiert" ge•prägt und erzogen (!), daß sie (zunächst) nichts anderes kannten. Zweitens ist, wie die Amerikaner so schön sagen, *hindsight* immer *better than foresight* (d.h., im nachhinein sieht man immer viel besser, was man damals hätte optimieren können!).

Aber wenn wir durch die Ergebnisse der modernen Gehirnforschung endlich anfangen zu ahnen, wie gigantisch das menschliche POTENZ•ial ist, sollten wir dann nicht langsam damit beginnen, uns mit diesen gewaltigen Möglichkeiten kreativ auseinanderzusetzen?

> Es geht nicht nur darum, unseren Kindern bessere Chancen zu bieten, wenn wir sie zukunftstauglich machen wollen, auch wir selbst können eine Menge „nachholen".

Zwar sind manche Lernprozesse auf bestimmte Reifephasen festgelegt (Sehen, Hören, Sprache), aber die meisten Dinge können wir Zeit unseres Lebens neu oder weiterlernen!

Aspekt 2: Der spezifisch-kulturelle Aspekt der Erziehung

Dieser Aspekt behindert unsere Ent•WICK•lung am meisten. Beginnen wir wieder aktiv zu denken:

Bitte lesen Sie die folgenden fünf Beispiele aufmerksam durch. Stellen Sie sich die Situationen jeweils vor und halten Sie fest, wie Sie sie finden (z.B. unangenehm, angenehm, neutral):

1. Sie sind mit jemandem verabredet, die Person ist *unpünktlich*. Ärgert Sie das?
   ☐ JA ☐ NEIN ☐ manchmal

2. Jemand spricht und gestikuliert so, daß Sie seine *Handflächen* sehen können. Stört Sie das?
   ☐ JA ☐ NEIN ☐ manchmal

3. Sie beobachten eine Person, die ungeniert *in der Nase bohrt*. Wie finden Sie das?

   _____

   _____

4. Denken Sie an eine Person, die sehr selten „bitte" und „danke" sagt. Mögen Sie diesen Menschen besonders gerne?
   ☐ JA ☐ NEIN ☐ na ja …

5. Denken Sie an eine Person, *die Sie häufig kritisiert*. Drückt das auf Ihr Selbstwertgefühl?
   ☐ JA ☐ NEIN ☐ manchmal

Wahrscheinlich haben Sie mindestens zweimal gedacht, das Verhalten würde auch Sie stören, vielleicht sogar aufregen. Warum ist das so? Um diese Frage zu beantworten, müssen wir kurz bei Adam und Eva anfangen. Na ja, nicht ganz, aber bei Ihrer Geburt!

Sie traten in diese Welt ein und hatten noch null Ahnung, was richtig oder falsch, ok oder nicht-ok, wichtig oder unwichtig für Sie sein würde.

Für Sie war damals alles wichtig, richtig und ok.

Aber dann kamen diese großen Leute und begannen, Ihnen die Welt auf ihre Weise zu beschreiben.

> **Beschreibung der Welt**
> Jeder Mensch, der mit einem Kind in Berührung kommt, ist ein Lehrer. Er **erklärt** dem Kind die Welt, bis zu jenem folgenschweren Augenblick, da das Kind die Welt so deuten kann, wie sie ihm erklärt wurde. Jetzt wird das Kind ein Mitglied, und es erreicht die volle Mitgliedschaft, wenn es in der Lage ist, all seine Wahrnehmungen so zu deuten, daß sie mit **dieser Beschreibung der Welt** übereinstimmen. (Carlos CASTANEDA)

Allmählich begannen Sie zu begreifen, was bei diesen Leuten **Zorn** auslöste, und so lernten Sie erstens, was anscheinend nicht-ok war, und zweitens, **daß man mit Zorn reagieren muß**, wenn es passiert. Langsam entwickelten Sie sich zu einem braven Mitglied Ihrer Familie, Schule, Firma, Gemeinde usw.

Dasselbe ist natürlich allen anderen Menschen widerfahren. Deshalb gilt: Je ähnlicher andere Menschen erzogen wurden, desto leichter finden wir den Umgang miteinander! Im Klartext: Deren **Beschreibung der Welt** deckt sich mit der unseren, und das finden wir angenehm! Aber die Regel gilt auch umgekehrt: Je mehr das Verhalten anderer von den Programmen in unserem Kopf abweicht, desto mehr verunsichert uns das.

Ehe wir diesen Gedanken weiterverfolgen, möchte ich Ihnen noch ein wichtiges Denk-Modell vorstellen, auf welches wir uns später immer wieder beziehen werden. Es ist das:

Das Birkenbihl'sche Insel-Modell (1)

Bitte stellen Sie sich jeden Menschen als in einer Insel lebend vor. Wir sagen bewußt in (statt auf), weil diese symbolische Insel ein Teil von uns ist (d.h., wir können sie nie verlassen).

Diese Insel birgt unser POTENZ•ial, darüber hinaus repräsentiert sie jedoch auch alles, was wir je gelernt haben, sowie all unsere Hoffnungen, Ängste, Motive, Ziele, Meinungen usw. Natürlich ist sie auch „gefüllt" mit unserer Beschreibung der Welt.

Nun gilt: Je ähnlicher die Insel-Inhalte unserer Mitmenschen unseren eigenen sind, desto größer sind die Überschneidungen unserer Inseln (Standpunkte, Erfahrungen, Erwartungen an die Welt). Je mehr Überschneidungen wir haben, desto ähnlicher werden wir zwangsläufig denken, fühlen, handeln, reagieren usw. Also fällt die Kommunikation mit dem anderen leicht!

Ist der andere Mensch jedoch nur in *wenigen* Aspekten ähnlich „gelagert" wie Sie, dann gibt es weit weniger Überschneidungen. Dann finden Sie die Kommunikation mit ihm teilweise „anstrengend" (aber immer noch leichter als mit einem „Inselbewohner", dessen Insel Ihnen völlig fremd ist, wie z.B. einem Angehörigen einer Ihnen sehr fremden Kultur).

Bitte bedenken Sie: Wenn wir von Überlappung der Inseln sprechen (oder von Distanz), dann meinen wir immer: derzeit.

Das heißt: Wir betrachten immer eine spezifische Situation und stellen fest, wieviel Überschneidung es in diesem Augenblick gibt. Wenn wir vielleicht politisch völlig andere Standpunkte vertreten als unser Kollege (Kunde, Nachbar), so können wir doch bei anderen Themenbereichen „ein Herz und eine Seele" sein.

Wenn wir jedoch regelmäßig mit einer Person sprechen, verhandeln oder arbeiten müssen, deren Insel sich in einigen für uns wichtigen Punkten stark von unserer Insel unterscheidet, dann wird die Frage wichtig: Können wir die Brücke zu ihr bauen? Darauf werden wir noch oft eingehen; denn gute „Brückenbauer" sind weit erfolgreicher als Menschen, die nur mit Gleichgesinnten kommunizieren oder arbeiten können!

Die Programmierung zur Norm hin

Einer der wichtigsten Aspekte unserer Erziehung sind die Programme, mit denen man uns zur gewünschten Norm hin erzogen hat. Durch **inter**-kulturelle Programme unterscheidet sich ein Papua von einem Deutschen (vgl. Seite 151). Durch **intra**-kulturelle Programme unterscheiden sich Menschen desselben Kulturkreises voneinander (so erziehen manche Eltern ihre Kinder zu mehr Selbständigkeit als andere).

Es gibt Programme *für* etwas (z.B. für Pünktlichkeit, Ehrlichkeit, Fleiß) und Programme *gegen* etwas (z.B. gegen Faulheit, Fehler, Besserwisserei). Solange ein Mensch über seine Programme noch nie ernsthaft nachgedacht hat, gilt folgende Spielregel:

Wenn ihm etwas begegnet, wo**für** er von seiner Erziehung ein Programm erhalten hat, dann findet er das **automatisch** gut. Begegnet ihm hingegen etwas, wo**gegen** er von

159

seiner Erziehung ein **Anti-Programm** erhalten hat, dann findet er das ebenso vollautomatisch **nicht gut.** Beispiel:

Sie sitzen im Restaurant und am Nebentisch sitzt ein einzelner Herr. Eigentlich hatte er ja recht nett gewirkt. Aber plötzlich „rülpst" er laut und deutlich ...

Wenn Sie ein **Anti-Programm** haben, dann finden Sie das gar nicht ok. So nett wirkt der Herr jetzt nicht mehr ...

(Auf das Insel-Modell bezogen können wir sagen: In **diesem** Aspekt ist seine Insel „anders"!)

Wenn jemand etwas tut (oder sagt), wogegen Sie ein **Anti-Programm** haben, dann besteht die **große Gefahr,** daß Sie die Person innerlich ablehnen und sagen oder denken: **„Der Typ ist nicht-ok"** Vielleicht drücken Sie es ein wenig drastischer aus: „Der ist ja unmööglich!"

Aber dieser Mensch mag völlig ok sein, er wirkt nur aufgrund Ihrer Programme im Kopf auf Sie so „unmöglich", d.h., er ist *in Ihren Augen* nicht-ok. Das hat mit ihm als Person überhaupt nichts zu tun; nur mit den Programmen derer, die ihn ablehnen.

160

Vielleicht ist Ihnen (unangenehm?) aufgefallen, daß ich den Herrn im Beispiel „rülpsen" lasse. Dies ist aus zwei Gründen interessant:

1. Manche Teilnehmer/innen haben „große Probleme" mit diesem Beispiel, weil sie ein starkes Anti-Programm gegen das geschilderte Verhalten des Herrn besitzen.

2. Manche meinen, das sei als Fallbeipiel (!!) schon akzeptabel, aber hätte ich nicht „aufstoßen" sagen können??

Nun, auch das hat nichts mit mir zu tun, sondern mit denen, die durch ihre Programme geneigt sind, abzulehnen, zu verurteilen, zu schimpfen usw.

Noch ein Beispiel, das ich seit Jahren im Seminar erzähle, weil es den Gedanken so klar aufzeigt, um den es geht:

Im Café: Sie befinden sich in einem Café. Der Herr am Nebentisch wirkt zunächst „ganz normal", aber (wiewohl er ganz alleine da sitzt) beginnt er plötzlich laut und herzlich zu lachen! Die meisten denken jetzt etwa: „Der hat sie doch nicht mehr alle! Der ist ja nicht normal."

Und nun stellen Sie sich vor, daß dieser fröhliche Mitmensch in unregelmäßigen Abständen weiterhin loslacht, ohne sich an den irritierten Blicken zu stören. Was glauben Sie? Wird jemand den Krankenwagen rufen, weil man annimmt, er sei geisteskrank?

Er entspricht nicht der Norm, zu der wir HIN•ge•ZOGEN worden waren! Woher wissen wir das? Weil wir ein Anti-Programm haben. Deshalb erscheint uns sein Verhalten ver•rückt (d.h. wegge•RÜCKT von der Norm).

Gehen wir die Beispiele von oben noch einmal durch:

161

1. Sie sind mit jemandem verabredet, die Person ist unpünktlich.

Je tiefer Ihr Anti-Programm gegen die Unpünktlichkeit sitzt, desto NATÜRLICHER finden Sie Ihre Forderung, alle Menschen müssen *immer* und *überall* pünktlich sein.

Diese Erwartungs-Haltung hat Ihr Anti-Unpünktlichkeits-Programm aufgebaut. Das ist *Teil Ihrer Insel* und wehe dem Menschen, dessen Insel sich *in diesem Punkt* mit Ihrer Insel *nicht* überschneidet. Der Mensch ist ein Unmensch; er ist unmöglich, er ist nicht-ok …

Aber nehmen wir doch einmal einen Moment lang an, der Mensch sei wirklich „schlimm"; Frage: Warum muß das in Ihnen Unsicherheit oder Zorn auslösen? Warum müssen Sie Streßhormone produzieren und Ihre wertvollen Energien mit Ärger verbraten? Warum sollten Sie sich den Rest Ihres Lebens über Menschen ÄRGERN müssen, deren Programmierung von Ihrer abweicht? Antwort: Das „müssen" Sie nur, solange Sie entweder von diesen Mechanismen nichts wissen oder danach, wenn Sie sich so entscheiden!

2. Jemand gestikuliert so, daß Sie seine Handflächen sehen können.

In unserer Kultur ist das vollkommen ok, das heißt: Wir haben kein Programm dagegen (wohl aber Menschen in gewissen asiatischen Ländern). Dort löst diese Gestik, die wir überhaupt nicht bewußt registrieren würden, Ärger aus. Woran Sie auch sehen können, daß es nie die Handlung als solche ist, die Unwohlsein/Zorn auslöst, sondern die **Diskrepanz** zur eigenen Erwartungs-Haltung (sprich: Insel), z.B. aufgrund von früheren Erfahrungen oder einem Programm!

3. Sie beobachten eine Person, die ungeniert in der Nase bohrt.

Wahrscheinlich finden Sie das nicht sehr ok Ihrem Programm gemäß darf man nur in der Nase bohren, wenn einen niemand sieht. Tut es also jemand, den Sie sehen können, dann verstößt er gegen IHR Programm, und deshalb erleben **Sie** Unlust. Interessant, nicht wahr?

4. Denken Sie an eine Person, die fast nie „bitte"/„danke" sagt.

Dieses Beispiel zeigt sehr gut, daß wir Menschen um so lieber mögen, je mehr positive Signale sie **uns** senden. Aber es ist natürlich leicht, Menschen zu mögen, die **nett zu uns** sind. Bei den anderen beginnt die Kunst …

5. Denken Sie an eine Person, die Sie häufig kritisiert.

Je wichtiger Ihnen die Meinung anderer über Sie ist, desto abhängiger werden Sie von Ihrer Umwelt.

Nachdem Sie vor allem denjenigen Menschen gefallen werden, die ähnlich wie Sie programmiert wurden, werden Sie immer auch auf (anders programmierte) Leute stoßen, denen etwas an Ihnen nicht paßt. Die Kritiker unter diesen Menschen werden

163

dann meckern. Wenn Sie sich jedesmal verunsichern lassen, verbraten Sie unnötig viel Energie, die Ihnen dann in den anderen wichtigen Bereichen fehlt ...

Sie sehen, wie wichtig solche Gedanken sind, wenn wir lernen wollen, besser mit unseren wertvollen Energien umzugehen.

> Intelligentes Streß-Management bedeutet: weniger Ablehnung, weniger Ärger, mehr Kraft und Zeit für das eigentliche Leben.

Deshalb bietet Ihnen dieses Buch-Seminar (in Block 4) unter anderem auch einige Hilfestellungen in bezug auf **Anti-Streß** und **Anti-Ärger** an, die sich bei Abertausenden meiner Seminarteilnehmer/innen seit vielen Jahren bestens bewährt haben.

Es ist viel leichter, als unsere Erziehung uns weisgemacht hat, insbesondere wenn man Ihnen regelmäßig gesagt hat, wie schwer doch alles sei, und daß es (oder gar alles) ja doch keinen Sinn habe, daß man gar nicht erst versuchen solle, etwas zu unternehmen, und ähnliches.

Mit dieser Art von Programmen sind wir bei einer Art von innerer Einstellungen angelangt, die der amerikanische Erfolgs-Psychologe Wayne DYER wie folgt formuliert:

Was hat unsere Programmierung und bisherige Prägung aus uns gemacht? Sind wir Frösche oder Adler?

Frosch oder Adler?

Der Frosch übergibt seine Nachkommen der Natur, während der Adler sie selbstverantwortlich aufzieht ... Bedenken Sie einmal, wie viele Nationen den Adler im Wappen (oder in der Staatsflagge) haben (in Deutschland haben wir sogar einen Doppel-Adler!). Warum? Nun, der (metaphorische) Adler steht für das Lösen von Problemen, während der (metaphorische) Frosch sich zwar riesengroß aufbläst, aber letztlich vor allem quakt ... Sehen Sie sich als Adler?

Bitte denken Sie immer daran: Das, wovon wir umgeben waren, hat uns maßgeblich geprägt. Waren wir von Adlern umgeben, dann sind wir automatisch adler-mäßig geprägt worden, und wenn wir von Fröschen umgeben waren, dann quaken wir eben viel.

Im Gegensatz zum echten Frosch (der nur im Märchen zum Prinzen wird), können **metaphorische Frösche** (vgl. Kasten unten) sich sehr wohl in Adler verwandeln.

Eine Metapher ist ein ana•logisches Bild, ein Vergleich (Gleichnis) oder eine Analogie.

So ist unser metaphorischer Frosch „nur" ein Denk-Bild, das uns dabei helfen kann, etwaige Frosch-Aspekte an uns selbst zu entdecken, z.B. das regelmäßige Quaken (= jammern, lamentieren, nörgeln, meckern und ähnlicher), wenn uns etwas nicht paßt. Erst die Selbst-Erkenntnis kann den Wunsch nach Veränderungen auslösen, erst dieser Wunsch kann Taten bewirken.

Wer bereits in irgendeinem Punkt sein „altes Ich" verbessert und so einen weiteren Teil seines wahren POTENZ•ials entfaltet hat, weiß, wie befreiend und beglückend dieser Prozeß sein kann ...

Es lohnt sich, einige Tage lang sehr bewußt aufzupassen, was die Menschen in Ihrer Nähe (inklusive im Fernsehen) so sagen. Lernen Sie, die professionellen Jammerer, die Lamentierer vom Dienst zu erkennen. Lernen Sie, wie viele Personen in Ihrer beruflichen und privaten Nähe regelmäßig quaken. Lernen Sie, den *leidenden Tonfall* zu erkennen, die *lamentierende Sprachmelodie*, welche besagt, es hätte ja doch alles keinen Sinn und außer Klagen könne man gar nichts unternehmen. Erinnern wir uns: **Was Sie umgibt, das wird Sie prägen.** Wenn Sie zu viele Lamentierer in Ihre Nähe lassen – ich wiederhole: inklusive der Fernsehprogramme, dann prägt Sie das. Wenn Sie sich viele Sendungen anschauen, in denen immer die bösen Mitmenschen an allem schuld sind, dann prägt Sie das auch.

Lernen Sie, ein Gehör für Frosch-Aussagen zu entwickeln. In der Frosch-Welt sind wir alle Opfer und der Welt (oder unseren Mitmenschen) hilflos ausgeliefert. Dieses Weltbild wurde von vielen Menschen in uns hineingeredet, z.B. von unseren Eltern, aber auch von anderen Familienangehörigen, von Nachbarn, von Lehrern, von Ausbildern, von Chefs; eigentlich von allen Menschen, mit denen wir regelmäßig zu tun hatten. Aber auch Leute, mit denen Sie *heute* zu tun haben, beeinflussen Ihre innere Haltung weiterhin. Denn: Was immer Sie regelmäßig umgibt, das wird Sie prägen! Es lohnt sich, ein wenig Zeit zu investieren, um die typischen Redewendungen in Ihrem Kopf zu finden. Es geht um Aussagen, die zeigen, daß man sehr wohl etwas bzw. nichts machen kann. Beispiele:

- Da kann man nichts machen!
- Ich kann nichts dafür.
- Es ist sinnlos, dagegen anzugehen …
- Der einzelne ist schwach (und kann nichts bewirken).

166

- Die Sowieso hat mich geärgert.
- Du brauchst gar nicht erst zu versuchen, etwas zu unternehmen …
- So ist das Leben halt …
- Da bist du hilflos …
- Die können mit uns machen, was sie wollen …
- Du kannst dich nicht wehren …
- Gegen die kommst du nie an …

Und ähnliches.

Achten Sie ab heute bewußt darauf, z.B. wenn Sie einen Roman lesen oder beim Fernsehen (in einem Spielfilm oder einer Diskussionsrunde), oder wenn Sie irgendwelchen Leuten zuhören, z. B. im Restaurant am Nebentisch – wichtig ist, daß Sie der unbeteiligte Dritte sind. Lernen Sie, typische **Weltbild-Aussagen** schnell und leicht zu identifizieren! Entwickeln Sie ein Gespür für solche Urteile über die Welt, in der wir leben.

Sie kennen den berühmten Satz aus der Bibel: „Suchet und ihr werdet finden!" Er bezieht sich auf Ihr „Interesse". Was Sie gezielt suchen, dem werden Sie zwangsläufig begegnen. Es war davor auch da, aber **jetzt** lassen Sie es in Ihr Bewußtsein hinein. Als ich z.B. anfing, mich für Wohnmobile zu interessieren (als Kompromiß zwischen eigentlich nicht reisen wollen und berufsmäßig leider reisen müssen), interessierte ich mich plötzlich für Wohnmobile, und **über Nacht** waren die Autobahnen voll davon. Am Tag davor hatte es noch keine gegeben … Das nenne ich den „Wohnmobil-Effekt".

Wenn Sie einmal darauf achten, werden Sie erstaunt feststellen, wie viele Redewendungen wir tagtäglich hören, die zum Ausdruck bringen: „Wir können nichts dafür", oder „Es hat eh keinen Sinn", oder „Wir sind Opfer" (der Umstände, der Welt, unserer Mitmenschen) usw. Wenn Sie solche Redewendungen sammeln, dann sind Sie gut vorbereitet darauf, ähnliche Gedanken später auch bei sich selbst zu erkennen.

Erstellen Sie eine Liste. Es ist hochinteressant. Durch das bewußte Auflisten solcher Verlierer-Aussagen werden Sie hellwach dafür, wie oft Sie das hören. Das ist eine häufige Aussage-Art in unserer Kultur. Wenn etwas schiefgeht, dann suchen wir in der Regel einen Verantwortlichen, wobei wir versuchen, andere schuldig zu sprechen und uns zum Opfer zu machen. Warum? **Weil man uns diese Reaktion immer und immer wieder vorgelebt hat** (und nach wie vor vorlebt!). Wir haben sie durch Imitation übernommen, ohne je wirklich darüber nachzudenken.

Anti-Fehler!

Wir haben z. B. Anti-Fehler-Programme. Denken Sie bitte mit: Ein Dreijähriger sitzt auf dem Teppich und baut mit Bauklötzen. Ab einer gewissen Höhe kracht der Turm, den er bauen will, immer zusammen. Wie reagiert er? Er ist interessiert, er ist fasziniert. Ganz der kleine Forscher, fängt er von vorne an. Wieder passiert es, und alles fällt zusammen. Er ist „ein einziges Fragezeichen": *Wieso passiert das?* Es ist das einzige, was ihn interessiert. Er fängt wieder an. Es ist spannend. Und beim dritten, vierten, fünften Mal merkt er, daß es sein eigener *Ärmel* ist, mit dem er die obersten Klötzchen herunterreißt, was den Turm zum Einsturz bringt. Dann geht ein Leuchten über sein Gesichtelchen. Er hat eine Ein•SICHT gewonnen. Und wenn er morgen am Tisch sitzt und das Milchglas mit seinem Ärmel umwirft, versteht er den Zusammenhang (weil sein Wissens-Netz sofort eine neue Ver•BIND•ung herstellt) sehr schnell.

Aber wenn er in einer Familie aufwächst, wo sofort jemand schreit „Paß doch auf!", dann wird er nicht mehr lange mit Neugierde und Faszination reagieren können, wenn ihm eine Panne passiert.

Spätestens wenn er neun Jahre alt geworden ist und es passiert ihm eine Panne, blickt er sich verstohlen um, ob es jemand gemerkt hat, denn er weiß bereits: „man" (an diesem Wörtchen erkennen Sie den Programmcharakter) „man darf keine Fehler machen!". Und das Zusatzprogramm hat er auch bereits internalisiert: Wenn man einen Fehler macht, darf man sich nicht erwischen lassen!

In vielen Elternhäusern wird bei Fehlern regelmäßig „gemeckert", das soll angeblich den Lernprozeß verbessern und „optimales" Verhalten fördern.

In vielen Firmen wird bei Fehlern regelmäßig kritisiert, das wird gerne als *konstruktive Kritik* bezeichnet. In der Schule werden Fehler (nach wie vor) rot angestrichen und schlecht benotet. Deswegen vergeuden wir für den Rest unseres Lebens so wahnsinnig viel Zeit und Energien damit, Fehler wegzureden, Schuldige zu suchen, Schuld auf andere abzuschieben oder Rechtfertigungen zu basteln.

Ron SMOTHERMON (*Drehbuch für Meisterschaft im Leben*) sagt: Die Rechtfertigung ist der krampfhafte Versuch, im nachhinein das Recht zu „fertigen", und: Je besser diese Rechtfertigung gelingt, desto größer ist die Wahrscheinlichkeit, daß Sie sich damit die *Genehmigung* erwirkt haben, in Zukunft wieder so zu handeln. Denn dann besitzen Sie diese Rechtfertigung ja schon vorab.

Diese Anti-Fehler-Programme stellen einen typischen Aspekt unserer Erziehung dar, der außerordentlich schädlich für die optimale Ent•wicklung und Ent•faltung unseres POTENZ•ials, unserer Fähigkeiten, unserer Persönlichkeit ist.

Aufgabe:

Stellen Sie sich **drei Minuten lang** vor, wie Ihr Leben sich wohl ändern würde, wenn Sie kein einziges Anti-Fehler-Programm hätten.

Die meisten Menschen können sich das nicht einmal „rein theoretisch" ausmalen. Aber wenn Sie die Übung einige Wochen lang täglich einmal durchführen, werden Sie bald eine klare Vorstellung davon bekommen, wieviel Energie „frei" werden würde, wenn Sie keine Angst vor Fehlern zu haben bräuchten. Wenn Sie Fehler als Quelle für Lernprozesse sehen könnten (wir kommen gleich darauf zurück). Wenn Sie unbefangen und neugierig mit Pannen umgehen könnten.

Ich glaube, daß dies hinter der Forderung in der Bibel steht, wo es heißt, wir sollten wieder werden wie die Kinder. Das heißt nicht unwissend, sondern frei: Probleme und Fehler als geistige Abenteuer zu „genießen". Denn nur ein freier Geist kann flexibel reagieren und AUF•MERK•sam beobachten, was gerade geschieht (als Grundvoraussetzung, um sich a) zu MERK•en, was passiert, und um b) einen Lerneffekt als Nutzen „herauszuziehen").

In meiner Familie gab es einen Spruch (genauer: ein Programm), welches mir zeit meines Lebens sehr geholfen hat. Es lautet:

> Irren ist menschlich, das ist in Ordnung. Aber: Denselben Fehler immer wieder zu machen – das ist unverzeihlich!

Und nun verbinden wir unsere anprogrammierte Angst vor Fehlern mit den sogenannten Gedächtnis-Problemen des Alltags. Dieser Bereich eignet sich hervorragend, um auf zwei Ebenen zu arbeiten. Wenn Sie systematisch trainieren, gehirn-gerecht vorzugehen, haben Sie zwei Vorteile (schlagen also zwei Fliegen mit einer Klappe):

1. Sie verbessern Ihr **Gedächtnis** (und damit gleichzeitig Ihre sogenannte **Intelligenz** und Ihre **Kreativität**), weil Sie die Fähigkeit, in Ihrem Wissens-Netz „herumzuspringen" und ständig neue Verbindungen zu schaffen, trainieren!

2. Sie können diese Übungen auf einer anderen Ebene dazu benutzen, Ihre **Anti-Fehler-Programme zu entschärfen!**

Dieser Punkt ist sehr wichtig. Wir sagten (auf der vorangegangenen Buchseite), daß wir lernen sollten, Fehler als Quelle von Lernprozessen zu sehen. Hierzu ist wieder zweierlei anzumerken:

1. Neuere Forschungsergebnisse zeigen immer klarer, daß wir **zwar hervorragend durch Fehler-Analyse, aber nur sehr schlecht durch Kritik lernen können.** (Wir kommen auf diesen Punkt im letzten Abschnitt dieses Blocks zurück.)

2. Diese Forschungen zeigen auch, daß Fehler eine der besten Lernquellen sein können, wenn – und nur wenn – **Lernende die Fehler selber analysieren.** „Einsichtige" Schüler/innen können den Erklärungen von Lehrer/innen und Eltern **nur dann** einen Aha-Effekt abgewinnen, wenn sie freiwillig und AUF•MERK•sam mitdenken, so daß sie die Fehler-Analyse gedanklich mit- (und nach-)vollziehen können. Dieser leider eher seltene Fall führt zu einer echten Ein•SICHT (welche die alte SICHT•weise tatsächlich verändert). **Weit mehr profitieren alle (auch normale) Lernenden jedoch, wenn sie**

über ihre Fehler (zuerst) selbst nachdenken. Allein oder in Gesprächen mit anderen Lernenden (zumindest als Vorbereitung für die Erklärungen von Lehrer/innen!).

Und genau das ist der zweite Vorteil, wenn Sie regelmäßig trainieren, gehirn-gerecht zu arbeiten:

Auf der einen Ebene optimieren Sie Ihr Gedächtnis und erhöhen Ihre Intelligenz und Ihre Kreavitität, auf der anderen üben Sie, Ihre Fehler selbst zu analysieren. Ich erinnere an die vier Gründe, warum die KONSTRUKTION nicht optimal verläuft (Seite 76).

Wenn Sie also das folgende Training mäßig, aber regelmäßig (z.B. zehn Minuten pro Tag) absolvieren, dann lernen Sie es auch, Ihre Schwächen bei der KONSTRUKTION noch während des KONSTRUKTIONs-Prozesses zu identifizieren, und können sofort Maßnahmen ergreifen. In dem Maß, in dem sich aber Ihre Fähigkeit zur KONSTRUKTION verbessert, muß sich zwangsläufig auch das Ergebnis, die spätere RE•KONSTRUKTION (also Ihr Gedächtnis) verbessern. Und in dem Maß, in dem Sie immer leichter in Ihrem Wissens-Netz „herumspringen" können, wird alles leichter.

Da Sie aber gleichzeitig lernen wollen, Ihre Anti-Fehler-Programme zu „knacken", werden Sie bald mit allen Arten von Fehlern weit entspannter und souveräner umgehen können. Beispiel:

Wenn mir in meinen ersten Trainer-Jahren (1970–1974) eine (kleine) Panne im Seminar passierte, war mir das immer „entsetzlich peinlich" (*peinlich* leitet sich von *Pein* her, tut also „echt" weh!). Fiel mir z.B. vor zwölf Augenpaaren ein Filzstift herunter, oder stellte ich plötzlich fest, daß die Unterlagen falsch sortiert waren und Blatt 3 vor Blatt 2 lag, dann machte mir das noch tagelang (!!) zu schaffen. Aber seit 1975 arbeite ich bewußt daran, meine eigenen Anti-Fehler-Programme zu „knacken", mit dem Resultat, daß ich heute vor 300, 600 oder 1000 Augenpaaren einen Stift fallenlassen kann, ohne mich aufzuregen!

Anti-Fehler-Programme gehen oft mit einem gefährlichen Perfektionismus einher (auch bei mir), dessen besondere Gefahr darin liegt, die eigenen hohen Leistungsmaßstäbe an alle Mitmenschen anzulegen, also auch an Familienmitglieder, Mitarbeiter/innen, Kolleg/innen, sogar Kunden (d.h. auch Seminarteilnehmer/innen). Demzufolge war mein Umgang mit anderen, die Fehler machten, ähnlich hart wie der mit mir selbst! In dem Maß, in dem ich lernte, meinen eigenen Fehlern vor allem einen Lerneffekt zu „entnehmen" und ansonsten zu akzeptieren, daß Fehler menschlich sind, konnten sich die armen Mitmenschen in meiner Umgebung zunehmend entspannen …

Ehe ich Ihnen den Trainings-Plan vorstelle, muß ich Ihnen noch verraten, daß die Dach-Liste ein Geheimnis birgt, denn sie ist Ihr Fallbeispiel für Ihr eigenes Training später.

Die Dach-Liste zeigt Ihnen, wie man „langweilige" und vor allem einzelne (isolierte) Daten und Fakten leicht ins Wissens-Netz integrieren kann. Ob Sie (oder Ihre Kinder) für irgendeine Bildungsinstitution lernen müssen (wo man ja angeblich fürs Leben lernt) oder ob Sie „nur" trainieren wollen, die Frage lautet:

> Wie kann man isolierte Info-Einheiten am schnellsten und leichtesten ins Gedächtnis „transportieren" (möglichst so, daß der Lernvorgang selbst auch noch Spaß macht)?

Die Antwort „steckt" in der Dach-Liste …

Zum letzten Mal: die Dach-Liste

Die Dach-Liste habe ich „gebastelt", um die EU-Länder in der Reihenfolge der Einwohnerzahl dieser Länder zu KONSTRU-IEREN, damit dieses Wissen jederzeit mühelos RE•KON-STRUIERT werden kann (Stand 1998). Die Fragestellung wurde durch einen Kunden an mich herangetragen. Seine Firma ist europaweit tätig, und er mußte in Meetings regelmäßig feststellen, daß seine Mitarbeiter/innen oft unsicher waren, welches europäische Land nun in der EU war, sowie, daß sie die (firmeninterne) „Wichtigkeit" der Länder (von der Bevölkerungszahl ausgehend) nie „griffbereit" hatten, wiewohl das für ihre tägliche Arbeit notwendig war. Also bat er mich um Hilfe.

Nun, wenn wir die Info analysieren, dann stellen wir fest: Die Mitarbeiter/innen sollen zwei Dinge lernen: Erstens, *welche* Länder sind „drin", und zweitens, die Reihenfolge vom bevölkerungsstärksten EU-Land (Deutschland) zum EU-Land mit den wenigsten Einwohnern (Luxemburg). Sie ahnen es: Nr. 15 (LUX) steht für Luxemburg. Und wofür stehen die anderen Begriffe der Dach-Liste?

Merke: Es reicht schon ein einziger Buchstabe, um eine neue **kreative Ver•BIND•ung** herzustellen! Ich nahm die Autokennzeichen der Länder als Ausgangspunkt und bastelte die Begriffe dementsprechend. Bei der praktischen Anwendung mit seinen Mitarbeiter/innen zeigte es sich, daß (fast) alle einige (anfängliche) Probleme mit denselben Begriffen hatten. Dies stellte sich später als hervorragendes Fallbeispiel heraus, um die „Fehlerquellen" (von Ignoranz über Des-Interesse und Interferenz bis Unterdrückung) an der Dach-Liste „aufzuhängen", und so „wanderte" diese Liste dann bei mir ins Seminar (und in dieses Buch)!

Wenn Sie wollen, könnten Sie die Liste einmal durchdenken und feststellen, bei wie vielen Begriffen Ihnen **jetzt** die Ver•BIND•ung zum jeweiligen Land „völlig klar" erscheint, und bei welchen Sie stutzen und eben diese Ver•BIND•ung nicht sofort „sehen" können, ehe Sie die Auflösung hier lesen. Auch diese Übung (eine bewußte KONSTRUKTION) ist ausgezeichnetes Training und macht Sie „auf" für das AUF•MERK•same Wahrnehmen der Auflösung in einigen Momenten …

Na, haben Sie es versucht? Wenn ja, wie viele Ver•BIND•ung waren Ihnen **jetzt** sofort klar?

Ich konnte _____ Ver•BIND•ungen KONSTRUIEREN.

Also hier ist die Auflösung, die Sie bitte nur ein eiziges Mal **langsam** und AUF•MERK•sam lesen und „in Zeitlupe" durchdenken wollen, anschließend können Sie sie alle, wetten?

1. **D**ach steht für „Deutschland". Vielleicht erinnern Sie sich, als wir die Dach-Liste mit ihrer **Reihenfolge** verknüpft haben, an meine Ver•BIND•ung für „Dach" (vgl. meine Vorschläge im Anhang, Seite 353 ff.): *Dach steht für Nr. 1, weil ein Haus in der Regel nur **ein** Dach hat.* Nun, auch Deutschland ist inzwischen eine „1" geworden, sowohl wegen der Vereinigung als auch, weil es die Nr. 1 (Bevölkerungszahl) in der EU ist.

2. In **Ga**B**e** finden Sie das „GB" von „Great Britain" (oder „Großbritannien").

3. Der **F**rankenwein enthält zwei Hinweise auf „Frankreich": Erstens durch den Anfangsbuchstaben (F) und zweitens, weil der FRANKenwein an das Wort „FRANKreich" erinnert.

4. Der **I**gel repräsentiert Italien.

5. Der **E**lefant erinnert Sie an *Viva España*.

6. Die **N**ade**L** steht für NL (Niederlande).

7. Der **G**a**R**ten Eden enthält das „GR" für Griechenland.

8. Die achtförmige **B**irne steht für Belgien.

9. Das **P**ortal weist auf „Portugal".

10. Der **S**check zeigt doppelt auf Schweden; zum einen wegen seines ersten Buchstabens (das „S" entspricht dem Autokennzeichen für Schweden), zum anderen weil sowohl „Scheck" als auch „Schweden" mit „Sch..." beginnen.

11. **A**us: Hier könnten Sie natürlich sagen: „Moment mal, das ist das Autokennzeichen für Australien", aber da Australien kein EU-Land ist, ist es klar, daß wir nur den ersten Buchstaben für „A" = „Austria" genommen haben.

12. Das **D**oc**K** steht für „DK", also Dänemark.

13. Das **F**u**N**dbüro enthält zwar „FUN", nicht „FIN", aber wenn wir an den Begriff „finden" denken, dann können wir sehr leicht auf Finnland schließen.

14. Der **IR**rtum steht für „Irland" (und viele Engländer halten Englands Besatzung von Irland für einen kolossalen Irrtum).

15. **LUX** steht eindeutig für „Luxemburg".

Bitte bedenken Sie, wenn Sie (hoffentlich) regelmäßig irgendwelche Informationen in Listen „packen", zweierlei:

1. **Das Erstellen eigener Listen (also die KONSTRUKTION von Wissen ins Wissens-Netz*) ist weit leichter,**

---

* grammatikalisch etwas unbeholfen, wir meinen: Das Wissen wird ins Wissens-Netz HINEIN•konstruiert.

als sich dies schriftlich vermitteln läßt. (Je aktiver Sie mitgespielt haben, desto leichter können Sie diese Aussage bereits jetzt nachvollziehen.) Und:

2. Es kann unerhört spannend werden, wenn Sie zu mehreren (zumindest zu zweit) arbeiten und hinterher Ihre Memo-Listen miteinander vergleichen. Nebenbei bemerkt sind solche Einblicke immer auch Einblicke in die Insel (vgl. Seite 158) des Gesprächspartners und können Ihnen eine Menge Infos über die Person geben.

Denn die Assoziationen kommen ja jeweils aus dem eigenen Wissens-Netz und spiegeln daher wider, wozu die Person viele (oder besonders „dicke") Fäden im Netz hat, sowie welche Art von Gedanken- und Faden-Ver•BIND•ungen diese Person häufig benutzt (also welcher Art ihre „Autobahnen" im Hirn sind).

Bei mir stellen Übungs-Partner immer wieder mit Erstaunen fest, wie viele meiner Assoziationen z.B. in Richtung Quantenphysik gehen können. Langjährige Gesprächspartner mit einem Blick (Gehör) für die Qualität von Assoziationen (wie mein britischer Trainer-Kollege Paul SMITH) können in den ersten zehn Minuten eines Gespräches sagen, womit ich mich **zur Zeit** intensiv befasse!

FAZIT: Solche Listen zu „basteln", kann auch in bezug auf Ihre Selbst-Erkenntnis (Erforschen der eigenen Insel) ungemein spannend sein, wenn Sie Ihre eigenen Assoziationen anschließend bewußt „ansehen". Außerdem macht es Spaß, Ihr vorhandenes Wissens-Netz, Ihre Erinnerungen, Inhalte, zu denen Sie persönlich einen Bezug haben, usw. aktiv zu erforschen und zu benutzen!

Deshalb arbeiten Sie ja jetzt **mit der vollen Unterstützung Ihres Gehirns**. Dies aber hat einige schwerwiegende Konsequenzen, denn:

- gehirn-gerechtes Vorgehen ist leicht!
- gehirn-gerechtes Vorgehen macht Freude!
- gehirn-gerechtes Vorgehen weckt schlummernde Fähigkeiten!
- gehirn-gerechtes Vorgehen führt zu weit besseren Leistungen!

Jetzt wissen Sie, warum die vielen Dach-Übungen der rote Faden zum Thema gehirn-gerechtes Arbeiten waren.

Wenn Sie mitgespielt haben, waren Ihre Ergebnisse wahrscheinlich weitgehend vergleichbar mit denen der Teilnehmer/innen. Die meisten stellen voll Erstaunen fest, daß sie ziemlich gut abgeschnitten haben, und dies, wiewohl es sich doch dabei nur um *erste Experimente* handelte. Stellen Sie sich vor, Sie würden tatsächlich trainieren! Nun, wenn Sie dazu bereit sind, hier ist Ihr Plan:

Einsteiger-Training

1. Wählen Sie die Art von Information aus, mit der Sie das (heutige) Training durchführen wollen. Zum Beispiel: Länder, Städte, Flüsse, Bäume und Sträucher, Blumen, wichtige Kundeninformationen usw.

2. Beginnen Sie, die Infos zu sortieren. Das System **kann** logisch (rational) aufgebaut sein. Vielleicht ergibt sich eine Art von natürlicher „Rangordnung" (wie bei den EU-Län-

dern), vielleicht wollen Sie auch nach einem anderen Kriterium sortieren (vielleicht nach Größe, nach Gewicht, alphabetisch).

„Basteln" Sie ganz gemütlich Memo-Wörter (wie „Dach" für „Deutschland" usw). Wichtig ist, daß das Merkwort irgendeinen **gemeinsamen Nenner** mit dem zu lernenden Begriff aufweist (Minimum ein Buchstabe) oder aber einen Hinweis auf diesen Begriff (z.B. die *achtförmige* „Birne") enthält.

Es ist wichtig, daß Sie diese Aufgabe nicht als lästige „Pflicht" ansehen, sondern als eine *Tätigkeit, welche Ihre Intelligenz und Kreativität aktiviert.* Lassen Sie sich also Zeit und spielen Sie mit Ideen! Dieses Spiel ist der Schwerpunkt Ihres Trainings! Genießen Sie es. Und bedenken Sie: Die ersten 10 bis 15 Aufgaben fallen uns noch relativ schwer (wie beim Kreuzworträtsel-Raten!), die nächsten 10 bis 15 fallen uns schon viel leichter, und danach ist es „ein Klacks".

Wichtig ist ebenfalls, daß dieses Training Ihre Fertigkeit, **bewußt in Assoziationen zu denken**, verbessert, so daß Sie bald schnell und leicht jede Menge Assoziationen zu allem bilden können – unabhängig davon, ob Sie etwas lernen oder nur über etwas nachdenken wollen. Sie erinnern sich, daß der Schlüssel zum Gedächtnis gleichzeitig der Schlüssel zu intelligentem (analytischem) Denken **und** zu Ihrer Kreativität ist, denn beide Denk-Stile greifen auf die Verbindungen in Ihrem Wissens-Netz zurück.

Aber bleiben wir noch kurz bei einer Liste von Infos, die Sie lernen wollen: Der gehirn-gerechte Lernprozeß **mit selbst-geschaffenen Assoziationen** fällt Ihnen wesentlich leichter, als Ihre Erfahrungen mit der Dach-Liste Sie annehmen lassen. Denn wiewohl ich weitgehend Begriffe gewählt habe, die vor-

179

Je aktiver Sie diese Verbindungen ständig nutzen, desto intelligenter und kreativer werden Sie.
Das meinen wir mit dem Begriff Ihres REPERTOIREs, das sich nur durch Training verbessern läßt!

aussichtlich in den Wissens-Netzen der meisten Menschen vorhanden sind, mußte ich einige Begriffe in die Liste packen, die **nicht** allen Menschen geläufig sind (z.B. Gabe*, Frankenwein, Portal, Lux, Adipositas). Denn ich wollte Ihnen erstens zeigen, **daß** Ihnen manche Begriffe leichter fallen als andere und Sie zweitens auf das Lücken-Management (und die Gründe für „Vergessen") aufmerksam machen, wobei dieses „Vergessen" genaugenommen die Unfähigkeit zur RE•KONSTRUKTION darstellt. Diese aber ist die zwangsläufige Konsequenz einer ursprünglich mangelhaften KONSTRUKTION gewesen, Sie erinnern sich?

Wenn Sie hingegen Ihre eigene Liste „basteln", muß es für Sie weit einfacher werden, weil ...

---

* Bitte bedenken Sie, daß die Begriffe im Seminar AKUSTISCH erklingen und dadurch etwas anders wirken als auf Papier.
  1. Bei „Gabe" sagen viele, „geben" sei vertraut, „Gabe" hingegen schwer.
  2. Wer keinen Bezug zu Frankenwein hat, empfindet diesen Begriff als relativ „schwer".
  3. Das „Portal" kommt anscheinend **gesprochen** extrem selten vor.
  4. „Lux" und „Adipositas" sind Begriffe, die häufig als unbekannt gelten.

1. Sie in die Liste ja nur **Ihre eigenen Assoziationen** (aus Ihrem persönlichen Wissens-Netz) „hineinpacken",

2. Sie sich **eigene Gedanken immer am besten MERK•en,**

3. Sie die **von Ihnen assoziierten konkreten Begriffe** leicht visualisieren können (denn eigene *Begriffe* hatten Sie in der Vergangenheit irgendwann *begriffen;* sie sind fester Bestandteil Ihres Wissens-Netzes; **deshalb** haben Sie klare Vorstellungen dazu),

4. das Schaffen eigener Assoziationen bereits 60 bis 70% des eigentlichen Lernprozesses darstellt!

Sie erinnern sich: Jede Art von bewußtem Nachdenken, mit interessierter AUF•MERK•samkeit bedeutet, daß die „richtigen" Stellen in Ihrem Wissens-Netz aktiviert werden!

Wenn Sie ein wenig üben (z.B. mit Ihren Kindern), dann haben Sie gelernt, was man in Schule und Ausbildung für so manches typische Quiz braucht. So können Sie (und Ihre Kinder) in Zukunft derartige „blöde" Einzel-Informationen gehirn-gerecht und leicht lernen …

Das innere Archiv
(Training für Fortgeschrittene)

1. Wählen Sie die Art von Info, die Sie wirklich gerne wissen würden. Haben Sie sich schon öfter geärgert, weil Sie gewisse Infos nie „griffbereit" im Kopf haben. Zum Beispiel:
   - Lebensmittel aus der Kategorie Kohlehydrate, Eiweiß, Fett
   - Vorlieben Ihrer wichtigsten Kund/innen
   - Hobbies/Interessen Ihrer Freunde

- einige wichtige Wissenschaftler (Autoren, Maler usw.) und
- deren wichtigste Forschungsergebnisse (Bücher, Bilder)
- alle Bundesländer (und deren Hauptstädte).

2. „Basteln" Sie ganz gemütlich Ihre Liste/n!

Als Fortgeschrittene/r können Sie später auch eine Reihe von Listen miteinander verknüpfen. Genau das taten wir, als wir die ursprüngliche Dach-Liste (Dach, Gabe, Frankenwein usw.) mit der zweiten Liste (JOURNAL für die Frau, Ohrring, U-Boot usw.) verbunden haben. Und – Sie ahnen es wieder – auch diese Verknüpfung war nicht willkürlich gewählt!

Was wir nämlich an die Dach-Begriffe „drangehängt" haben, hat sehr wohl eine eigene Bedeutung (siehe S. 183 f.). Aber vor dieser Auflösung noch ein wichtiger Hinweis:

Das paarweise Ver•BIND•en von Begriffen zeigt Ihnen, daß Sie **jede** Liste als Memo-Liste (im Sinne der klassischen Mnemonik) verwenden können. Solche Listen heißen PEG-Listen (vom englischen *peg = Haken*), wobei ich (in *Stroh im Kopf?*) die Buchstaben „P", „E" und „G" als Akronym für Programmiertes Eidetisches Gedächtnis verwendet habe. *Programmiert*, weil Sie mit Hilfe solcher Listen ganz bestimmte Ver•BIND•ungen in Ihrem Wissens-Netz aktiv „programmieren" (statt nur zu warten, welche Ver•BIND•ungen sich zufällig ergeben, wie die meisten Menschen). Der Begriff *eidetisch* leitet sich von griechisch *eidos* (= *Aussehen, Gestalt, Form, Bild*) her. Und da jede bewußte gedankliche Auseinandersetzung bereits eine (neue?) Ver•BIND•ung in Ihrem Wissens-Netz schafft, schaffen Sie so gleichzeitig (quasi nebenbei) Gedächtnis!

Wir kennen bestimmte Spielarten der Gedächtnis•KUNST seit zweieinhalbtausend Jahren in Europa (länger in Asien und Indien). Der Begriff Gedächtnis•KUNST beinhaltet natürlich – *Kunst. Kunst* aber kommt, wie „jede/r" weiß, von *Können,* und dieses wiederum hat immer mit unserem derzeitigen REPERTOIRE zu tun. Woraus wir sehen: Gedächtnis kann demzufolge **nicht** eine Frage der angeborenen „hardware", sondern muß eine Frage des Umgangs mit ihr sein. Damit wären wir wieder bei der Benutzung von Vorhandenem (also der „software").

Das hatte man leider vor einigen Jahrhunderten vergessen, nämlich „zufälligerweise" zu dem Zeitpunkt, als der Buchdruck sich durchsetzte und immer mehr Menschen lesen und selber schreiben konnten. Sie begannen, ihr Gedächtnis in zunehmendem Maß „nach außen" zu verlagern (die heutige Variante ist elektronisch). Deshalb konnten die einst in hohen Ehren gehaltenen äußerst erfolgreichen Memo-Techniken damals so „sang- und klanglos" verschwinden. Erst Ende des 19. Jahrhunderts wurden sie von einigen wenigen Forschern wieder „ausgegraben", trotzdem kann man heute immer noch ca. neun von zehn „normalen Menschen" und sieben von zehn Lehrern außerordentlich verblüffen, wenn man ihnen davon erzählt …

Aber wollen wir das letzte Geheimnis der Dach-Liste (bzw. ihrer Zwillingsliste, die wir mit den Dach-Begriffen verbunden haben) lüften, nachdem Sie die Parallel-Liste noch einmal RE•KONSTRUIERT haben, was inzwischen sehr leicht sein müßte, denn Sie benutzen ja jetzt die Dach-Liste als „Anker" (und die dürften Sie inzwischen ziemlich gut „drauf haben", oder?). Falls es noch Probleme bei der RE•KONSTRUKTION geben sollte, dann wissen Sie inzwischen, daß es nicht an der „hardware", sondern an Ihrem REPERTOIRE liegt, und daß ein wenig Übung Ihnen in kürzester Zeit Super-Erfolgs-Erlebnisse verschafft. Falls Sie noch zweifeln, ob es sich für Sie „lohnen wird", vielleicht kann Sie dies motivieren:

> Das Geheimnis besteht darin, daß jeder dieser Begriffe (von **JOURNAL für die Frau**, über den **Ohrring**, das **U-Boot** usw. bis zum **Ufer**) für einen der 15 strategischen Ansätze dieses Power-Tages steht.
>
> Diese werden wir in Block 4 besprechen, so daß Sie **später** alle Kern-Strategien dieses Buch-Seminars anhand dieser doppelten Memo-Liste jederzeit „parat" haben werden (einen kurzen Überblick finden Sie im Anhang, Seite 366 ff.).
>
> Somit erhöht sich die Wahrscheinlichkeit, daß Sie möglichst viele der konkreten Tips, Techniken und Strategien tatsächlich umsetzen werden und so den höchstmöglichen Nutzen aus diesem Buch-Seminar ziehen.

Also, wenn Sie die Ver•BIND•ungen zwischen den beiden Listen inzwischen können (oder demnächst besser KONSTRUIEREN, so daß Sie sie später jederzeit RE•KONSTRUIEREN können), dann ist Ihr Wissens-Netz bestens vorbereitet, um den Block 4 zu lesen. Aber bis dahin haben Sie noch etwas Zeit, außer Sie wollen jetzt schon mal nach hinten „springen" …

Beginnen wir als Einstimmung zum nächsten Gedankenkomplex mit einem kleinen Experiment: Nehmen Sie bitte ein Blatt Papier.

> Zeichnen Sie einen **Kreis.** Teilen Sie ihn bitte mit **zwei geraden Linien,** so daß vier Kreissegmente entstehen.

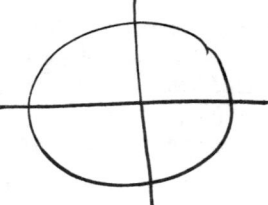

Es geht nun darum, in das **rechte obere Kreissegment** etwas zu zeichnen. **Was**, werde ich gleich sagen. Zuerst sage ich Ihnen, **wie**: nämlich „freischwebend", d. h., daß Sie die bisher gezeichneten Linien keinesfalls verwenden werden. Die **neue Figur** „schwebt" im rechten oberen Kreissegment, so daß keine der vorher gezeichneten Linien benutzt (oder auch nur berührt) wird. **Sie haben 30 Sekunden Zeit!** Jetzt sage ich Ihnen, was dort „schweben" soll: *Ein Quadrat mit drei geraden Linien.*

Wir kommen in Kürze auf das Experiment zurück.

Psycho-Programme: Vertiefung

Sie erinnern sich: Wir sprachen von psychologischen Programmen (aus Erziehung und Umwelt), die uns exakt vorschreiben, wie wir uns verhalten dürfen (sollen, müssen).

✱ Hier wurden wir „kleiner" („weniger"), als wir gemäß unseres angeborenen POTENZ•ials sein könnten!

Zum Beispiel: *Sitz still! Sei pünktlich! Sei zuverlässig! Bohre nicht in der Nase! Gähne nicht, ohne die Hand vorzuhalten! Sei höflich! Laß dir nicht anmerken, wenn du Unsicherheit verspürst! Mach möglichst keine Fehler! Wenn dir einer unterläuft,*

185

gib es nicht zu! Wenn auch das nicht zu vermeiden ist, gib eine überzeugende Erklärung dafür ab usw.

Und wir sprachen von **zwei** Arten von **Einstellungen**:

1. Frosch-Programme:

Es hat ja doch alles keinen Sinn. Da kann man eh nix machen. Es lohnt sich sowieso nicht. Gegen die kommst du nie an. Schuster, bleib bei deinen Leisten. Das schaffst du nie! Dazu bist du ungeeignet (zu dumm, zu arm, zu jung).

2. Adler-Programme:

Was kann ich in dieser Situation konkret unternehmen? Welche Lehre kann ich aus der Sache ziehen? Wie kann ich diesen Fehler in der Zukunft vermeiden? Oder: *Du kannst das! Was du noch nicht kannst, das kannst du lernen (trainieren).*

Gerade hier ist uns in der Regel überhaupt nicht klar, daß es *Programme* sind, die unsere Reaktionen regulieren. Damit meine ich zum Beispiel unsere Reaktionen. …

- auf **Aussagen**, die unserem „Wissen" widersprechen,
- auf **Menschen**, die solche Aussagen machen, d.h.:
- auf **Menschen**, die anders denken/fühlen/handeln als wir.

Erinnern Sie sich an unser kleines Experiment zu Beginn dieses Blocks? (Haben Sie Ihr *Quadrat mit drei geraden Linien* gezeichnet?)

186

Die meisten Teilnehmer/innen (die das Experiment noch nicht kennen) halten die Aufgabe für **unlösbar** (testen Sie dies mit Freunden!). Sie bezeichnen diese Aufgabe als gutes Beispiel für eine Anweisung, die „so" nicht ausführbar ist. Man kennt das ja von Schule und Arbeits-Alltag. Die Frage ist, wie reagiert man, wenn einem „so etwas" widerfährt? Nun, auch die Art, wie wir mit Problemen umgehen, ist ein wichtiger Bestandteil unserer Insel! Adler- und Frosch-Einstellungen zeigen sich nämlich auch hier …

Das Birkenbihl'sche Insel-Modell (2)

Bitte denken Sie immer daran: Wenn ein Mensch **in der Vergangenheit** zum Adler oder Frosch gemacht wurde, heißt das zweierlei:

1. Solange er sich nicht darüber klar war, daß es sich hierbei um eine Prägung (aus der Umwelt) handelt, mußte er die Welt aus seiner Frosch-Perspektive für „schwierig" halten.

2. Mit dem Bewußtsein, daß es sich hier um Teile unserer Insel handelt, die wir entdecken können, haben wir auch den Schlüssel, sie zu verändern.

Betrachten Sie deshalb unser kleines Experiment als Metapher für unsere Art, mit Problemen umzugehen. Reagieren wir frustriert? Finden wir die Aufgabenstellung unfair oder „blöde"? Halten wir uns selbst für „dumm", wenn wir nicht weiterkommen? Sagen wir vorschnell, „Das kann ich nicht!", oder reizt uns die Herausforderung? Sie erinnern sich: Frösche quaken, Adler handeln.

Unsere Insel enthält u.a. auch sämtliche Wahrnehmungs-Filter (vgl. Seite 81), z.B. die **Erfahrungen**, die wir bisher mit bestimmten Wörtern hatten. Deshalb können wir Wörter (und Aussagen) immer nur **im Lichte unserer bisherigen eigenen Erfahrungen** damit interpretieren. Das macht dieses kleine Experiment deutlich:

Lösung Nr. 1
Die meisten Menschen nehmen an, man dürfe das Quadrat mit **nur** drei geraden Linien zeichnen. Aber:

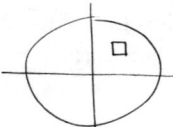

Kein Mensch hat „nur" gesagt! Wenn Sie jedoch ähnliche Spielchen kennen, bei denen es damals „nur" hieß, dann ergänzen Sie jetzt dieses „nur", Sie dichten „nur" aufgrund Ihrer vergangenen Erfahrungen hinzu. Das bedeutet nicht, daß Sie doof sind. Sondern **so funktioniert unser Gehirn.**

Stellen Sie sich einen Menschen in der Frühzeit vor, der seinem ersten Berglöwen begegnet ist, und das überlebt hat. Drei Wochen später ist er auf dem Weg zum Wasserloch. Da kommt über den Hügel wieder dieses „Viech". Er sieht den Kopf, die Barthaare, die Ohren usw., und dann sagt er nicht, „Nun, mal sehen, ob dieses Mal eine Bergziege dranhängt." Sondern er ergänzt sofort, ergreift die Flucht und überlebt wieder. Das heißt: Wenn unsere Insel ähnliche Erfahrungen enthält, reagieren wir aufgrund dieser Erfahrungen. Dabei reichen einige Aspekte, und schon ergänzen wir „den Rest". Im Klartext:

Wenn wir etwas Ähnliches kennen, müssen wir ergänzen. Wir haben Nervenbahnen im Gehirn und zack, dann saust der Stimulus auf dieser vorhandenen Nervenbahn entlang.

Das Interessante daran ist, daß wir unsere Ergänzung für einen Teil der Botschaft halten. Sagt jemand zu Ihnen: „Kennen Sie den Weg zum Bahnhof?", dann **ergänzen** Sie: „... und können Sie ihn mir erklären?", ohne daß Sie das merken! Hinterher „wissen" Sie „ganz genau", daß der Mensch Sie nach dem Weg gefragt hatte.

Bitte beachten Sie auch, daß die meisten Ergänzungen im Alltag hilfreich sind. Dieser Überlebens-Mechanismus bewirkt ja gerade, daß wir nicht täglich wieder bei Adam und Eva anfangen müssen. Nur manchmal kann die Ergänzung ungünstig sein, dann „schiebt" sich quasi unser Insel-Inhalt zwischen uns und die Wirklichkeit und wird so zum Filter, der uns daran hindert, das zu hören (sehen, riechen usw.), was „wirklich" vorhanden ist.

ERFAhrungen werden zum FILTER

Diese Ergänzung passiert mit einem Tempo, das zwischen 500- und 2000mal schneller liegt, als wir bewußt denken können. Das ist unvorstellbar. Wir ergänzen dermaßen schnell und viel, daß wir hinterher **das, was wir ergänzt haben, immer für einen Teil der Botschaft halten.**

Angenommen, jemand wurde „in die Pfanne gehauen", als er das erste Mal einen Verbesserungsvorschlag in der Schule oder im Beruf gemacht hat, und angenommen, das hat ihn furchtbar verletzt. Das wird er sich merken (damit hat er diese schlimme Erfahrung in seine Insel integriert). Das wird ihm kein zweites Mal passieren! Mit ihm macht das niemand mehr! Er wird sich zeit seines Lebens hüten, wieder einmal vorzupreschen. An der Erfahrung hing einmal ein Berglöwe „dran", und nun nimmt er (unbewußt) an, dies müsse immer so sein! So entstehen Frosch-Programme!

Wobei Erwartungs-Haltung und Erfahrungen sich gegenseitig ergänzen und hochschaukeln: Wenn ich vorher bereits „weiß", das wird „schlimm" (z.B. „So was kann ich nie!"), dann ist die Wahrscheinlichkeit, daß es „schlimm" wird, weit höher. Denn die Erwartung löst Streßhormone mit Denk-Blockaden aus, welche unsere (Re-)Aktions-Fähigkeiten einschränken.

Wer also bei einer „schwierigen" Aufgabe sofort sagt: „Das geht nicht!" oder: „Der/die Auftraggeber/in spinnt ja!" oder: „Bei sowas habe ich schon immer versagt!", wird höchstwahrscheinlich recht behalten …

Wenn Sie das Experiment im Freundeskreis machen, rate ich Ihnen (vor allem, wenn rechthaberische Menschen in der Gruppe sind): Schneiden Sie Ihre Anweisung auf Band mit. Weil wir alle unsere Ergänzungen hinterher immer für einen **Teil der Botschaft** halten, behaupten solche Personen dann gern steif und fest: „Du hast „nur" gesagt!" Dann sagen Sie: „Nein, habe ich nicht!" – „Doch, du hast „nur" gesagt!" Mit einer Kassette können Sie beweisen, was Sie tatsächlich gesagt haben.

Noch ein Beispiel soll dies verdeutlichen: Sie sind in einem Restaurant (sechs Personen), jeder hat sein Getränk erhalten, Sie warten auf das Essen, angenehme Unterhaltung … Der Ober

190

kommt und sagt: „Schwein", Ihr Sitznachbar sagt: „Das bin ich". Das merkt kein Mensch (weil ja alle genau so ergänzen wie Ihr Sitznachbar). Er hat nämlich die **ergänzte** Frage (Wer ist **die Person**, die das Schweinefleisch bestellt hat?) beantwortet mit „Das **bin ich**". Hinterher wird er behaupten, der Ober habe **gefragt, wer die Person sei**, die das Schweinefleisch bestellt hat, denn im nachhinein hält er **seine eigene Ergänzung für einen Teil der Botschaft.**

Sie sehen also, wie eigene Insel-Inhalte zu Gesprächen führen können, wie:

- „Das habe ich nie gesagt."
- „Das hast du doch gesagt!"
- „Nein, hab ich nicht!"
- „Doch, hast du wohl!"

  usw.

Wer hat recht? **Beide** haben recht. Jeder hat seine eigene Erinnerung in seiner Insel. Und jeder hält seine ganz persönlich-individuelle Wahrnehmung für „die Welt" (wir kommen auf dieses wichtige Thema zurück).

Wenn jemand fragt: „Hast du Feuer?", dann ist der stinksauer, wenn Sie sagen: „Ja!" Er erwartet natürlich, daß Sie **ergänzen**, daß er die Zigarette angezündet haben will.

Das alles zeigt uns die erste Lösung der Aufgabe. Wir haben **nicht** *nur* gesagt, aber automatisch nimmt man an, die Aufgabenstellung wäre so *gemeint gewesen* aufgrund der Vergangenheit in der eigenen Insel.

Lösung Nr. 2

Wir hatten gesagt: „Zeichnen Sie ein Quadrat *mit* drei geraden Linien." Jetzt wissen Sie bereits, daß die **Bedeutung** der Wörter **nicht** vom Sender (= Sprecher, Schreiber), sondern vom **Empfänger** festgelegt wird. Wenn Sie das Wort „mit" (in „ein Quadrat **mit** drei geraden Linien") im Sinne von „mittels" interpretieren, dann lautet die Aufgabenstellung: „Ein Quadrat **mittels** dreier gerader Linien". Aber „mit" heißt ja nicht nur „mittels". Wenn wir sagen: „Der Vater ging **mit** seinem Sohn am Kanal spazieren.", dann ist er **nicht mittels** Sohn spazierengegangen, sondern *Vater **und** Sohn waren zusammen*.

Also sieht die zweite Lösung wie folgt aus: Auch dies ist eine **legitime Interpretation** der Anweisung.

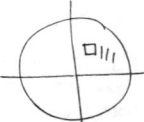

Wenn Sie mit jemandem **kommunizieren** (und jeder sich in seiner Insel befindet), dann gilt:

Wenn Sie Glück haben, dann überschneiden sich Ihre beiden Inseln.

Dann sehen Sie die Dinge ähnlich, oder Sie verfolgen ähnliche Ziele, Sie teilen ähnliche Programme oder Meinungen, oder Sie haben ähnliche Erfahrungen, z.B. mit bestimmten Wörtern. Dann bedeutet „mit" für Sie beide im Zweifelsfall „mittels". Dann sind Sie sich einig. Dann **wirkt** der andere Mensch auf Sie nett, motiviert, intelligent, sympathisch usw.

Bei **Überschneidung der Inseln** glauben wir gerne, **wir** hätten besonders gut kommuniziert. In Wirklichkeit jedoch haben wir **nur Glück gehabt**. Wenn Sie nämlich Pech haben, dann überschneiden sich die Inseln eben leider **nicht**, es klafft eine Lücke (Sie erleben dies als Distanz):

Dann wirkt der andere Mensch ganz anders auf uns. Plötzlich ist dieser andere Inselbewohner irrational, unverständig, demotiviert, unsympatisch (das ist vielleicht ein „fieser Knopf"!), oder wir halten ihn für stur, unmöglich („Er geht überhaupt nicht auf unsere Argumente ein!") usw.

Stellen wir uns vor, **ein Chef gibt eine Anweisung** und hat **die** Vorstellung (der Lösung Nr. 1). Die Mitarbeiterin führt die Anweisung aus und produziert **jene** (Lösung Nr. 2).

Das ist in der täglichen Praxis leider oft „dramatisch"! Wenn dieser Chef so reagiert wie die meisten Chefs in einer vergleichbaren Situation, dann nimmt er automatisch an, diese Mitarbeiterin sei nicht ok. Weil ihm nicht klar ist, daß seine Insel-Inhalte von denen anderer Menschen abweichen werden, erwartet er in solchen Situationen unbewußt, daß andere einfach wissen müßten, was er meint. Deshalb kann das Insel-Modell im Alltag eine so große Hilfe sein.

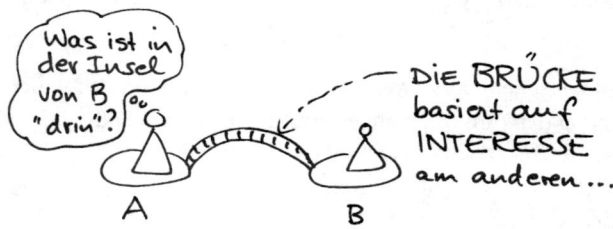

Optimal wäre es, wenn der Chef eine **Brücke** zur Insel des anderen Menschen bauen würde, um herauszufinden, **welche Erfahrungen** diese Mitarbeiterin in der Vergangenheit gemacht hat (die zu **dieser** Lösung geführt haben). Das **könnte** eine **Bereicherung** für die Abteilung (oder die ganze Firma) sein. In der Regel hört die Mitarbeiterin jedoch eher: „Wie kommen Sie denn daaaaaarauf!!?" (Null Interesse an ihrer Insel! Keine Brücke!)

Dann läßt sie den Kopf hängen (zumindest innerlich). Ihr Selbstwertgefühl wurde unnötig angegriffen, wobei ihre Lösung in diesem Fall **vielleicht** sogar die sachlich bessere gewesen wäre. Aber das wird ja niemals jemand herausfinden, denn ihre „andere" Lösung hatte keine Chance.

Statt dessen erklärt ihr der Chef jetzt, wie seine Anweisung gemeint war. Vielleicht kommuniziert er sogar höflich und „wohlwollend", aber er zeigt ihr auf alle Fälle, daß **die Inhalte seiner**

194

Insel im Zweifelsfall „besser" sind; deshalb ist selbstverständlich **seine** Lösung die, die man jetzt umsetzen wird. Alles klar?

Bitte glauben Sie nicht, wir sprächen hier von einem besonders „fiesen" Chef, wiewohl er auf die Mitarbeiterin so wirken **kann**. Wir sprechen hier vom ganz **normalen** (also durchschnittlichen) Verhalten der meisten Menschen, wenn sich unsere Inseln nicht überschneiden. Das gilt für Eltern, Lehrer/innen, Kollegen/innen, Kundenberater/innen genauso! Ob aggressiv oder höflich, meist versuchen wir, dem anderen „Inselbewohner" klarzumachen, daß unsere Insel die „bessere" ist. Dies tun wir nicht etwa aus bösem Willen, sondern aus zwei Gründen:

1. **So ist man immer mit uns vorgegangen.** Wir haben dieses Verhalten per Imitation (unbewußt) gelernt und verhalten uns vollautomatisch genau wie unsere Modelle, und zwar so lange, bis wir beginnen, bewußt über das Insel-Modell nachzudenken. Denn eine Brücke zur Insel des anderen „baut sich" **nicht** von selbst (wenn wir nicht das große Glück hatten, daß unsere Modelle uns früher vorgelebt haben, wie man das macht. Dann hätten wir nämlich die Technik des „Brückenbaus" unbewußt durch Imitation gelernt).

2. **Eines unserer Programme lautet: „Anders ist schlimm!"** Deshalb haben wir in der Regel große Probleme damit, wenn ein Mitmensch anders denkt, fühlt, handelt als wir oder wenn er/sie etwas „Falsches" sagt. Auch hier richten wir uns (unbewußt) nach unseren Modellen, denn deren Verhalten hat unser eigenes Verhaltens-Repertoire geprägt. Also reagieren wir jetzt so, wie „man" reagiert: Wir widersprechen (Das stimmt nicht!), wir „wissen es besser" (Das sehen Sie falsch!), wir glauben, den anderen unbedingt von unserem Standpunkt (= unserer Insel)

überzeugen zu müssen (Aber nun sei doch vernünftig!).
Gelingt uns dies, dann haben wir „erfolgreich motiviert".
Gelingt es uns nicht, dann *scheint* der andere Mensch besonders hartnäckig („stur", „rechthaberisch" und ähnlich)
zu sein.

Je schneller und „härter" unsere Modelle früher mit uns umge-
gangen sind, wenn wir eines dieser Programme übertreten haben (Sprich leise! Oder willst du, daß das ganze Restaurant mit-
hört?!), desto stärker prägt dieses Programm den Charakter unserer Insel: Dann sprechen wir leise und halten das natürlich für
„natürlich" (und jeden, der laut spricht, für un- oder wider-
natürlich!).

Wenn man nun bedenkt, wie viele Hunderttausende von Einzel-
Programmen jede/r von uns in seiner Insel hat, dann sehen wir:
Wer mit Forschergeist darangeht, die eigene Insel zu erforschen
und die eigene „Landschaft" kennenlernt, kann im zweiten
Schritt Interesse für die Inseln anderer entwickeln. Ab da wird
es spannend, wenn wir auf Unterschiede stoßen. Wir sagen/den-
ken dann nicht, der Mensch sei „unmöglich", sondern wir nehmen zur Kenntnis, daß man sich auch anders verhalten kann. So
könnten wir Toleranz für Menschen entwickeln, die anders denken, empfinden, reagieren und handeln.

Nun gibt es zum einen Hunderttausende von Einzel-Programm-
men, zum anderen gewisse Konglomerate (Komplexe), die jeweils Hunderte von Einzel-Programmen umfassen. Zum Beispiel wird der Komplex „Religion" regeln, ob Sie an einen Gott
glauben und wenn ja, wie dieser Gott „aussieht", was er von den
Menschen (und speziell von Ihnen) fordert, ob und wie oft Sie
beten und ob Sie meinen, alle Menschen müßten Ihren Glauben
teilen usw.

Worüber wir jetzt sprechen wollen, das sind die ganz großen *Meta-Programme* (das Fundament unserer Insel). Hieraus resultieren *tiefliegende Grundeinstellungen* zu uns und anderen wie auch gegenüber dem Leben selbst. Diese Super-Programme können wir auch als unser *Weltbild* bezeichnen.

Ihr Weltbild ist einer der wichtigsten Filter Ihrer Wahrnehmung. Sie erinnern sich an unser Beispiel mit dem Blaufilter, der uns zwangsläufig eine „blaue" Welt zeigt. Nun, es gibt auch Weltbild-Filter, deshalb sollte man seinen eigenen kennenlernen. Auch dies ist ein wichtiger Aspekt des Erforschens der eigenen Insel. Deshalb biete ich Ihnen nun (stark vereinfacht) zwei unterschiedliche Weltbilder zum Vergleich an.

Weltbild Nr. 1: Die objektive Welt

Das eine sagt: *Hier ist die (objektive) Welt, hier bin ich als (subjektive/r) Wahrnehmende/r, und dazwischen ist eine Glasplatte, durch welche ich die Welt betrachte.*

Das entspricht dem Programm, mit dem die meisten von uns „gefüttert" wurden. Das Gefährliche an diesem Weltbild ist, daß es uns suggeriert, es gäbe nur eine einzig mögliche Art, die Welt zu sehen, und das, was wir sehen, zu deuten. Jede andere Sichtweise wird als *falsch* eingestuft, wobei wir im Einzelfall entscheiden müssen, ob derjenige, der „es falsch sieht" (*Du siehst das falsch!*), dies aus bösem Willen tut (*Er will absolut keine Vernunft annehmen! Rede du mal mit ihm ...*) oder ob er unfähig ist (*Der arme Tropf spinnt!*).

197

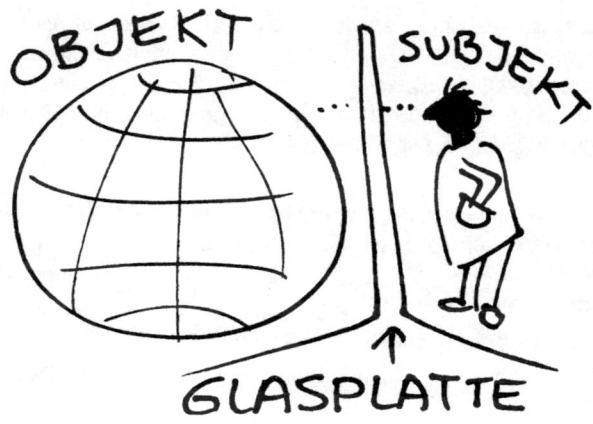

Dieses Weltbild von der „objektiven" Welt, die alle rechtschaf-
fenen (und rechtgläubigen) Menschen genauso sehen müssen, ist uns Kindern des Industriezeitalters dermaßen vertraut, daß es uns (fast) unmöglich wird, andere Weltbilder
auch nur für theoretisch denkbar zu halten.

Deshalb sind die *Gläubigen* dieses „fundamentalistischen"
Weltbildes oft so intolerant und rechthaberisch (bis fanatisch).
In diesem Block haben wir uns mit einem anderen Weltbild,
nämlich dem **Filter-Modell** der Wahrnehmung (Seite 81) befaßt. Wir haben in diesem Buch-Seminar nur einige wenige dieser Filter besprochen, wobei wir noch auf den Filter männlich/
weiblich zu sprechen kommen werden.

Falls solche Gedanken für Sie ziemlich neu sind, möchten Sie
vielleicht ein brillantes Buch hierzu lesen (Paul WATZLAWICK:
Wie wirklich ist die Wirklichkeit?). Denn die Ergebnisse der letz-
ten Jahrzehnte aus der Gehirnforschung zeigen ganz klar, daß
Wahrnehmung ein subjektiver Prozeß ist. Deshalb werden zwei
Menschen aufgrund ihrer unterschiedlichen „Voreinstellungen"

(in ihren Inseln) dieselbe Sache völlig unterschiedlich interpretieren (man denke nur an Unfallzeugen!).

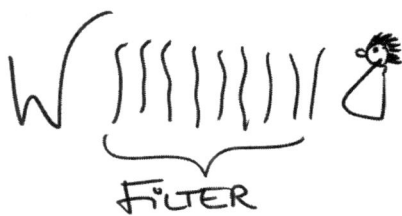

Wahrnehmung hängt darüber hinaus auch noch von unserer momentanen Verfassung ab: Haben wir derzeit überwiegend Kampfhormone im System, dann „sehen" wir (durch die schwarze Pessimisten-Brille) eine „miese" Welt. Haben wir hingegen Freudehormone im System, dann blicken wir durch die „rosarote" Optimisten-Brille und „sehen" buchstäblich eine andere Welt.

Aber von Filtern („getönten Brillen") weiß man in dem ersten Weltbild natürlich nichts. Hier definieren wir die Welt als *Objekt* (daher das Märchen von der objektiven Wirklichkeit), während wir selbst das *Subjekt* sind. Nun blicken wir durch die Glasplatte und glauben fest daran, daß unser *Durch-die-Glasplatte-Schauen* die Welt selbst keinesfalls verändert. Und diesen *Glauben* verwechseln wir mit der objektiven Wirklichkeit, denn wir begreifen überhaupt nicht, daß es sich hier um einen *Glauben* handelt, weil wir so früh mit ihm „infiziert" wurden. Deshalb „sitzen" solche Programme, die uns diese (einzig denkbare) Welt zeigen, so tief.

Das *Objekt-Glasplatte-Subjekt-Weltbild* ist das *Weltbild des Industriezeitalters* und das Weltbild der gleichzeitig entstandenen *klassischen Physik*. Beide wurden vor 300 Jahren prägend für die westliche Welt, wobei die klassische Physik seit Ende des 19. Jahrhunderts extrem gefährdet war und sich 1902 in Luft aufzulösen begann. Ungefähr 1920 begann das neue Paradigma sich klarer abzuzeichnen, und seit den vierziger Jahren hat es die klassische Physik *eingeschlossen*. Das meine ich wörtlich:

Die klassische Physik hat nach wie vor ihre Gültigkeit (innerhalb gewisser Grenzen)! Sie hat uns zum Mond gebracht! Aber sie ist jetzt nicht mehr *die* Physik, sondern ein *Teilbereich* der Physik.

Das neue Paradigma ist die Quantenphysik! Wir sind jetzt in der dritten Generation dieses *neuen wissenschaftlichen Weltbildes*, welches ganz dramatische Auswirkungen auf unser Leben hat. Aber noch immer wissen die meisten Menschen davon nichts. (Vgl. meinen Video-Vortrag hierzu: *Gehirn-gerechte Einführung in die Quantenphysik.*)

Die alte (klassische) Idee, daß wir die Welt durch eine Glasplatte hindurch (objektiv) betrachten, und daß unser Schauen die Welt selbst *nicht* verändert, ist ein gefährlicher Gedanke, weil er uns *von jeder Verantwortung entbindet* (und gehört demzufolge zum Spektrum des Frosches). Interessant ist, wie laut die Frösche zu quaken beginnen, wenn man vorschlägt, daß erwachsene Menschen Verantwortung für ihr Leben übernehmen sollten …

Das FROSCH/ADLER-Spektrum

Wenn wir z.B. sagen: „Der Sowieso, das ist ein fieser Knopf!" und wenn wir *gleichzeitig* denken: „Dafür kann ich natürlich nichts. Das hat mit mir gar nichts zu tun!", dann wird unsere *subjektive* Wahrnehmung des Sowieso zu unserer „absoluten Wirklichkeit" umdefiniert. Wir übernehmen keine Verantwortung für unsere Wahrnehmung und demzufolge auch nicht für unsere (emotionalen) Reaktionen. Denn wir sehen uns ja als Opfer (Frosch). Die Welt „ist" schlimm, und wir können natürlich gar nichts tun. Quaaaaak!

Man nennt das „objektive" Weltbild mit dem „objektiven" Beobachter im Sinne der klassischen Physik EXOTERISCH, denn die Welt ist AUSSEN (exo), und wir sind im Zweifelsfall ihre Opfer.

Das andere Weltbild ist ein ESOTERISCHES. Bitte bedenken Sie: Die teebeutelschwingenden Typen auf Esoterik-Messen sind keine Esoteriker im Sinne der esoterischen Lehre, sie werden nur leider von den Medien so bezeichnet. Esoterik weist uns den WEG nach INNEN *(esoteros = das Innere)* und die erste Voraussetzung des esoterischen Weges ist, daß man **Verantwortung** für sein Leben übernimmt. (Also kann eine astrologische Deutung über das, was die Sterne Ihnen derzeit „zufügen", niemals eine esoterische Sichtweise darstellen!)

Zum einen basiert das esoterische Weltbild auf „uralten" Weisheiten, zum anderen decken diese sich jedoch in verblüffender Weise mit den Erkenntnissen der Quantenphysik. Nun ging es ja hier zunächst um die kleinsten Elemente, die die Welt „zusammenhalten" (die atomare und subatomare Welt). Aber inzwischen werden mehr und mehr quantenphysikalische Aspekte auch in unserer Makro-Welt entdeckt bzw. geschaffen (z.B. Laser, Maser, Super-Fluizidität, Supra-Leitfähigkeit usw.).

Weltbild Nr. 2: Die subjektive Welt

Eine der wesentlichsten Einsichten der Quantenphysik (und des uralten esoterischen Weltbildes) lautet: Wir sind **Teil der Welt.** Es gibt KEINE (objektiven) BEOBACHTER der Welt, also keine Glasplatte, durch die wir unberührt und distanziert hindurch beobachten können. Es gibt nur „subjektive" TEILNEHMER der Welt. Indem wir „gucken", beeinflussen wir die Welt bereits.

Wir sind *Teil der Welt*! Wir können uns nicht von ihr trennen, um sie „objektiv" zu betrachten; jeder Beobachtungs-Vorgang geschieht immer von *innen,* weil wir als Wahrnehmende *Teil dessen sind, was wir zu ergründen versuchen.*

Nun gilt: Je „massiver" jemand auf das „massive" (materielle) Weltbild des Industriezeitalters programmiert wurde, desto unfähiger ist er, eine andere Sichtweise auch nur in Betracht zu ziehen. Falls Ihnen diese Gedankengänge „total gegen den Strich gehen", können Sie jetzt das bisher Gelernte aktiv anwenden (so Sie den Versuch machen wollen) und die Idee zumindest als Denk-Modell mitverfolgen. Falls Ihnen diese Gedanken hingegen „leichtfallen", dann haben Sie Glück gehabt. Leider neigen wir bei Glück gerne dazu, uns für besonders gescheit zu halten. Das heißt aber nur, daß Ihr Glaube (= Ihre Programmierung) mit den gerade angebotenen Gedankengängen im *Gleichklang* ist und Sie daher eine Überschneidung Ihrer Insel mit der des Sprechers/Autors erleben.

Es geht mir nicht darum, Sie von meinem Weltbild zu überzeugen. Letztlich müssen Sie selbst-verantwortlich entscheiden, welches Weltbild in Zukunft das Ihre sein soll. Es geht mir vielmehr um etwas ganz anderes und weit Wichtigeres: Ich möchte Ihnen zeigen:

1. **Es gibt mehr als ein Weltbild** und demzufolge auch andere Weltbilder als Ihr eigenes (selbst wenn Sie laut Programmierung dazu erzogen worden sind zu glauben, es könne nur eins geben).

2. **Deshalb müssen verantwortungsvolle Adler** selbst entscheiden, welches Weltbild sie akzeptieren wollen (während Frösche zeit ihres Lebens das ursprüngliche Weltbild beibehalten).

3. **Wir neigen dazu, Menschen mit dem (aus unserer Sicht) falschen Weltbild abzulehnen.** Diese fatale Neigung hat seit Menschengedenken Mord, Totschlag, Hexenverbrennungen und „heilige" Kriege ausgelöst und forderte mehr Tote als alle Seuchen und Naturkatastrophen zusammengenommen (nach Arthur Koestler).

4. **Die Neigung, Andersdenkende abzulehnen**, ist nicht auf Kirchen oder „Normalmenschen" beschränkt, sondern *ist fester Bestandteil der wissenschaftlichen Tradition.* Wissenschaftler, die die jeweiligen (derzeitigen) Grenzen durchbrechen, werden fast immer systematisch ausge•GRENZ•t! Die alte Garde (= das Establishment, das die alten GRENZ• en etabliert hat) will innerhalb ihrer bequemen Komfort-Zone (= innerhalb der von ihr etablierten GRENZ•en) bleiben! Das verführte Max PLANCK zu der Aussage, daß neue wissenschaftliche Paradigmen sich **nicht etwa** deshalb durchsetzen könnten, weil Wissenschaftler einen offenen Geist

hätten und mit den neuen Ergebnissen umgehen könnten, sondern: Wenn die alte Garde ausstirbt, hat **die nächste Generation** eine Chance, mit frischem (unprogrammiertem) Blick an die Sache heranzugehen. (Einen faszinierenden Einblick in diese Thematik aus Sicht eines Insiders gibt uns der italienische Wissenschaftler Prof. Federico Di TROCCHIO in seinem spannenden Buch *Newtons Koffer.*)

Laut quantenphysikalischem Weltbild *beeinflussen* wir immer, auch wenn wir „nur" schauen. Nun haben viele Menschen extreme Probleme sich vorzustellen, daß quantenphysikalische Effekte (bei denen der Beobachter zum Teilnehmer wird und durch seine Messung die Ergebnisse verändert) auch im normalen Leben stattfinden könnten.

Aber es ist eigentlich ganz leicht nachzuvollziehen, daß die Art, *wie* wir im ganz normalen Alltag schauen (hören, riechen, schmecken usw.), das, *was* wir sehen (hören, riechen, schmecken usw.), außerordentlich beeinflußt. Erinnern Sie sich an ähnliche Ereignisse in Ihrem Leben:

1. Wenn man verliebt ist, ist nicht nur das „Objekt der Liebe" ein toller Mensch – nein! Die ganze Welt ist heller, freundlicher geworden. Man könnte „die ganze Welt umarmen", sagt der Volksmund so treffend. (Und wenn die Liebe nur kurz währt, wird man wieder in die „alte" Welt zurückgeworfen …)

2. Wenn wir gerade „stocksauer" sind, wird der unfreundliche Verkäufer zum „Elefanten", d.h., wir erleben seine Unfreundlichkeit als „dramatisch" und werden uns noch lange an die Unverschämtheit erinnern. Vielleicht werden wir mehreren Leuten von seinem Verhalten und unserem gewaltigen Zorn erzählen, weil es uns so „bewegt".

3. Fühlen wir uns hingegen gerade gut, sind Leute wie dieser Verkäufer nur „Mücken" – klein und vielleicht lästig, aber wohl kaum der Rede wert ... .

Schlimm ist jedoch nicht nur, daß unsere Wahrnehmung von uns selbst abhängt, so daß unsere Wahr•NEHM•ung das ist, was wir der Welt um uns herum ent•NEHMEN (können). Sondern weit schlimmer ist, wie psychologische Experimente seit über hundert Jahren eindeutig zeigen, daß *unsere späteren Erinnerungen* von unserer Interpretation (Deutung) *zum Zeitpunkt unserer Wahrnehmung* geprägt werden. Das heißt: Wenn wir uns drei Wochen später an jenen Verkäufer zurückerinnern, dann „ist" er Elefant (oder Mücke), unabhängig davon, wie wir uns *heute* fühlen. Denn im ersteren Fall haben wir ihn als „Ungeheuer" erlebt und „wahrgenommen", und so ist er in unserem Gedächtnis „gelandet", so „hängt" er nun auf alle Zeiten in unserem Wissens-Netz (außer wir begreifen den Mechanismus, dann können wir bewußt gegensteuern)! Und umgekehrt: Fanden wir sein Verhalten nur leicht störend, dann werden wir uns später daran nicht (oder kaum) erinnern.

Das *quantenphysikalische Weltbild* lädt uns ein, Verantwortung zu übernehmen, und entspricht somit der Adler-Perspektive. Je mehr wir jedoch ursprünglich auf das alte Weltbild (und auf die Frosch-Perspektive) programmiert worden sind, desto schwerer fallen uns derartige Einsichten zunächst. Wenn wir es aber wagen, über solche Aspekte der Wirklichkeit nachzudenken (und vielleicht etwas mehr darüber hören oder lesen wollen), dann können wir bald mit den „schlimmen" Dingen und Personen in „unserer Welt" besser umgehen, weil wir aufhören, Opfer zu sein. Dies verändert nicht nur unsere Perspektive (= unsere Wahrnehmung), sondern auch die *Konsequenzen unserer Wahr-*

nehmungen. Denken Sie nur an Ihren Energie-Haushalt. Ich erinnere Sie an den **Reinschneider** (vgl. Seite 123).

Ich habe das im Rahmen einer Anti-Streß-Maßnahme einmal analysiert* und festgestellt: Ich begegnete damals ungefähr 70 „Reinschneidern" die Woche. Wenn wir uns die Streßhormone als in den „Meßbecher" fallend vorstellen, dann können wir in diesem Denk-Modell „rechnen":

Wenn mich jeder von ihnen drei Tropfen Streßhormone kostet, dann sind das 70mal drei Tropfen pro Woche. Das Ganze mal 4 (= Menge der Streßhormone pro Monat) und das Ganze wieder mal 10 (= Menge der Streßhormone pro Jahr, weil ich damals zehn Reisemonate hatte). Diese Summe jetzt mal 10 ergibt die Menge der Streßhormone pro Jahrzehnt. In unserem Beispiel wurden aus läppischen drei Tropfen pro Reinschneider nach zehn Jahren bereits 84.000 Tropfen ... Das sind ganze Kampfhormon-Seen, die wir da produzieren.

Und ich rede jetzt nur von **einem** Problem (der Reinschneider). Was meinen Sie, wie mich Kolonnenspringer genervt haben, sowie Ampelschleicher und Leute, die auf der linken Seite gefahren sind, oder Radfahrer, die nebeneinander fuhren?? Das ist jetzt nur der Straßenverkehr ... Alle diese Leute drückten bei mir auf den richtigen Knopf, und ich fiel ins Reptiliengehirn, produzierte Streßhormone, mußte dann immer leiden und konnte gar nichts dafür. **Quaaaaak.**

Ich wollte, daß die Welt sich ändert. Wie glücklich, dachte ich, wäre ich, wenn nur die Welt sich ändern würde. Wenn diese „Reinschneider" aufhören würden reinzuschneiden, **dann** wäre

---

* Vgl. auch *99 Ideen für mehr Erfolg – in allen Lebensbereichen* (Kassetten-Programm), Bergisch Gladbach, 1998.

ich glücklich. Und wenn die Kolonnenspringer das begreifen würden, **dann** wäre ich glücklich. Und wenn die Ampelschleicher nicht schleichen würden, **dann** wäre ich glücklich. Es war phänomenal, was mich alles glücklich gemacht hätte, wenn … Aber die Welt ist nun einmal so. Ich kann nicht die Welt selbst ändern. Ich kann **nur ändern, wie ich darauf reagiere.** Das kann ich ändern.

Anthony de MELLO erzählt eine Story: Kommt ein Mann zum Arzt. Der erkennt sehr schnell, was mit dem Mann los ist (Grippe). Sagt der Arzt: „Ich schreibe Ihnen jetzt ein Rezept für Ihren Nachbarn." Sagt der Patient: „Vielen Dank, Herr Doktor, das wird mir sehr helfen."

Wir wollen immer, daß der Nachbar sich ändert. Der Reinschneider soll die bittere Medizin schlucken, damit es *mir* besser geht. Der „Linksfahrer" soll die Tropfen nehmen, damit ich die „Grippe" loswerde. Der Nachbar soll etwas unternehmen, damit ich nicht mehr leiden muß …**Quaaaaaak**!

Das sind Ideen, über die man **regelmäßig** nachdenken sollte. Je stärker Sie darauf programmiert wurden, daß im Zweifelsfall **die Welt** an Ihrem Unglück schuld ist, desto mehr profitieren Sie, wenn Sie es schaffen, einige dieser Programme zu „knacken". Deshalb möchte ich Ihnen zeigen, wie Sie **die 60 bis 100 wichtigsten Programme finden**, die Ihr Leben bisher (weitgehend unbewußt) beeinflussen.

Das sind die Programme, für die wir oft gar keine Worte haben. Programme, die wir durch Imitation gelernt haben. Diese Programme können Sie jedoch sehr leicht finden, wenn Sie wollen (vgl. Strategischer Ansatz Nr. 10, ab Seite 310).

Die beiden größten Streß-Faktoren sind für die meisten Menschen Unsicherheit und Ärger. Beim Ärger aber können wir relativ leicht ansetzen, da er durch unsere **eigenen** Programme ausgelöst wird. Wenn Sie herausfinden, worüber Sie sich **regelmäßig** giften, im wahrsten Sinne des Wortes **giften** (wie bei mir die Reinschneider, 70mal die Woche), dann haben Sie eine faire Chance. Denn wenn wir das, was uns **regelmäßig** nervt, entkräften können, dann geht es uns so wie denjenigen Menschen, die sich **hierüber nicht** ärgern „müssen".

Das Problem ist ja nicht wirklich der Reinschneider, sondern wie **wir** auf ihn reagieren. Wenn wir einige wenige Situationen finden können, über die wir uns **regelmäßig** giften – was glauben Sie, wie sich die **Gesamtbalance** in Ihrem Energien-Haushalt verändert, wenn Sie sich bei den wenigen Lieblings-Ärger-Situationen nie mehr aufregen müssen.

Wie gehen wir vor, wenn wir ein Ärger-Programm entkräften möchten (das können Sie im strategischen Ansatz Nr. 10 nachlesen, Abschnitt: Analyse C, ab Seite 313)?

Wenn wir lernen, Verantwortung zu übernehmen – zumindest für unsere Reaktion, dann „ändert sich" die Welt, und zwar über Nacht! Solange wir diese Verantwortung jedoch abweisen, solange „müssen" wir uns regelmäßig „giften" (d.h. unser System mit Streßhormonen ver•GIFT•en!). Und wir haben den Eindruck, „Ich kann absolut nichts dagegen tun. Ich bin völlig hilflos.", nach dem Motto: Selbst wenn ich einen Reinschneider totschlagen würde (solche Rachehandlungen kommen ja leider täglich vor), wäre mein Problem nicht gelöst, denn fünf Minuten später macht es der nächste. Deshalb bin ich „echt hilflos".

Natürlich können wir die Situation (d.h. die WELT) nie in den Griff bekommen. Das einzige, was ich in den Griff bekommen kann, ist *meine Einstellung zur Welt.* Angenommen, ich hätte dieses Anti-Reinschneider-Programm nicht …? Es soll ja Leute geben, die recht gut mit Reinschneidern klarkommen, weil sie nicht auf eine giftige (und ver•GIFT•ende) Reaktion programmiert wurden. Aber vielleicht geht ihnen „die Hutschnur" bei etwas „hoch", was mich „kaltläßt"…?

Wenn Sie aus diesen Gedanken einen praktischen Nutzen ziehen wollen, dann rate ich Ihnen zu folgender **Strategie: Finden Sie Ihre Lieblings-Ärger-Situationen.** Fast jede/r hat etwas analog zu meinem „Reinschneider". Ob das die „arrogante" Haltung eines Kollegen ist oder der Schulranzen in der Diele, über den Sie sich täglich aufregen … Vielleicht nervt Sie ja auch das Viertel Wiener Würstchen, das wieder mal auf dem Teller Ihres Kindes liegengeblieben ist, oder die Art, wie Ihr Partner die Zahnpasta-Tube ausdrückt? Oder ärgern Sie sich über ein heimliches Füttern des Hundes unter dem Tisch (Er muß lernen, nicht zu betteln!!)? Worüber können Sie sich regelmäßig aufregen (diesen Gedanken vertiefen wir im strategischen Ansatz Nr. 10)?

Nun machen wir Mittagspause

Block 3: Energien & Männer/Frauen

Jetzt möchte ich Sie wieder einmal zur aktiven Mitarbeit einladen. Sie brauchen wieder Papier…

Das Zeit-KaGa (1)

Wenn Sie bei den bisherigen KaGa-Übungen aktiv mitgemacht haben, dann haben Sie ein KaGa für das Konzept *Außenseiter* gezeichnet (vgl. Seite 32), bevor Sie das Konzept von KaGa kennengelernt hatten. Später haben Sie vielleicht einige Namens-KaGas angelegt (vgl. Seite 117).

Jetzt möchte ich Sie zu zwei weiteren KaGas einladen. Auch diesmal wollen wir je eine Idee (ein Konzept) mit Linien ausdrücken, und zwar diesmal

1. das Konzept *Zeit*. Wie könnte man *Zeit* als Zeichnung ausdrücken?
   Bitte probieren Sie es **jetzt gleich** (auf separatem Papier).

2. Das Konzept *Entdeckung*! Wie könnte man die Idee, die hinter diesem Begriff steht, mit Linien als KaGa ausdrücken?
   Bitte probieren Sie es **jetzt gleich** (auf separatem Papier).

Wir kommen in Kürze darauf zurück. Momentan wollen wir uns der Frage zuwenden, wie Sie Ihre Kräfte managen – es geht um Ihre Energie.

Der Energie-Haushalt

Oft vergeuden wir wertvolle Zeit und Energie, ohne zu wissen, daß (und wie!) es auch anders geht. Um die Hintergründe zu verstehen, damit wir entscheiden können, inwieweit wir vielleicht etwas in unserem Verhalten ändern wollen, möchte ich Ihnen wieder eine ana•logische Info (eine Metapher) anbieten.

Stellen Sie sich ein langgezogenes Rechteck mit einzelnen Unterteilungen vor. (Hinweis für Leser/innen meines Taschenbuches *Freude durch Streß*: Das in früheren Auflagen dort vorgestellte Energie-Modell weicht von diesem ab, das Sie ab der 12. [korrigierten] Auflage auch im Streß-Buch finden.)

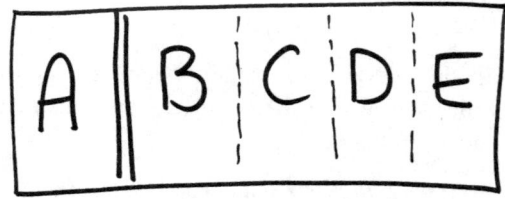

Das Modell der A-, B-, C-, D- und E-Energien ist ein Fallbeispiel für ein **umgekehrtes KaWa:** Wir werden jedem Buchstaben ein gehirn-gerechtes MERK•Wort zuordnen, so daß jeder seine ganz spezielle Bedeutung erhält und wir später jederzeit leicht RE•KONSTRUIEREN können, wofür jeder der fünf Energie-Bereiche steht!

Kehren wir nun *inhaltlich* zum Energie-Modell zurück: Jeder dieser Abschnitte (in dem Rechteck) steht für bestimmte Arten von Energien, nämlich: A-, B-, C-, D- und E-Energien.

Ihre B-Energien sollen andere Prozesse finanzieren als die A-, die C-, die D- und die E-Energien. Falls Sie jedoch **weit mehr B-Energien** (ver-)brauchen, dann fehlen Ihnen diese in den anderen Abteilungen. Wollen wir die Sache wieder analogisch betrachten und vergleichen die vorhandene Energie mit Geld (Sie erinnern sich an das Experiment hierzu, Seite 43?). Wenn wir eine bestimmte Summe Geld hätten, könnten wir diese in bestimmte Budgets einteilen und z.B. einen Teil davon für das „Überleben" vorsehen (Miete, Nahrung, Strom, Telefon). Einen weiteren Teil unseres Geldes könnten wir für das psychologische Überleben einplanen, also alles, was für unser seelisches Wohlbefinden hilfreich ist usw. Jedes dieser Teil-Budgets wäre zwar ein Teil der gesamten Summe, hätte aber einen spezifischen Zweck. Wenn nun allerdings eine gesundheitliche Krise eintritt, dann kann es sein, daß wir gewisse Maßnahmen aus einem anderen Budget herausnehmen müssen, um unsere gesundheitliche Wiederherstellung zu finanzieren.

Damit Sie die Metapher von *Geld* im Hinterkopf behalten können, werden wir den Begriff der Finanzierung wählen und sprechen dann davon, daß die A- oder E-Energien dieses oder jene Verhalten *finanzieren* sollen.

Im Denk-Modell stellen wir uns **zunächst** jeden der fünf Energie-Bereiche gleich groß vor, allerdings gibt es verschiebbare Trennwände zwischen ihnen. Sehen wir uns die einzelnen Abteilungen an:

A-Energien

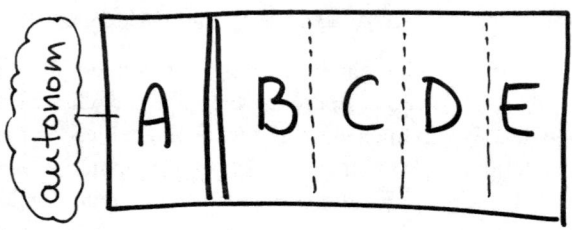

A steht für „autonom" (oder automatisch), d.h., unser Organismus benötigt A-Energien für autonome Prozesse.

Dieser Teil unseres Energien-Budgets ist in einem Trust „versteckt", wir können auf diese Energien (legal) nicht zugreifen, über sie also **nicht** frei verfügen. Sie sind einzig und allein für automatisch ablaufende Vorgänge vorgesehen (Temperaturregelung, Atmung, Verdauung usw.) und werden von unserem Körper selbst-verantwortlich verwaltet.

Zwar können wir auf die A-Energien nicht zugreifen, aber der Verwalter des Trustes kann jederzeit aus unserem persönlichen Energie-Budget (B- bis E-Energien) entnehmen, was er braucht. Beispiel:

Wenn wir krank sind, holt sich der Organismus aus *allen* Bereichen so viel Energie wie nötig, also haben wir zu solchen Zeiten wenig Interesse für Dinge, die uns vorher wichtig waren.

Deshalb sagt der Volksmund, man solle sich gesundschlafen: Geben wir dem Körper freiwillig Energie aus allen Bereichen, damit wir schnell heilen können.

B-Energien

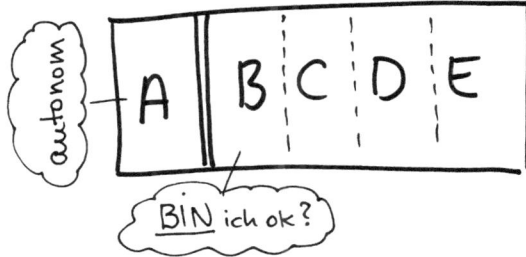

Jetzt geht es um das *psychologische Überleben*, denn der zweit-
wichtigste Bereich der B-Energien hat mit unserem Selbstwertgefühl zu tun. Das „B" steht für *bin*. Dabei geht es um die (oft
bange) innere Frage: „**Bin** ich ok?".

Stellen Sie sich jedoch in Frage oder fühlen Sie sich angegriffen
(z.B. durch Kritik), dann verschieben sich die Trennwände zwischen den Abteilungen, weil sich der B-Bereich jetzt mehr Energie holt, was natürlich dementspre-
chend weniger für die anderen Bereiche übrigläßt.

Wenn Sie sich ok fühlen, dann
(ver-)brauchen Sie nur wenig
B-Energie und haben dementsprechend mehr für die anderen Bereiche (das eigentliche
Leben) übrig.

Somit ist der B-Bereich ausschlaggebend dafür, wie viele Energien wir für alle wichtigen Aufgaben im Leben „übrig" haben werden, von Routine-Tätigkeiten über die Durchführung der Tätigkeiten, die wir „Arbeit" nennen, bis hin zu unserer Fähigkeit, mit Neuem umzugehen („E" steht für Ent•Deckungen, wir kommen darauf zurück). Deshalb muß uns klar sein:

Unser Selbstwertgefühl (SWG) ist der zentrale Faktor: Fühlen wir uns ok, dann haben wir **jede Menge Energien frei**, mit denen wir **die wichtigen Projekte unseres Lebens** finanzieren können. Leidet unser Selbst-Bild, dann verbraten wir Unmengen von Energien, weil wir jetzt Verteidigungs-Manöver (Rechtfertigungen, Schuldzuweisungen u.ä.) finanzieren müssen.

Wir erleben diese Energie negativ in Form von unangenehmen Gefühlen (Frust, Ärger, Wut, Zorn), wobei **Ärgergefühle** wohl am meisten Zeit und Energien fressen, weshalb wir uns später mit konkreten Anti-Ärger-Maßnahmen befassen werden.

C-Energien

Der Buchstabe „C" steht für das griechische Wort für „Zeit", genauer: für **zwei** Zeit-Begriffe im Griechischen. Wenn Sie vorhin bei dem KaWa zu *Zeit* aktiv mitgemacht haben, dann können Sie jetzt Ihr Ergebnis mit dem meiner Teilnehmer/innen vergleichen. Die vielen Möglichkeiten, die Idee der *Zeit* grafisch auszudrücken, fallen in drei „große" Kategorien, wovon zwei Varianten besonders häufig auftauchen. Lassen Sie mich die dritte Kategorie vorwegnehmen, weil sie eine ständig wiederkehrende „kreislaufartige" Zeit beschreibt (im Sinne von Jahreszeiten);

diese Bilder sind im wesentlichen kreisartig oder wie eine Spirale angelegt. Ich erwähne diese Kategorie hier nur der Vollständigkeit halber.

Was uns hingegen in unserem Zusammenhang sehr interessieren wird, sind die beiden anderen Kategorien von *Zeit*-Bildern, denn hier sehen wir etwas Faszinierendes: Wiewohl wir *Zeit* haben, der wir gleich zwei griechische Begriffe gegenüberstellen werden, wissen die Menschen intuitiv auch etwas von der „anderen" Art von Zeit, denn sie stellen sie zeichnerisch dar. Allerdings kommt auf ca. 8–9 Bilder (die unsere „normale" Zeit ausdrücken) nur eines der anderen Sorte. Die erste Art entspricht dem Konzept der westlichen Industrienationen und könnte als *Zeit-Pfeil* bezeichnet werden.

Hier ist die Zeit als Strich oder Pfeil dargestellt, von links kommend und nach rechts weisend, z.B. so:

Diese Idee von Zeit entspricht dem griechischen Begriff „chronos". Das ist die lineare Zeit, an die wir normalerweise denken.

Wir kennen den Begriff *chronologisch*, der sich von *chronos* ableitet. Hier geht es um den Zeit-Pfeil: Diese Art von Zeit „fließt" oder „schreitet" stetig voran. Diese Art von *Zeit* treibt uns an, und von ihr haben wir anscheinend immer zuwenig.

In der anderen Variante sehen wir jedoch etwas völlig anderes. Hier zeichnen die Menschen etwas, was im weitesten Sinn an einen Ball erinnert.

Damit zeichnen sie eine Art von *Zeit* bildlich aus (für die viele moderne Menschen das Gefühl verloren zu haben scheinen). Es handelt sich um den zweiten griechischen *Zeit*-Begriff, nämlich *chairos*. Damit ist, im Gegensatz zum Zeit-Pfeil (*chronos*) der *Zeit-Punkt* gemeint. *Chairos* beschreibt auch das, was wir als *Hier-und-Jetzt* bezeichnen.

Denken Sie an ein Kind, das sich einer Sache vollkommen hingibt. Es ist völlig im Hier-und-Jetzt „versunken", genaugenommen verspürt es KEINERLEI Verstreichen der Zeit. Es ist eins mit dem, was es gerade untersucht oder zeichnet oder spielt. Es befindet sich sozusagen in einer *Zeitblase*, eben jenem magischen Zeit-Punkt, der, wie ein geometrischer Punkt, keinerlei Ausdehnung hat. Und nun denken Sie an einen typischen Erwachsenen, der von einer (un-)wichtigen Tätigkeit zur nächsten hetzt.

Oft vergeht ihm die Zeit zu schnell, er fühlt sich von der Zeit gedrängt – aber es ist *chronos*, nicht *chairos*. *Chairos* drängt nicht, *chairos* ist das *Hier-und-Jetzt,* und das Hier-und-Jetzt kann uns nicht drängen.

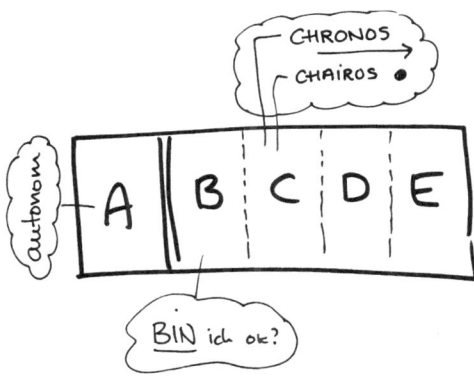

Wenn wir in Routine versinken, dann sind wir Opfer von **chronos**. Je mehr **chairos** wir in unser Leben lassen können, desto weniger werden wir von **chronos** bedrängt und desto weniger Energie-Verlust erleiden wir im Bereich der C-Energien. Denn wer sich gejagt und gehetzt fühlt, wer nie genug Zeit zu haben scheint, der **bezahlt** dieses Gefühl, unter **Zeitdruck** zu leiden, mit C-Energien. Und das ist weit mehr Kraft, als uns die Routine-Tätigkeiten selbst je kosten würden! Deswegen empfehle ich Ihnen einige *Chairos-Tätigkeiten*, z. B.:

1. Zeichnen:

   Nehmen Sie (nach Betty EDWARDS) ein Vorbild, das Sie abzeichnen möchten, und drehen Sie es auf den *Kopf.* Damit verwirren Sie den „Quatscher" in Ihrem Kopf (der sagt, „Das ist eine Nase, ein Ellbogen usw."). Dann können Sie plötzlich *die Linien sehen.*

2. Meditation.

3. Atemübungen: Eine besonders einfache, aber effiziente finden Sie unter dem Stichwort „Energien" (Strategischer Ansatz Nr. 11 in Block 4, Seite 317 ff.).

4. Jede Tätigkeit, die Sie voll bewußt im Hier-und-Jetzt ausführen.

Wenn Sie z. B. voll bewußt eine Mahlzeit „komponieren" und total **im Hier-und-Jetzt** sind, dann ist das **chairos.** Es muß nichts Hochtrabendes sein. Darauf bezieht sich dieser berühmte Dialog im **Zen-Buddhismus:**

Schüler: Meister, wie erlange ich Erleuchtung?

Meister: Hast du deinen Reis schon gegessen?

Schüler: Ja, Meister.

Meister: Geh und wasche die Schale!

Wenn Sie z.B. Ihr Geschirr (oder Ihre Haare) voll bewußt, also wirklich AUF•MERK•sam waschen (oder irgendeine andere „einfache" Tätigkeit AUF•MERK•sam ausführen), dann entspricht diese meditative Handlung der „eigentlichen" Meditation (die ja als einer der Wege zur Erleuchtung angesehen wird).

Eine weitere schöne Chairos-Tätigkeit kann das bewußte Musizieren, Singen oder das AUF•MERK•same Hören von Musik (im Sinne eines wirklichen Musik-Genusses) sein. Oder das AUF•MERK•same Betrachten von Bildern (Fotos oder Gemälde); eigentlich handelt es sich hierbei mehr um eine Art des Sich-Versenkens. Es gibt wunderschöne große Bildbände (auch in Leihbüchereien) …

220

D-Energien

Das „D" steht für die DURCHFÜHRUNG von Tätigkeiten, die wir im weitesten Sinn als *Arbeit* bezeichnen. Damit meinen wir alle Arten von **Leistungen**, die Sie erbringen, nicht nur Arbeiten, für die Sie bezahlt werden. Dazu gehört die Arbeit im Haus(halt) genauso wie das Üben auf einem Musikinstrument oder das Training auf dem Sportplatz. In der Physik ist *Arbeit* das, was Energie kostet.

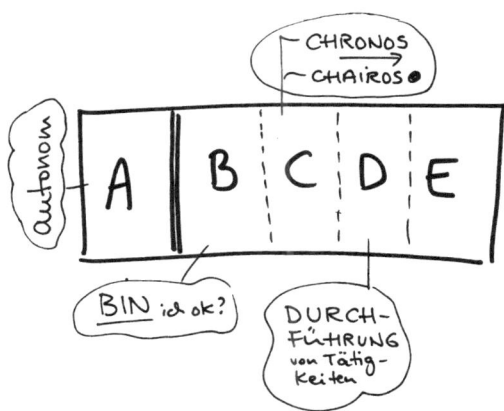

In unserem Denk-Modell soll das Budget von D-Energien, als bewußte DURCHFÜHRUNG von Tätigkeiten, im Gegensatz zur bewußten Auseinandersetzung mit Neuem stehen (darüber gleich mehr).

Es lohnt sich manchmal innezuhalten und sich zu fragen: Inwieweit ist das, was ich gerade tue, sinnvoll? Zwar müssen Sie selbst festlegen, welche Art von Tätigkeiten **Sie** als sinnvoll bezeichnen wollen, aber lassen Sie mich Ihnen meine Definition

als Beispiel anbieten, damit Sie sie mit Ihrer vergleichen können. Für mich sind es zwei Aspekte, die Sinn in meine Handlungen bringen:

Eine Tätigkeit ist dann sinnvoll, wenn sie dazu **beiträgt**, daß
wir uns unseren **großen Zielen** im Leben nähern können. Wenn
Sie z.B. Ihr Potenzial voll entfalten möchten, dann ist jede
Tätigkeit, die Ihnen dabei hilft, sinnvoll. Nicht sinnvoll ist es
hingegen, wenn man jeden Abend stundenlang vor der Glotze
hängt oder wenn man ständig auf Parties mit Leuten herum-
hockt, die man eigentlich nicht besonders mag ...

Eine Tätigkeit ist dann sinnvoll, wenn sie **hilft**. Entweder hilft
sie uns selbst (z.B. uns den großen Zielen unseres Lebens zu
nähern) oder sie hilft anderen! Wenn ich 20 Minuten in ein Tele-
fonat mit einer lieben alten Dame in England investiere, weil sie
sich über jeden Anruf freut, dann ist dieser Anruf für mich eine
sinnvolle Tätigkeit. Wenn ich hingegen irgendwelche Leute anrufe, um die Zeit totzuschlagen, dann wäre diese Zeit **nicht**
sinnvoll investiert.

Wichtig ist: Je mehr Zeit Sie sinnvoll einsetzen, desto weniger
C- und D-Energien vergeuden Sie (und umgekehrt). An den
Routine-Tätigkeiten können Sie **ablesen**, ob Ihr Energie-Haus-
halt derzeit in Ordnung ist. Gehen Ihnen diese nämlich auf den
Wecker, dann handelt es sich entweder um Routinen, die leider
NICHT SINNVOLL sind, oder aber Sie leiden an einem akuten
Energie-Defizit und haben deshalb im Augenblick nicht einmal
genügend C-Energien, um diese Alltags-Aufgaben ohne Streß
zu bewältigen. Fehlt es aber bereits im Bereich der C-Energien,
dann wissen Sie mit Sicherheit, daß Ihnen für die Abteilung D
und E **nicht mehr genügend Energien** zur Verfügung stehen.
Diese beiden Abteilungen sind sehr wichtig.

Je mehr D-Energien Sie zur freien Verfügung haben, desto besser können Sie Arbeiten durchführen, d.h. **leisten**, was natürlich Ihr Selbstwertgefühl positiv beeinflußt! Im umgekehrten Fall drückt Ihr mangelndes Leistungsvermögen auf Ihr Selbstwertgefühl, wodurch sich der bereits aufgeblähte B-Bereich noch mehr Energien holt. Dies hat sofort Auswirkungen auf C, weil Sie sich jetzt noch mehr von der Zeit (d.h. von **chronos**) gehetzt fühlen. Je weniger Sie energiemäßig klarkommen, desto mehr wird sich sofort der Leistungs- also der D-Bereich verschlechtern usw. Erkennen Sie die **Wechselwirkungen** zwischen den einzelnen Energie-Abteilungen? Dann leuchtet Ihnen ein, warum die meisten Menschen zuwenig E-Energie übrighaben.

Bevor wir zum letzten (und wichtigsten) Energie-Bereich kommen, möchte ich Sie fragen, ob Sie bereits über den Begriff *Entdeckung* nachgedacht haben (vgl. Seite 211)?

Wenn Sie ein wenig mit dem Begriff *Entdeckung* gespielt haben, dann ist Ihnen vielleicht diese Idee gekommen?

Ent - **DECK**-en
= den **DECK**·el heben

Auf diesen Zusammenhang stieß ich „zufällig", weil ich den Begriff als **KaGa** gezeichnet habe. Die **KaGa**-Technik hilft mir oft, an einer Sache völlig neue Aspekte zu ent•DECK•en, sie stellt somit selbst eine Art von „Topf" dar, dessen Inhalte uns vorläufig noch verborgen sind, eben bis wir den DECK•el heben.

Wenn wir nach dem Zeichnen noch ein wenig reflektieren, vielleicht noch ein **Ka**W**a** anlegen und über die einzelnen Buchstaben des Schlüsselbegriffes nachdenken, können faszinierende neue Gedanken-Ver•BIND•ungen entstehen.

In meinem Falle „sah" ich plötzlich einige Ver•BIND•ungen zwischen verschiedenen Begriffen, die mit „Ent"-... beginnen, z.B.

1. **Ent•deck•**ung

2. **Ent•wick•**lung

3. **Ent•falt•**ung

Sie alle weisen darauf hin, daß etwas „drinnen" ist, was erst freigelegt werden muß. Bei der **Ent•deck•**ung müssen wir erst „den Deckel heben", bei der **Ent•wick•**lung „wickeln" wir etwas heraus, und dasselbe tun wir bei der **Ent•falt•**ung. Also beschreiben alle drei Begriffe, daß wir einen Einblick in etwas erhalten, das zwar zuvor bereits vorhanden war, das aber erst jetzt in unsere Wirklichkeit eintritt (wirklich wird). Und genau darum geht es im Bereich der E-Energien!

E-Energien

Der E-Bereich steht für zwei wesentliche Bereiche unseres (eigentlich **menschlichen**) Lebens:

1. Lebenslanges **Lernen** (**Plastizität** des **Gehirns**)
2. **Evolution des Individuums**

ENT•DECK*• ungen, das heißt: lebenslanges **Lernen** (**Plastizität** des **Gehirns**)

* Erinnert an DECKEL

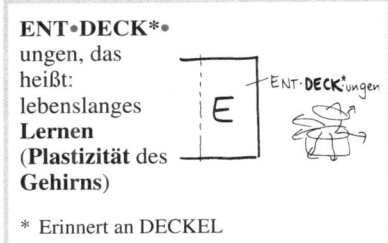

Zu 1: Lebenslanges Lernen

Zum einen hat die Idee vom **lebenslangen Lernen** ja inzwischen den Charakter eines **Lippenbekenntnisses** angenommen (Lippenbekenntnisse aber sind oft **Vorboten** einer möglichen Entwicklung, wir können also **Hoffnung** schöpfen), zum anderen beruht die Angst, die viele Menschen vor lebenslangem Lernen haben, auf falschen Vorstellungen: lebenslanges Lernen ist natürliches Lernen (= ein von der Natur vorgesehenes Lernen), als Aspekt des Lebens schlechthin.

225

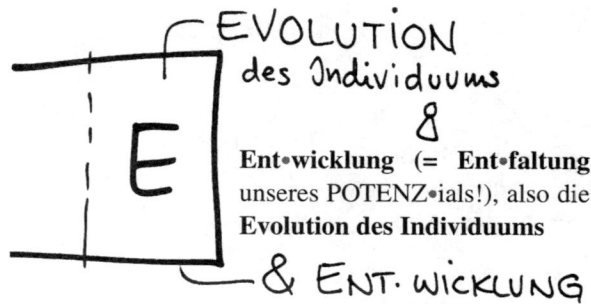

Je intelligenter ein Lebewesen ist, desto mehr gilt die Regel: Leben IST Lernen. Bis zum Alter von Mitte oder Ende 20 gilt: Die Gehirnzellen „erhalten sich selbst" (völlig autonom; das wird mit A-Energien finanziert!). **Ab ca. Mitte oder Ende 20 gilt jedoch eine andere Spielregel,** nämlich

use it or lose it!

(benutze es oder verliere es)

Im Klartext:

Nur die Gehirne von Menschen, die zwar Gehirn-*Besitzer*, nicht aber wirkliche Gehirn-*Benutzer* sind, schrumpfen!

Die Gehirnmasse von lern- und denkfaulen Gehirn-*Besitzern* wird tatsächlich ständig weniger. Denn ab diesem kritischen Alter (Mitte bis Ende 20) **benehmen sich Gehirnzellen genau wie Muskelzellen:**

Gehirnzellen ohne Fitneß-Training atrophieren.

Waren Sie schon einmal anwesend (zumindest via TV), als jemandem nach einigen Wochen ein Gips am Bein abgenommen wurde? Wenn Sie das schon einmal gesehen haben, dann haben Sie bemerkt, wie **dünn und schwach das betroffene Bein** durch die **wochenlange Nicht-Benutzung** geworden war. Bitte bedenken Sie, daß die meisten Beinbrüche durch Sportunfälle zustande kommen, d.h., der Beinbesitzer hatte in der Regel vor wenigen Wochen ein ziemlich durchtrainiertes Bein (das es ihm erlaubte, z.B. Ski zu fahren), und nun ist dieses muskulöse Bein **innerhalb weniger Wochen** zu einem „läppischen Beinchen" geschrumpft. Die gute Nachricht lautet, daß er das „Beinchen" in wenigen Wochen wieder „auf Vordermann" bringen kann …

> Und nun wissen wir, daß unser Gehirn genauso reagiert! Wir wissen, daß im körperlichen Bereich ein gewisses Minimum an Fitneß-Training den „normalen" Alterungsprozeß nicht nur aufhalten, sondern sogar rückgängig machen kann. Heute gibt es mehr fitte Senioren als vor 20 Jahren End-Vierziger!

Dasselbe gilt für den Zustand der Zellen im Gehirn, die nun mal die Basis für geistige Leistungen sind! Ein wenig Training (inzwischen auch als beste Alzheimer-Prophylaxe erkannt) kostet so wenig und bringt so viel. **Wenn wir wollen**, können wir von der **unglaublichen Plastizität des Gehirns profitieren**. Dafür stehen uns grundsätzlich **zwei Wege** zur Verfügung:

Entweder wir trainieren täglich ein wenig **oder** wir lernen es, unsere „normalen" geistigen Tätigkeiten gehirn-gerecht anzugehen. Dann wird unser normales Denken unser Gehirn ebenso „auf Trapp halten" bzw. sogar „aufbauen" wie ein Training für Menschen, deren normaler Alltag geistig ziemlich öde ist.

Eben **deshalb** finden Sie in diesem Buch einige Ansätze, die Sie sofort praktisch anwenden können (als Training oder als Denk-Stil im normalen Leben), z.B. das **ana•log(isch)e** Denken (dazu gehört die **Analografie** mit **KaGa** und **KaWa**). **Darum** habe ich den **Power-Tag** an der **Dach-Liste** „aufgehängt", damit Sie sehen, wie man **jede** Art von Information gehirn-gerecht begreifen, KONSTRUIEREN und später RE•KONSTRUIEREN kann!

Aber auf unser Energie-Modell bezogen muß uns klar sein:

> Das Verhindern des Verfalls läuft bis zum Alter von Mitte (Ende) 20 autonom ab (und wird mit **A-Energien** finanziert), aber danach müssen wir das lebensnotwendige Fitneß-Training mit **E-Energien** selbst finanzieren.

Dies ist natürlich nur möglich, wenn wir **genügend E-Energien** zur Verfügung haben! Wenn wir uns aber aufgrund von alten Programmen (anti-Fehler, anti-Freude, anti-Anders) ständig in Selbstzweifel stürzen und zuviel B-Energie für die Aufrechterhaltung (oder den Wiederaufbau) unseres Selbstwertgefühls verbrauchen oder wenn wir zuviel unserer wertvollen Lebenskraft für (berechtigten??!) Ärger „verbraten" (was ebenfalls vom B-Bereich zehrt), dann haben wir zuwenig E-Energie übrig, um diese in unsere körperliche wie geistige Fitneß zu investieren. Deshalb bietet dieses Buch-Seminar Ihnen eine Reihe von strategischen Ansätzen an, mit denen Sie massenhaft B-Energien sparen können!

Aber selbst wenn der E-Bereich wieder „angezapft" werden kann, gilt: Der Wille zur körperlich/geistigen Fitneß fordert erstens eine **bewußte Entscheidung,** zweitens ein ebenso bewußt durchgeführtes **tägliches Training,** dessen Energie wir „selbst" aufbringen müssen, weil der Organismus es nicht mehr vollautomatisch für uns tut.

Wenn wir der Natur ein „Ziel" unterstellen wollten, könnten wir (als Eselsbrücke) sagen: Die Natur garantiert unsere optimale Fitneß **nur bis zu jenem Alter**, in dem wir uns fortgepflanzt haben (sollten). Danach sind wir für das Geschenk unserer körperlichen wie geistigen Fitneß selbst verantwortlich ...

Aber es gibt Trost. Bitte machen Sie sich regelmäßig auch diese Gedanken wieder bewußt:

1. **Wer einen sogenannten Trainings-Reflex** aufbaut, wird davon profitieren. Denn der Trainings-Reflex bewirkt, daß man **trainieren will** (und daß einem etwas fehlt, wenn man nicht trainiert). Dieser Reflex setzt nach vier bis sechs Wochen spätestens ein – bei täglichem Training (hier gibt es kein Wochenende, das war von der Natur nicht eingeplant).

2. **Wer trainiert, vergrößert systematisch sein REPERTOIRE** und **erzielt mehr Erfolgs-Erlebnisse** als früher. Dies wirkt sich natürlich positiv auf den Bereich der **B-Energien aus** (so daß mehr Energien für den E-Bereich frei werden). Somit schaffen wir hier das Gegenteil des früheren Teufelskreises, das „Rad" beginnt sich nämlich jetzt andersherum zu drehen. Wir müssen nur den Anfang schaffen: Wenn die Bewegung in die richtige Richtung einmal eingesetzt hat, wird es von Tag zu Tag leichter.

3. **Wer sein REPERTOIRE vergrößert** und dadurch bessere Leistungen erbringen kann, hat **weit mehr Freude** daran, **weitere geistige Abenteuer** zu suchen und sich den **Herausforderungen** wirklich gerne zu stellen. Nach dem Motto: Gehirn-gerechtes Denken macht viel mehr Spaß! Nehmen Sie den immens wichtigen Schlüsselbegriff der HERAUS•Forderung bitte wörtlich, dann wird Ihnen klar, was er eigentlich bedeutet:

4. **Wir müssen HERAUS** aus alten, bekannten, vertrauten, normalen und gehirn-schrumpfenden Denk- und Verhal-

tensrillen, sonst hieße es ja *Hinein•*Forderung und nicht
HERAUS•Forderung!

Zu 2: Die Evolution des Individuums

Der E-Bereich steht für lebenslanges Lernen, dabei geht es jedoch nicht um die Art von Lernen, die Sie von der Schule
kennen, sondern es geht um weit mehr! Natürlich meinen wir
auch das Erlernen von neuen Infos (möglichst gehirn-gerecht),
aber wie wir schon gesehen haben, bedeuten ein erweitertes
REPERTOIRE und mehr Selbstsicherheit ja auch, daß sich unsere Persönlichkeit entwickelt. Also meinen wir hier konkret das
geistig/seelische Wachstum, die **Er•WEIT•erung** und weitere
Ent•WICK•lung unseres POTENZ•ials, die mit spannenden
Ent•DECK•ungen, mit **Neugierde** und der **Fähigkeit für Faszination** automatisch einhergehen. Ich möchte Ihnen meine
Meinung nicht aufdrängen, aber ich biete Ihnen einen Gedanken
an, der ein Fixstern in meinem Leben ist: *Unser seelisch/geisti-
ges Wachstum, unsere Evolution als intelligente Wesen – das ist
die eigentliche Aufgabe für uns Menschen! Darin unterscheiden
wir uns nämlich am meisten von den Fröschen (real und meta-
phorisch) dieser Erde ...*

Leider verbraten die meisten Leute so viel Energien mit Ab-
wehr- und Ärgergefühlen, daß im E-Bereich nichts mehr übrigbleibt. Darum haben sie panische Angst vor allem, was **neu** ist
oder **anders** (weil ihnen die Flexibilität der E-Energien fehlt).

Sie jedoch, liebe Leserinnen, liebe Leser, die Sie dieses Buch-
Seminar bis hierhin gelesen haben, Sie sind bereit, etwas zu än-

dern. Wenn Sie einige der Anti-Ärger-Gedanken (Seite 209) aufgreifen und die befreite Energie in gehirn-gerechtere Vorgehensweisen lenken (zumindest als Training, bis Sie diese Ansätze in den Alltag übertragen können, wenn Sie wollen), werden Sie innerhalb kürzester Zeit spürbare Ergebnisse erzielen. Ich wünsche Ihnen dabei viel Erfolg. Somit sieht das gesamte Energie-Modell wie folgt aus:

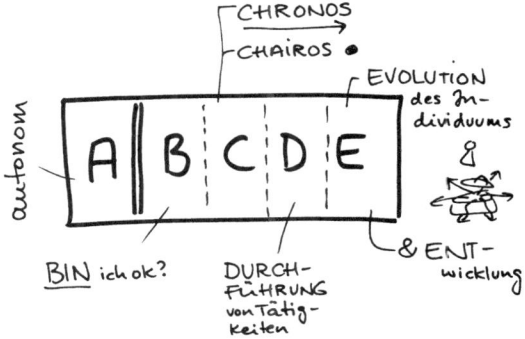

Bedenken Sie, wie oft wir sagen/denken: „Du siehst das falsch!" Wenn Sie genügend E-Energien haben und es sieht jemand etwas anders als Sie, dann können Sie sagen/denken: „Wie faszinierend, erzähl mir doch, was in deiner Insel los ist." Sie können – wie ein Forscher – sagen: „Jetzt vergleiche ich einmal, was mein Gegenüber in seiner Insel hat im Gegensatz zu dem, was sich zu diesem Thema in meiner Insel befindet." Es könnte ungemein bereichernd sein. Der Normalmensch hat aber leider meistens die nötigen E-Energien dafür nicht.

Diese Auseinandersetzung kostet etwas Kraft, kann aber sehr spannend sein. Wir haben solche Angst vor dem andersartigen, weil wir ein Programm verinnerlicht haben, welches besagt: *Anders ist schlimm (gefährlich, anstrengend, falsch usw.).*

231

Und es ist gerade dieses Programm, welches den Umgang mit dem „anderen" Geschlecht so „schwierig" gestalten kann, denn, wie wir gleich sehen werden:

> Das andere Geschlecht ist in weit höherem Maße „ganz anders", als unsere diesbezüglichen Glaubenssätze (die Programme in unseren Inseln) uns ahnen ließen.

Männlich/weibliche Gehirne

In diesem Abschnitt wollen wir uns diesem (für manche doch ziemlich heiklen) Thema auf folgende Weise nähern:

1. Einige einführende Gedanken, aus denen hervorgeht, warum die Frage „männlich oder weiblich?" aus **wissenschaftlicher** Sicht heute völlig anders gesehen werden muß als früher. Diese wurden am Power-Tag im Vortrag

aus Zeitgründen nicht vorgestellt, sind also für alle, die dabei waren, eine Ergänzung.

2. Einige Gedanken, die dem Vortrag hierzu entsprechen (inklusive der Ergebnisse der Universitäts-Studie bezüglich der beiden Schriftsteller-Clubs am Campus).

3. Eine kurze (stichpunktartige) Übersicht für den schnellen Überblick (welche die Teilnehmer/innen als Seminarunterlage erhalten hatten).

1. Warum ist eine neue Sichtweise nötig?

Ursprünglich dachte man in der judäisch-christlichen Tradition, es gäbe **nur ein Geschlecht (Männer)**. Frauen betrachtete man als eine schlechte Kopie mit vielen Mängeln. (Deshalb wurde Eva **nachträglich** aus Adams Rippe geschnitten – eine Art P.S. von Gott, nachdem er **den Menschen** bereits geschaffen hatte, womit „der Mensch" natürlich im Zweifelsfall männlich war.)

Dieser Glaube hielt sich bis Ende des 19. Jahrhunderts und wurde langsam und mühselig von der äußerst modernen Auffassung abgelöst, daß es doch tatsächlich zwei „richtige" Geschlechter gab. Nachdem sich nämlich gezeigt hatte, daß bei vielen Tieren die Weibchen allein entscheiden, welche Männchen zum Zuge kommen, wenn es gilt, ihre Gene der Zukunft zu übergeben, konnte man auf Dauer nicht länger annehmen, daß einzig der Mensch als einziges Geschlecht angelegt sei, wobei 50% der Menschen in die unter-menschliche Kategorie der unzulänglichen Pseudo-Männer fallen sollten.

Dann sprach es sich langsam herum, daß Frauen tatsächlich ein eigenständiges zweites Geschlecht wären – und das ist der

Glaube, mit dem wir großgeworden sind. Aber dieser (noch) herrschende Glaube **muß ebenfalls aufgegeben** werden, denn die Forschungsergebnisse seit den späten fünfziger Jahren zeigen in zunehmendem Maß ein völlig anderes Bild. Zwar wurde es jahrzehntelang in der Fachpresse „mehr versteckt als veröffentlicht" (Schmidbauer), doch langsam aber sicher müssen sich selbst mega-traditionelle Forscher den Fakten aus Genetik, Neurobiologie, Neurophysiologie und Neuroendokrinologie stellen. Was dabei herausgekommen ist, ist absolut faszinierend. Ich will es hier stark vereinfacht **andeuten**:

1. Das genetische Geschlecht

Zunächst gibt es ein GENETISCHES Geschlecht: Von der Mutter kommt ein „X"-Chromosom. Kommt auch vom Vater ein „X"-Chromosom, so ist das **genetische Geschlecht WEIBLICH (XX);** kommt aber vom Vater ein „Y"-Chromosom, so ist das **genetische Geschlecht MÄNNLICH (XY).** Aber die große Vielfalt wird nicht nur von den Genen allein gesteuert! Man spricht inzwischen vom **wet brain** („nassen Gehirn"), weil fast alle neuronalen Prozesse, die man als „elektrisch" (trocken) eingestuft hatte, unter Mitwirkung von Hunderten von „Säften" (Hormonen, Neuropeptiden) gemanagt werden. Und diese „Säfte" haben ein enorm gewichtiges Wörtchen mitzureden, sowohl in unserer frühesten (vorgeburtlichen) Entwicklung als auch den Rest unseres Lebens. Hierzu kommentieren MOIR/JESSEL (in *BrainSex*):

> Aber die Gene allein garantieren nicht das Geschlecht … Das hängt vom Eintreten (oder Fehlen) des anderen Faktors: den Hormonen ab. Wie immer die genetische Struktur des Embryos angelegt ist, der Fötus wird sich nur dann zu einem männlichen entwickeln, wenn männliche HORMONE vorhanden sind, und nur dann zu einem weiblichen, wenn männliche Hormone fehlen.

2. Das biologische Geschlecht

Es gibt also auch ein **biologisches Geschlecht.** Wird das heranwachsende Wesen nämlich in der sechsten bis siebten Woche **in männlichen Hormonen „gebadet",** so löst dies

1. die Entwicklung von **männlichen Geschlechtsmerkmalen** aus und

2. die **männliche Hirn-Entwicklung** (Gehirn-Architektur).

Fehlen diese Hormone in der embryonalen Phase, dann wird **auch ein genetisch männliches Wesen weibliche Geschlechtsorgane und ein weibliches Gehirn entwickeln.** Nochmal MOIR/JESSEL:

> Es hat immer schon ein wenig rätselhaft angemutet, warum die Natur eine solch hohe Priorität auf (diesen frühen) Aufbau des Geschlechtsapparates eines ungeborenen Kindes legt. Schließlich dauert es noch Jahre, bis der Fortpflanzungsmechanismus zu seinem Recht kommen wird. Die Antwort ist einfach: Die Entwicklung des Geschlechtsapparats ist kein … Selbstzweck, er hat sofort Arbeit zu verrichten. Er produziert (beim Jungen) die so wichtigen männlichen Hormone. Diese wiederum haben ebenfalls Arbeit zu verrichten, am noch „unfertigen" Gehirn. Männliche Embryonen sind während der kritischen Phase, in der ihr Gehirn Gestalt anzunehmen beginnt, einer enormen Dosis männlicher Hormone ausgesetzt … (Eine) gewaltige Woge männlicher Hormone überschwemmt den Mann an beiden Enden seiner Entwicklung zum Mann: im Jünglingsalter (s.u.) … und sechs Wochen nach der Empfängnis, in dem Moment, wo sein Gehirn sich herauszubilden beginnt.

Fehlen die männlichen Hormone, **dann wird dieser Mensch – unabhängig vom genetischen Geschlecht – weibliche Geschlechtsorgane und ein weibliches Gehirn entwickeln.**

Somit gibt es jetzt schon vier Varianten:

1. Genetisch weiblich (**XX**) wird biologisch ein Mädchen.

2. Genetisch weiblich (**XX**) wird biologisch ein Junge.

3. Genetisch männlich (**XY**) wird biologisch ein Junge.

4. Genetisch männlich (**XY**) wird biologisch ein Mädchen.

3. Das „erwachsene" Geschlecht

Die nächste Weiche wird in der Pubertät gestellt, wenn wiederum die Hormone das weitere Schicksal dieses Menschen bestimmen:

Analog der ersten Hormonwelle in der pränatalen Entwicklung muß auch jetzt wieder eine Hormonwelle den jungen Körper „durchfluten", um die weitere Entwicklung festzulegen:

Männliche Hormone machen aus dem gehirn-anatomischen Jungen einen Mann; weibliche Hormone machen aus dem gehirn-anatomischen Mädchen eine Frau – oder auch nicht!

Fehlt nämlich diese zweite hormonelle Welle, so ergeben sich **neue Kombinationen.** Es kann ein Mensch **genetisch männlich** angelegt sein und **trotzdem** in der ersten (vorgeburtlichen) hormonellen Phase **zum Mädchen werden** (weibliche Gehirn-Architektur), sich aber dann in der Pubertät „plötzlich" doch noch männlich entwickeln. So kann sich ein Typ Mann entwickeln, der *genetisch* weiblich, aber biologisch männlich ist.

Hielt man solche Menschen früher für geisteskrank und schob ihre angebliche Fehl-Entwicklung ihrer Umwelt zu (nach dem Motto: die Umwelt oder die Eltern haben ihn leider „versaut"), so weiß man heute, daß diese Betroffenen exakt beschreiben, was sie empfinden. Früher litten diese Menschen im Verborgenen, heute können sie durch eine Geschlechtsumwandlung einen Kompromiß schaffen, mit dem es sich leichter leben läßt.

Übrigens gibt es noch einige „Zwischentypen" mit einem zusätzlichen oder einem fehlenden Chromosom (Wer sich für diesen Bereich besonders interessiert, vgl. BLUM, MOIR/JESSEL und POOL – im Literaturverzeichnis).

Im folgenden möchte ich Ihnen **einige typische Unterschiede** zwischen Menschen aufzeigen, die in der biologischen Phase zu **„gehirn-anatomischen" Jungen und Mädchen und später zu Männern und Frauen** wurden, also von Menschen, die in der embryonalen Phase eine männliche bzw. weibliche Entwicklung durchlaufen haben und deren Gehirn-Architektur demzufolge männlich bzw. weiblich wurde.

Wenn Sie sich bei relativ vielen der folgenden Erklärungen gut erkennen können, dann wurde **Ihr Gehirn** höchstwahrscheinlich **männlich bzw. weiblich** geprägt. Merken Sie hingegen, daß **einige** Aussagen schon, andere aber **nicht** zutreffen, dann sind Sie ein (weit verbreiteter) „Mischtyp". Das Märchen von zwei „reinen" Geschlechtern ist nicht mehr zu halten. Nur fehlt uns bisher das Vokabular, um die verschiedenen Kategorien sauber zu benennen, also retten wir uns (vorläufig) mit einem so hilflosen Begriff wie „Mischtyp". Aber nun, da die Wissenschaft endlich erkannt hat, daß es mehr als zwei Geschlechter gibt, braucht sich kein „Mischtyp" mehr als „abnormal" einstufen zu lassen.

Lernen wir also unsere jeweiligen Stärken besser kennen, um sie systematisch auszubauen, und wagen wir es endlich „wir selbst" zu sein, unabhängig davon, ob wir nun 100%ig männlich oder weiblich (gemäß des alten Schemas, das von nur zwei Geschlechtern ausgeht) zu sein scheinen.

Indem wir die typischen Unterschiede besser kennenlernen, können wir uns selbst besser „einordnen" und besser aufeinander eingehen. Vielleicht schweigt ein Partner bei einem Problem „männlich verbissen", während der andere Partner jetzt („weiblich") über dieses Problem reden will (siehe S. 241 ff.) und sich durch das Schweigen des anderen abgewiesen fühlt (oder umgekehrt)? Wir können **lernen, mit diesen Unterschieden umzugehen.** Im Gegensatz zu früher, als man nicht wahrhaben wollte, daß die unterschiedliche Hirn-Architektur zwangsläufig **mit Unterschieden im Verhalten einhergehen muß.**

2. Marsianer und Venusianerinnen

John GRAY ist ein amerikanischer Psychologe und Seminarleiter, dessen erste Ehe an den Unterschieden (Mann/Frau) gescheitert ist. Erst als er sich mit diesem Thema befaßte, um seine eigenen Klienten besser beraten zu können, wurde ihm dies klar. Diese Erkenntnisse haben dazu geführt, daß seine jetzige (zweite) Ehe eine echte Partnerschaft werden konnte.

John GRAY bietet uns eine wunderbare Metapher an, die enorm hilfreich ist, um den „typischen" Mann und die „typische" Frau besser zu verstehen. Damit sind Menschen gemeint, deren Gehirn (weitgehend) eine männliche oder weibliche Architektur aufweist (siehe S. 234 ff.).

Seine Metapher sieht wie folgt aus: Stellen wir uns vor, einst wohnten alle Männer auf dem Mars und alle Frauen auf der Venus. Eines Tages haben die Männer die Frauen entdeckt, und dann haben sie das getan, was Männer machen, wenn sie Frauen entdecken: Sie wollten sie kennenlernen. Also haben sie Raumschiffe gebaut und sind hingedüst!

Anfangs haben sie auch hervorragend miteinander kommuniziert, denn Männern wie Frauen war klar, daß der jeweilige Gesprächspartner vom anderen Geschlecht (pardon, vom anderen Planeten), also ein E.T. ist. Deshalb haben sie sich vorsichtig an die jeweiligen Inseln (vgl. Insel-Modell, Seite 158 ff.) herangetastet und die Unterschiede respektiert. Aber irgendwann später sind sie dann zusammen auf die Erde ausgewandert. Nun scheint die Erde in ihrer Atmosphäre irgendeinen Faktor zu enthalten, der die Erinnerung an die Zeit davor im kollektiven Gedächtnis von Männern und Frauen ausgelöscht hat. Deshalb meint heute jeder von beiden, der andere müsse so sein wie er/sie selbst, und **dadurch** begannen die Probleme! Wohlgemerkt, das Problem ist **nicht, daß** es diese Unterschiede gibt. **Das Problem ist, daß wir die Unterschiede negieren.**

Zwar ist in den letzten 35 Jahren forschungsmäßig sehr viel über die Unterschiede zwischen Männern und Frauen herausgekommen (siehe S. 232 ff.), aber es war leider **politisch nicht opportun,** das laut zu äußern. Darum wurden Forschungsarbeiten zu dem Thema unterdrückt, Forschungsgelder zu solchen Themen gestrichen usw. Somit dauerte es Jahrzehnte, bis die bahnbrechenden Forschungsergebnisse langsam, aber sicher doch ans Licht kamen.

Wollen wir uns einige dieser Unterschiede gemeinsam ansehen. Ich beziehe mich im folgenden stark auf das äußerst lesenswerte Buch von John GRAY *Männer sind anders, Frauen auch*, verbinde diese Gedanken aber erstens mit meinem Insel-Modell und zweitens mit unserem Filter-Modell (der Wahrnehmung, S. 81).

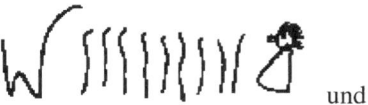 und

Problem-Löse-Verhalten

Für Männer ist ein Problem in erster Linie zum Lösen da.
Marsbewohner wollen Probleme **alleine** lösen. Das ist wichtig
für ihr Selbstwertgefühl, denn das Gesetz auf dem Mars lautet:
Was ein rechter Mann ist, der kommt mit Problemen weitgehend
alleine klar. Alles klar?

**Für Frauen ist ein Problem zunächst einmal Ausgangspunkt
für ein faszinierendes gemeinsames Gespräch!** Im Verlaufe
der Konversation wird sich möglicherweise klären, worin das
Problem eigentlich besteht; vielleicht findet man auch einen ersten (vorläufigen) Lösungsansatz – wichtig ist vor allem, daß
man sich dem Problem sprechdenkend nähert, um es richtig zu
begreifen.

Der Mars war voller Höhlen. Marsbewohner mit einem Problem verziehen sich in eine Höhle, und dort brüten sie in Ein-
samkeit vor sich hin. Sie kommen erst wieder heraus, nachdem
sie das Problem gelöst haben. Das akzeptieren und respektieren
alle Marsmänner, weil sie sich auch so verhalten, d.h., wenn ein
Marsmann merkt, daß ein anderer auf dem Weg in die Höhle ist,
läßt er ihn in Ruhe.

Auf der Venus gab es keine Höhlen. Dort gab es Club-Center
und Abertausende von Gesprächskreisen (die konnten auch ohne Internet „chatten") sowie ein **Gesetz**, daß man, wenn jemand
ein Problem hat, ihm **unbedingt** helfen muß! Also:

Wenn Männer Probleme alleine lösen wollen, Frauen jedoch über Probleme reden wollen und einer Person mit einem Problem unbedingt helfen müssen, dann sind die Konflikte vorprogrammiert!

Beispiel Nr. 1: Er hat ein Problem ...

Er kommt von der Arbeit nach Hause, sie sieht ihm an, daß etwas nicht ok ist, also fragt sie: „Was ist los?" Er: „Nichts!" Damit beginnt das Drama. Denn jetzt wird bei ihr das **Venus-Hilfs-Programm** aktiviert, deshalb **muß** sie ihm nun helfen! **Sein Programm** lautet jedoch, daß er ein Problem alleine lösen sollte.

Also sagt sie: „Da ist doch etwas!" Er fängt an, in der Fernsehzeitung zu blättern (erstes Signal, daß er sich in die Höhle zurückziehen will) und sagt: „Ich sagte, es ist nichts!"; das ist für sie natürlich das Signal, weiter in ihn zu dringen, **weil sie ihm ja helfen muß**.

Das wiederum ist für ihn das Signal, sich noch ein Stück weiter in seine Höhle zurückzuziehen. Also schaltet er jetzt noch den Fernseher an. Wenn sie „keine Ruhe gibt" (weil sie ihm ja unbedingt helfen will), kann es sein, daß er letztlich physisch die Wohnung verläßt. Der eine begibt sich in den Keller oder die Garage und „bastelt herum", der andere begibt sich in das Äquivalent zur Marshöhle auf der Erde, nämlich in das „Wasserloch" an der Ecke. Dort sitzt er dann, starrt in sein Bier und denkt über sein Problem nach.

Kommt er zwei Stunden später fröhlich pfeifend zurück, weil er sein Problem gelöst hat, versteht er überhaupt nicht, warum sie in Tränen aufgelöst ist und plötzlich von Scheidung spricht.

Was ist passiert, als er hinausging? Sie hat **in ihren Augen** versagt! **Sie muß ihm helfen** und hat es irgendwie falsch angepackt! Damit aber hat sie selbst jetzt ein Problem. Auf der Venus gab es jedoch keine Höhlen, sondern Club-Center, denn Frauen wollen über ein Problem erst einmal sprechen und **gemeinsam** herausbekommen, worin das Problem nun wirklich besteht. Die Lösung ist (noch) nicht so wichtig. Wichtig ist in erster Linie, darüber zu sprechen, damit man das Problem **verstehen** kann. Im Klartext:

> Bei **Problemen** lautet das Schlüsselwort für Marsianer „Lösung", für Venusianerinnen jedoch „Verständnis"!

Deshalb weist John GRAY darauf hin, daß für Männer die Parole „wenn es nicht kaputt ist, repariere es nicht" gilt, während Frauen **auch dann** nach dem „Warum?" und „Wieso?" fragen, wenn es (noch) funktioniert. Deshalb sind Frauen z.B. mehr daran interessiert, die Vergiftung unseres Bodens, des Wassers und der Luft rechtzeitig in Angriff zu nehmen, während Männer damit warten, bis die Katastrophe ausbricht. Etwas boshaft könnte man feststellen, daß viele Entscheidungsträger in Industrie, Wirtschaft und Politik „auf dem Mars" leben und sich für die Situation auf der Erde erst interessieren werden, wenn die Probleme so akut sind, daß sie auch aus deren Blickwinkel „gelöst" werden müssen ...

Aber kehren wir zu unserem Paar zurück. Sie wollte ihm helfen, das ist nicht gelungen, nun muß sie unbedingt verstehen, „warum und wieso?". Da sie ja lieber sprechdenkend gemeinsam nachdenken will, ruft sie jetzt eine andere Venusianerin an und erzählt ihr alles. Jede der beiden geht natürlich von ihrer (venusianischen) Insel aus und denkt, die Motivation des Partners müsse immer der eigenen entsprechen. Nach dem Motto:

> „**Ich** würde nur dann über ein Problem **nicht** sprechen wollen, wenn ich **kein Vertrauen** zu der Person hätte."

Die Freundin, die ja ebenfalls eine Venus-Insel bewohnt, sieht das selbstverständlich genauso. Schnell sind die Damen sich einig: Seine Nicht-Bereitschaft, mit ihr über sein Problem zu reden, **beweist eindeutig**, daß er kein Vertrauen zu ihr hat!

Nun hat unsere Ehefrau **einen** Teil ihres Problems erfolgreich gelöst: Sie hat begriffen, **warum** er sich so verhalten hat (meint sie). Damit ist auch klar, warum ihr Versuch, ihm zu helfen, zum Scheitern verurteilt war, so daß sich ihre Schuldgefühle bezüglich der Situation vorhin verbessern, ihr Selbstwertgefühl jedoch „global" dramatisch angegriffen wird. Denn wenn er kein Vertrauen zu ihr hat, warum? Was hat sie falsch gemacht? Wann und warum hat er sein Vertrauen zu ihr verloren? Und wieder gibt es etwas, das sie jetzt unbedingt **verstehen** muß. Also ruft sie die nächste Freundin an …

Bis er zwei Stunden später zurückkommt, ist ihr durch die Gespräche mit den anderen mitfühlenden Venusianerinnen völlig klargeworden, daß diese Ehe wahrscheinlich keine Basis mehr hat (sonst wäre er ja vorhin nicht weggegangen, oder?)!

Und die Tatsache, daß er auch noch **fröhlich pfeifend** heimkehrt, schlägt dem Faß doch den Boden aus. Sie denkt: „Da läßt er mich hier zwei Stunden alleine mit meinem Elend und kommt fröhlich pfeifend zurück, das kann doch keine Basis sein für eine weitere Beziehung." Ich wiederhole:

> Das eigentliche Problem ist nicht, daß Marsmänner so anders reagieren als Venusianerinnen, sondern daß jede „Spezies" meint, die andere denke, fühle und handle genau wie sie und deshalb könne man die Gedanken, Gefühle und Verhaltensweisen des Partners im Lichte der eigenen Erfahrungen interpretieren.

Bitte erinnern Sie sich an unser Wahrnehmungs-Modell mit den Filtern (vgl. Seite 81). Wir hatten gesagt: *Wenn wir durch einen Blaufilter hindurchsehen würden, müßten wir annehmen, die Welt sei blau.* Nun, wir blicken durch einen „Planetenfilter":

Der „PLANETEN"-Filter

Männer beurteilen das Verhalten von Frauen durch ihren Mars-Filter, Frauen betrachten Männer durch ihren Venus-Filter.

Deshalb interpretieren Marsbewohner die Welt „rot", Venusianerinnen sehen jedoch eine eher „blaue" Welt. Da aber keiner der beiden sich des Filters bewußt ist, weiß keiner, daß es sich um einen Filter handelt! Also verwechselt er seine Wahrnehmung der Welt mit der Welt selbst. Deshalb gibt es nur eine mögliche Deutung dieser Welt – nämlich die eigene! Und weil jemand, der um diese Dinge nicht weiß, keine Veranlassung hat, seine Deutungen in Frage zu stellen, vergrößert sich die Problematik.

Deshalb meine ich, daß das Insel-Modell uns helfen kann. Sehen wir die Insel einfach einmal als Mars- oder Venus-Insel. Die des einen ist voller Höhlen, die andere voller Gesprächszentren. In der einen Insel muß „mann" ein Problem alleine lösen können, in der anderen muß „frau" über Probleme reden. Das hat mit vorhandenem Vertrauen nichts zu tun.

Beispiel Nr. 2: Sie hat ein Problem ...

Wenn sie ein Problem hat, ist es umgekehrt: Sie möchte über das Problem sprechen, er hört (sagt John GRAY) maximal vier Minuten zu, bis er weiß (bzw. zu wissen glaubt), worum es geht. Dann setzt er seine Handwerkermütze auf, Mr. Fixit (der alles „fixen" kann) vom Dienst. Zu einem Problem gehören ja Lösungen, meint er in seiner marsianischen Naivität. Und deshalb bietet er ihr auch prompt eine Lösung an. Denn wenn ein Marsmann einmal mit einem Problem nicht alleine klarkommt und sich vertrauensvoll an einen anderen Marsmann wendet, erhofft er von diesem jetzt einen Lösungsvorschlag. Klare Sache. Deshalb bietet er ihr jetzt großzügig, was er im umgekehrten Fall erwarten würde. (Wieder sehen wir den Filter vergangener Erfahrungen, durch den wir die Welt sehen und deuten.) Also sagt er: „Mach doch einfach (das und das)!" Er ist stolz auf seine brillante Idee und erwartet Dankbarkeit. Sie will jedoch über das Problem reden, um es zunächst einmal zu begreifen. Für sie ist eine Lösung erst sinnvoll, wenn sie das Problem verstanden hat. Also ist seine Lösung verfrüht.

Sie sagt enttäuscht: „Nie hörst du mir zu!"

Er: „Ich habe dir gerade vier Minuten lang zugehört!"

Er ist sauer, weil sie seine tolle Lösung nicht haben will. Das drückt auf sein Selbstwertgefühl. Aber auch ihr Selbstwertgefühl wird angegriffen, weil sie annimmt, er interessiere sich nicht (oder nicht wirklich) für ihre Probleme und damit für sie als Mensch!

Parallele Nr. 1 im beruflichen Alltag: Die Reklamation

Nehmen wir an, Sie sind in einer Firma (Organisation), die Kunden hat. Nehmen wir weiter an, Sie wären am Telefon, wenn ein Kunde oder eine Kundin reklamieren möchte. Dann ist es wichtig, ob das ein Kunde oder eine Kundin ist. Der Kunde (**Herr Marsmann**) möchte sein Problem schildern und will eine **Lösung** von Ihnen. Dann ist er zufrieden. Nicht so eine Kundin. Frau Venus möchte erst einmal mit Ihnen über die Sache sprechen. Sie will das Problem zuerst richtig begriffen haben, ehe sie offen für eine Lösung ist. Also müssen Sie gemeinsam mit ihr darüber sprechen, sonst kann sie nicht verstehen (und fühlt sich auch von Ihnen nicht verstanden)!

Parallele Nr. 2 im beruflichen Alltag: Der/die Neue

Wenn ein/e neue/r Mitarbeiter/in in Ihre bestehende Gruppe hineinkommt, verhält sich der Marsmensch anders als die Venusianerin.

- **Er will Probleme lösen**, daher interessiert er sich vorrangig für die Art von Aufgaben, die er bewältigen soll. Des weiteren ist für ihn wichtig, wer welchen Status in der Gruppe hat und wie stark die einzelnen Team-Mitglieder sind. Deshalb sollte der neue männliche Kollege sich so bald wie möglich mit seiner „eigentlichen" Aufgabe befassen dürfen. Um die Kontakte (und seine Recherchen bezüglich Status) kümmert er sich in der Regel allein.

- Die Venusianerin ist hingegen (oft unbewußt!) primär an den **Beziehungen der Menschen** zueinander interessiert. Außerdem will sie bei Problemen zuerst mit anderen sprechen, bis sie sie verstanden hat. Dies kann sie jedoch um so besser, je besser sie diese anderen kennt (und z.B. weiß, wer ihr die ergiebigsten Antworten in der Einarbeitungsphase geben wird). Deshalb will sie nicht fünf Minuten nach „Antritt" bereits an einem Schreibtisch sitzen und Akten wälzen. Geben Sie ihr die Chance, die Team-Mitglieder kennenzulernen, vor allem die anderen Venusianerinnen. Eine informelle kleine Kaffee-pause „kostet" das Unternehmen vielleicht eine Viertelstunde (aller Beteiligten), spart aber später viele Stunden! Denn je eher „die Neue" erste Beziehungsfäden in ihrer Abteilung „Soziale Kontakte" in ihrem Wissens-Netz knüpfen kann, de-sto eher kann sie sich auf die Aufgaben konzentrieren. Hier wird oft zuwenig Hilfestellung gegeben, und später heißt es, die Damen würden ständig „ratschen". Dieses „Ratschen" aber ist der soziale Kitt, der die Abteilung zusammenhält. Er-lauben Sie lieber „offizielle" Gelegenheiten (wie ein wöchent-liches Meeting) und die Venusianerinnen müssen nicht stän-dig „inoffiziell" daran arbeiten, die Beziehungen zu pflegen!

Beispiel Nr. 3: Marsmann und Venusianerin im Auto ...

Er und sie wollen Freunde besuchen, die umgezogen sind. Sie sind zum Essen eingeladen. Er hat die Karte studiert (er ist ja derjenige, der die Karte lesen kann, ohne sie auf den Kopf zu drehen, siehe unten, Seite 248).

Nun fahren sie los, er sitzt am Steuer. Beide haben Hunger. Da die Freunde ja umgezogen sind, führt der Weg sie durch unbe-kannte Vororte der Stadt. Nun sehen Venusianerinnen mehr **pe-ripher** (= aus den Augenwinkeln), während Marsmänner eher einen konzentrierten „Tunnelblick" haben. Also schaut er beim Fahren **geradeaus** (und regelmäßig in die Spiegel) und merkt überhaupt nicht, was sie sieht, nämlich daß sie jetzt schon zum dritten Mal an dieser halb verfallenen kleinen Kapelle vorbei-kommen.

Interessant ist in diesem Zusammenhang auch, daß Studien ergeben haben: Männer orientieren sich, indem sie sich eine Art mentale Karte im Kopf anlegen, Frauen hingegen, indem sie Orientierungspunkte „in der Gegend" suchen und merken. Also wünscht (und gibt) ein Mann als Wegbeschreibung eher Angaben über zu fahrende Strecken (in Kilometern und Himmelsrichtungen), während eine Frau andere Angaben erhofft (und gibt), z.B. „Am Friedhof rechts, bis zu der knorrigen Eiche (die er nie wahrnehmen würde!), dort wieder rechts, bis zu dem Supermarkt ..."

Also, sie hat den Orientierungspunkt der halb verfallenen kleinen Kapelle bereits beim ersten Mal gesehen (hätte sie auch, wenn sie am Steuer gesessen hätte) und daher weiß sie, daß sie jetzt zum dritten Mal dort vorbeikommen (vorhin von rechts, nun von links ...). Nun begeht sie den „Fehler des Abends", denn aus ihrer venusianischen Insel heraus sind Probleme etwas, worüber man redet. Und da sie ja durchaus an einer Lösung interessiert ist, wenn sie das Problem begriffen hat (wie hier), will sie auch eine solche. Ich erinnere daran, daß beide hungrig sind. Also sagt sie: „Frag doch jemanden!"

Es ist für sie nur folgerichtig, daß man jemanden fragt, der die Antwort weiß, z. B. einen Ortsansässigen.

Für Männer sind Probleme aber etwas, was „mann" **alleine** löst. Deshalb hört er ihren Vorschlag durch seinen marsianischen Rotfilter, was die Botschaft total verändert. Er *hört* nämlich: „Du Depp kannst dein Problem nicht alleine lösen!" John GRAY:

Er reagiert, als hätte sie gesagt: *Schneide deinen rechten Arm ab und wirf ihn zum Fenster raus!* Und genauso reagiert er jetzt.

248

Natürlich kommt ihr seine Reaktion vollkommen „überzogen" vor, denn sie filtert ja alles durch Blau! (Ich überlasse es Ihrer Phantasie, sich den nun folgenden Dialog auszumalen, ich kann mir vorstellen, Sie haben ihn selbst schon geführt. Im Zweifelsfall lesen Sie John Gray, er stellt alle Beispiele ausführlich vor.) Wenn die beiden endlich (verspätet) bei den Freunden eintreffen, erzählen sie die Story vielleicht beim Essen. Die Männer sind sich einig, daß *ihr* Verhalten nicht ok war. Die Frauen sind sich einig, daß *sein* Verhalten unmöglich war. Das gibt Gesprächsstoff für den ganzen Abend ...

Im folgenden möchte ich Ihnen noch über eine Studie an einer amerikanischen Universität berichten. Leider hatte ich nur eine Kurznotiz darüber in einer amerikanischen Fachzeitschrift gelesen und kann die Quelle nicht mehr angeben, aber den Inhalt kann ich sehr wohl RE•KONSTRUIEREN, denn er ist für unseren Zusammenhang äußerst spannend:

Mars und Venus kritisieren anders

Bei John GRAY lesen wir z.B., daß Marsianer und Venusianerinnen sich auch in puncto Kritik enorm unterscheiden. Nachdem Männer nach dem Motto „Wenn es nicht kaputt ist, unternimm nichts" operieren, neigen sie auch nicht zu Kritik, solange es nicht zur echten Krise kommt.

Frauen hingegen haben als Unterabteilung ihres „Helfen-Müssen"-Programms eine Art **Universal-Verbesserungswunsch**, sie möchten andauernd alles optimieren. Daher äußern sie auch jede Menge „hilfreiche" Bemerkungen, die sie „gut" meinen, die jedoch durch den männlichen Rotfilter als Kritik, als ständiges „Herummotzen", „Meckern", „Nörgeln" u.ä. „ankommen" können. Deshalb empfindet er ja ihre hilfreiche Idee (Frag doch jemand!) als Kritik an seiner Art, das Problem auf seine Weise zu lösen.

Auf der anderen Seite sind Männer mit Kritik freizügig, wenn diese Kritik (ihrer Meinung nach) Teil eines Problem-Löse-Verfahrens ist (wie eine Studie gleich zeigen wird). Aber sie müssen sich zu dieser Kritik „aufgefordert" fühlen (deshalb sind die meisten Theater- und Literaturkritiker Männer!). Diese Kritik kann extrem hart ausfallen, insbesondere wenn Marsmänner andere Marsmänner kritisieren.

Denn Männer lieben den Wettkampf, sie wollen Punkte machen (oder anderen Punkte abjagen), also kann diese Art von Kritik auch zu einem ritualisierten Kampf werden. Wenn dies in einer Situation geschieht, in der man sich eigentlich unterstützen möchte, kann dies faszinierende Folgen haben. Solche Auswirkungen zeigt die folgende Studie.

Männer/Frauen – Uni-Clubs (Studie)

An einer amerikanischen Universität hatte sich ein Club von Studenten gebildet, die alle vorhatten, später schriftstellerisch zu arbeiten. Sie beschlossen, sich während der vier Studienjahre einmal wöchentlich zu treffen, um sich ihre Artikel und Kurzgeschichten usw. gegenseitig vorzulesen und sich Feedback zu geben. Dabei wurde gnadenlos „rezensiert" („echt harte" Kritiken, sprachlich brillant formuliert usw.).

Bald hatte sich an derselben Universität eine ähnliche Gruppe von potentiellen Schriftstellerinnen (mit derselben Zielstellung) gebildet. Auch sie trafen sich wöchentlich, um sich gegenseitig Feedback zu geben.

Normalerweise wäre uns nicht bekannt, wie sich diese Studenten und Studentinnen nach dem Studium entwickelt haben, aber in diesem Fall hat die Universität 20 Jahre später verfolgt, wie sich ein Teil ihrer Student/innen (mit guten Noten) entwickelt haben. Im Zuge dieser Untersuchung wurden auch die beiden schriftstellerischen Clubs unter die Lupe genommen. Das Ergebnis ist verblüffend.

Fazit:

> Aus der **Männergruppe** hat sich später **kein einziger** beruflich schriftstellerisch betätigt.

Das erstaunte die Forscher, denn *erstens* hatten **alle** in der Gruppe vorgehabt, professionell schriftstellerisch zu arbeiten (ob als Werbetexter, freier Schriftsteller, Drehbuchautor oder Zeitungsredakteur). *Zweitens* hatten sie ja **vier Jahre lang** jede Woche durchgehalten (d.h. Texte produziert und sich der „konstruktiven Kritik" der Kommilitonen gestellt, was sicher nicht immer leicht gewesen war). Also hätte man eigentlich erwartet, daß die meisten wirklich schreibend arbeiten werden und daß vielleicht in den zwei Jahrzehnten **einige** bekannte Autoren aus der Gruppe hervorgehen würden. Aber es war **nicht einer!** (Erinnerung: Sie hatten sich gegenseitig nur kritisiert und sich, sprachlich höchst originell und professionell formuliert, in der Luft zerrissen!)

Die Frauengruppe hatte sich gegenseitig ganz anders „kritisiert" (was damals, Anfang der siebziger Jahre, sicher als „typisch schwaches Geschlecht" gewertet worden wäre). Sie hatten einander wenig „konstruktive Kritik", dafür aber viel Unterstützung, Ermutigung und viel Lob gegeben. Mit welchem Resultat? Antwort:

Aus der **Frauengruppe** sind **sechs** (in den USA) sehr bekannte Schriftstellerinnen hervorgegangen. Drei von ihnen haben Bestseller geschrieben.

Einige weitere wurden zwar nicht so berühmt, leben aber seit Jahren erfolgreich voll- oder freiberuflich vom Schreiben (Sachbücher, Romane, Artikel, Drehbücher usw.). Sie decken das gesamte Spektrum schriftstellerischer Tätigkeiten ab.

Das finde ich vor allem deshalb so interessant, weil neuere psychologische Forschungen immer klarer zeigen, daß wir nicht so sehr durch Fehler-Analyse und Kritik besser werden, sondern weit besser und schneller lernen, wenn gute Modelle vorhanden sind, die wir bewußt (oder unbewußt) imitieren können (vgl. Win WENGER und Peter KLINE im Literaturverzeichnis auf den Seiten 374 und 373).

3. Der Überblick

Zum Schluß liste ich stichwortartig einige der wesentlichsten Unterschiede aus verschiedenen Quellen (vgl. spezielles Literaturverzeichnis S. 260) auf, so daß Sie einen **schnellen Überblick** erhalten und selbst entscheiden können, ob Sie das eine oder andere Buch zum Thema lesen wollen.

Ich wünsche Ihnen viel Entdeckerfreude in der Zukunft.

Was können Männer/Frauen besser/weniger gut?

Männer verfügen über ausgezeichnete Auge-Hand-Koordination (Ballspiele!).

Frauen verfügen über die bessere Feinmotorik.

Männer sind besser in (höherer) Mathematik.

Frauen sind besser in Rechtschreibung & Grammatik.

Männer können sich dreidimensionale Gegenstände im Raum besser vorstellen und zweidimensionale Pläne (z.B. Architektur) besser „lesen".

Frauen lesen früher und besser und können sich flüssiger ausdrücken.

Männergehirne sind besser auf Zielstrebigkeit und Konzentration angelegt als Frauengehirne.

Frauengehirne sind besser auf Ausdauer und Genauigkeit im Detail angelegt als Männergehirne.

Männer wollen mit der materiellen Welt spielen; deshalb spielen Jungen GERNE mit Dingen.

Frauen wollen mit anderen Menschen zu tun haben; deshalb spielen Mädchen GERNE mit Puppen.

Männer suchen eher Berufe mit einer mechanischen oder theoretischen Ausrichtung. Diese Neigung zeigen sie auch bei „Bürotätigkeiten", weshalb sie vorrangig „am Computer" und nicht unbedingt vorrangig „in diesem Team" arbeiten. Zwar sind Gruppen für sie wichtig, aber

Frauen arbeiten in Berufen, bei denen zwischenmenschliche Kontakte wichtig sind (Gastronomie, Hotel, Sozial- und Lehrwesen). Diese Neigung zeigen sie auch bei „Bürotätigkeiten", weshalb sie nicht vorrangig „am Computer", sondern vorrangig „in diesem Team" arbeiten. Und

253

eher wegen der Machtspiele als wegen der individuellen Beziehungen zu den einzelnen Gruppenmitgliedern …

Männer wollen Macht ausüben, diesem Bedürfnis opfern sie auch Beziehungen.

MOIR/JESSEL: „Sein Gehirn hat … einen anderen Weg eingeschlagen (vgl. rechte Spalte) … In den wichtigsten Sinnesfunktionen ist er der Frau … unterlegen. Er hört weniger und fühlt weniger. Diese sensitive „Schmalspurigkeit" hat jedoch ihre Vorteile. Er ist zielstrebiger und zielbewußter … (und) immuner gegen Ablenkungen – weil er sie gar nicht (so) wahrnimmt. Seine Welt ist von Geburt an eine Welt der Dinge … Seine Hirnstrategie läßt ihn Probleme auf eine praktische, eigennützige Art anpacken. Wenn er zu einer Party eingeladen wird, die mit einer anderen Einladung kollidiert, wird er abwägen, welche der beiden … ihm den größten Nutzen verspricht, oder er wird

im Team sind die individuellen Beziehungen einzelner Team-Mitglieder ausschlaggebend, nicht das gesamte Team …

Frauen suchen Beziehungen, nicht Macht.

MOIR/JESSEL: „Frauen sind von ihrem ganzen Wesen her feinfühliger als Männer. Sie sind sensibler für Berührungen, Gerüche und Geräusche. Sie sehen mehr (Details) und behalten das, was sie sehen, genauer im Gedächtnis. Aufgrund der spezifischen Eigenart ihres Hirns legen sie größeres Gewicht auf die persönlichen und zwischenmenschlichen Aspekte des Lebens. Sie sind (auch) sensibler für die Signale der Körpersprache. Sie lächeln mehr als Männer, wenn sie nicht glücklich sind, und sie sind öfter als Männer freundlich zu Leuten, die sie nicht mögen … Sie unterhalten engere, längere und regelmäßigere Bande zu ihren Freunden und Freundinnnen und vertrauen ihnen mehr von überlegen, ob er es nicht irgendwie organisieren kann, daß er beide Einladungen wahrnimmt, (während eine Frau eher die erste Zusage einhalten wird) … Seine Beziehungen sind geprägt von Macht und Herrschaft …"

ihren Hoffnungen und Ängsten an. Sie haben ein besseres Gedächtnis für Gesichter und Personen. Sie verstehen besser als Männer, was (jemand) meint, selbst wenn diese Person scheinbar nichts sagt."

Wahrnehmung

Männer sehen besser bei hellem Licht.

Frauen sehen besser bei Dämmerung/Dunkelheit.

Männer sind „Augentiere" und vernachlässigen akustische Stimuli zugunsten von optischen.

Frauen hören besser und können weit häufiger (als Männer) tonrein singen.

Männer sind für akustische Feinheiten buchstäblich „taub" und begreifen daher oft nicht, was Frauen „zwischen den Zeilen" herausgehört haben.

Frauen nehmen subtile Andeutungen sowie geringe Nuancen im Tonfall besser wahr, daher erhalten sie im Gespräch tatsächlich mehr Infos als Männer.

Männer ziehen die Farbe Rot (dem Blau) vor.

Frauen ziehen die Farbe Blau (dem Rot) vor.

Männer sind weit weniger druckempfindlich als Frauen; sie sind weniger „feinfühlig" und können feine taktile Unterschiede nicht wahrnehmen.

Frauen nehmen mehr taktile Stimuli wahr (weit größere Bandbreite), und sie reagieren schneller und empfindlicher auf Schmerz.

255

Das visuelle Sichtfeld von Männern ist wesentlich schmäler als das von Frauen (Scheuklappen-Effekt), dafür nehmen sie mehr Tiefe sowie räumliche (und dreidimensionale) Strukturen besser wahr.

Das periphere Sehvermögen von Frauen ist wesentlich besser als das der Männer (weil sie mehr Photorezeptoren in der Netzhaut im Augenhintergrund haben).

Männer sehen eher Dinge, Geräte, Gegenstände ...

Frauen sehen eher Personen, Tiere und Pflanzen ...

Informationsverarbeitung und Weitergabe

Männer wollen Informationen erhalten/weitergeben bzw. Lösungen vorstellen.

Frauen wollen mit Sprache Nähe schaffen und Beziehungen aufbauen/festigen.

Männer reden mehr über Dinge und die Welt.

Frauen reden mehr über Menschen & Beziehungen.

Cris EVATT: „Männer reden vor allem über Arbeit, Sport und Politik; über Autos, Geräte aller Art, Stereoanlagen und Werkzeug: Wie sie gemacht sind, wie sie funktionieren, wie man sie repariert, was man mit ihnen alles machen kann. Sie tauschen mit Begeisterung Fakten und Meinungen aus." Es interessiert sie weniger, *wer* von einer Entwicklung betroffen ist, als *wie*

Cris EVATT: „Frauen reden hauptsächlich über Leute: Leute und ihre Probleme, ihre Reaktionen & Kommentare. Wenn Frauen über Dinge reden, dann haben diese normalerweise auch mit Menschen zu tun: Diäten, Wohnungseinrichtung, Mode, Reisen, Kochen, Hobbies und Gesundheit." Zum Beruf gehört für sie eher die Zusammenarbeit mit Kollegen, Kontakte zu man die Entwicklung selbst in den Griff bekommen kann.

Männer hassen es, über Gefühle zu reden.

Männer reden „Klartext", solange sie über Daten, Fakten, Informationen sprechen. Da sie es vermeiden, über Gefühle zu reden, kennen sie die eher umschreibende (kodierte) Sprache (vgl. rechts) weniger gut als Frauen, deren Aussagen sie deshalb oft mißverstehen und sich beklagen, daß Frauen doch „genau" sagen sollten, was sie wollten. Nur, im Gefühlsbereich ist das nicht so einfach ...

Männer benutzen mehr Substantive.

Männer machen mehr Aussagen (Sage-Technik)!

Kunden/Chefs und das Arbeitsklima.

Frauen wollen über Gefühle reden.

Frauen verschlüsseln ihre Botschaften bezüglich ihrer Wünsche und Gefühle oft. Andere Frauen verstehen diesen „Code"; nicht aber die meisten Männer. Sagt sie z.B. „Du liebst mich nicht mehr", dann will sie hören, daß er sie sehr wohl liebt. Interpretiert er ihre verhüllte Bitte um Bestätigung als Anklage und reagiert gereizt, fühlt sie sich unverstanden und ungeliebt ...

Frauen benutzen mehr Adjektive/Adverbien.

Frauen stellen mehr Fragen als Männer.

Problem-Lösungs-Verhalten

Männer wollen über Probleme alleine nachdenken! Sie benötigen eine Gestations-Phase, ehe sie bereit sind, sich im

Frauen wollen über Probleme gemeinsam nachdenken, d.h., sie wollen reden, weil sie „sprechdenkend" besser den-

Gespräch dazu zu äußern – wenn überhaupt.

Männer wollen auch über Beziehungs-Probleme (zum Partner, zu Kollegen/Mitarbeitern) alleine nachdenken. Sie lehnen „Hilfestellung" von außen ab, wobei sie dieses Hilfsangebot als Angriff auf ihre Autonomie sehen.

John GRAY: „Männer fühlen sich als Versager, wenn sie einen Konflikt nicht alleine bereinigen können."

John GRAY: „Wenn ein Mann sich auf dem Weg in seine ‚Höhle' befindet, hält ihn nichts zurück. Indem man … auf ihn einredet, treibt man ihn nur noch tiefer in seine Eigenbrötlerei hinein."

Männer glauben, Probleme seien zum Lösen da. Spricht eine Frau zu ihnen über ein Problem, schlagen sie vorschnell Lösungen vor, während … (vgl. Frauen, unten).

ken als „still im Kopf"; deshalb suchen sie einen Denk-Partner (im Gespräch)!

Frauen bieten auch bei Beziehungs-Problemen (zum Partner, zu Kollegen/Mitarbeitern) an, gemeinsam „nachzudenken" (Diskussion). Will der männliche Gesprächspartner nicht mit ihnen darüber reden, fühlen sie sich abgewiesen.

John GRAY: „Frauen fühlen sich ungeliebt, wenn sie mit ihren Gefühlen und ihrem Kummer alleingelassen werden und sie ‚Dinge' nicht ausdiskutieren können."

John GRAY: „Für eine Frau ist nichts unerträglicher als ein schweigsamer Partner. Sie selbst würde sich nur (dann) so verhalten, wenn sie ihm nicht mehr vertraute oder ihn nicht mehr liebte."

Frauen erfahren im Prozeß des Gespräches Erleichterung. Deshalb wollen sie keine Sofort-Lösung, selbst wenn sie von der Sache her passend wäre!

Männer gehen Probleme in der Regel „emotionslos", also rein sachlich an …

Frauen drücken bei Problemen erst einmal ihr Mitgefühl aus!

Männer wollen, wenn sie über ein Problem mit jemandem reden, nur Lösungsvorschläge …

Frauen wollen Mitgefühl und Kommunikation; das Problem ist oft der WEG, nicht das Ziel.

Männer gehen Probleme eher linkshirnig an: Sie analysieren sie bis ins Detail (in dem sie sich manchmal „verlieren").

Frauen sehen eher das Gesamtbild (rechtshirnig) sowie, wer in welcher Weise vom Problem betroffen ist (der menschliche Faktor).

Männer denken über die (isolierten) Fakten des Problems nach.

Frauen denken auch über die Beziehungen nach, die durch das Problem berührt werden.

Cris EVATT: „Männer mögen den Konflikt. Sie genießen Machtkämpfe in Beruf, Sport und Privatleben."

Cris EVATT: „Frauen weichen Konflikten eher aus und nehmen sie ernster als Männer."

Damit Sie die Bücher zu diesem Themenbereich leicht finden können, folgt auf der nächsten Seite der Überblick (alle Titel sind natürlich ebenfalls im Literaturverzeichnis im Anhang aufgeführt).

Benutzte und weiterführende Literatur zum Thema „Männer/Frauen"

1. BLUM, Deborah: Sex On the Brain. The Biological Differences Between Men and Women, London 1997 (meines Wissens noch nicht ins Deutsche übersetzt)

2. DE VRIES, G.J., DE BRUIN, J.P.C., UYLING, H.B.M. & CORNER, M.A. (Hrsg.): Sex Differences in the Brain – The Relation between Structure and Function, in: Progress in Brain Research, Nr. 61, Amsterdam 1984

3. EVATT, Cris: Männer sind vom Mars, Frauen von der Venus (Tausend und ein kleiner Unterschied zwischen den Geschlechtern), Landsberg 1997

4. FARRELL, Warren: Warum Männer so sind, wie sie sind, Hamburg 1988

5. GRAY, John: Männer sind anders, Frauen auch, München 1993

6. HARRIS, L.J.: Sex Differences in spatial ability – possible environmental, genetic and neurological factors, in: Kinsbourne, M. (Hrsg.): Asymetrical Function of the Brain, Cambridge 1978

7. HUTT, C.: Males and Females, London 1972

8. LLOYD B. & ARCHER, J.: Sex and Gender, London 1982

9. MOIR, Anne & JESSEL, David: BrainSex, Düsseldorf 1993

10. OUSTED, C. & TAYLOR, D. (Hrsg.): Gender Differences – Their Ontogeny and Significance, London 1975

11. POOL, Robert: Evas Rippe – Das Ende des Mythos vom starken und vom schwachen Geschlecht, München 1995

12. WITTIG, M.A. & PETERSEN, A.C. (Hrsg.): Sex Related Differences in Cognitive Functioning, London 1979

Kaffeepause

Vorbemerkung zum vierten Block

Aus der Gebrauchsanleitung im Vorwort (Seite 14 f.) geht hervor, warum Sie in diesem Buchteil momentan nur (oder erst) weiterlesen sollten, wenn Sie die ersten zwei Blocks durchgegangen sind. Sie berauben sich sonst einiger Aha-Effekte, wenn Sie quasi die Pointe hier lesen, den Witz dazu aber (noch) nicht kennen. Das verpatzt Ihnen erstens die Pointe und zweitens den Witz, wenn Sie diesen dann im nachhinein doch lesen wollen …

Daher: Wenn dieses Buch für Sie wirklich ein Seminar sein soll, dann entscheiden Sie jetzt, ob Sie diesen Teil wirklich jetzt bereits lesen möchten …?

Block 4:
Strategische Ansätze

Jetzt werden wir an jedem Element, das wir mit den Wörtern der Dach-Liste verbunden haben, einen strategischen Ansatz „aufhängen". Allerdings biete ich Ihnen zu manchen dieser Kern-Strategien Varianten an, so daß Sie insgesamt mehr als 15 in der Praxis anwendbare und nachvollziehbare Strategien erhalten.

Nr. 1: Dach & „JOURNAL" & Journal

Wir verbinden das Bild von „JOURNAL für die Frau" mit dem Begriff „JOURNAL", denn dieser strategische Ansatz bietet Ihnen wichtige Hilfestellungen dazu, wie Sie mit Journalen arbeiten können: erstens einem Erfolgs-Journal und zweitens einem speziellen Journal (Stichwort: Kläranlage für den Geist).

Wir hatten das Dach mit einem Heft von *JOURNAL für die Frau* verknüpft. Erinnern Sie sich an Ihre kreative Ver•BIND•ung (Ihr Bild, Ihre Erklärung), mit der Sie beide Elemente „verheiratet" hatten? Nun erweitern Sie, wobei Sie eine weitere kreative Ver•BIND•ung schaffen! „Hängen" Sie jetzt an (Dach & JOURNAL) folgende Elemente an:

1. ein (besonderes) Tagebuch

2. einen Stapel Papier.

Diese beiden Elemente stehen für zwei strategische Ansätze:

262

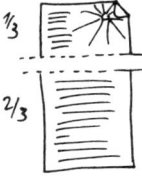

Das Erfolgs-Journal

Wir meinen kein „normales" Tagebuch (wiewohl das reguläre Tagebuchschreiben äußerst heilsame Wirkungen haben kann). Es geht um eine besondere Art von (Ring-)Buch, das wir als *Erfolgs-Journal* bezeichnen wollen. Es hat zwei Funktionen. Dabei reservieren Sie das obere Drittel jeder Seite für die *erste* und die beiden unteren Drittel für die *zweite* Funktion. Im einzelnen:

Das obere Drittel

In das obere Drittel schreiben Sie etwas Positives. Jeden Tag eine (kleine) positive Bemerkung. Es kann etwas sein, was Ihnen widerfahren ist, was Sie gefreut hat, oder ein Erfolgs-Erlebnis (im Sinne einer Leistung) usw. Sie müssen also jedes Blatt mit einer positiven Bemerkung beginnen. Der Grund: Sie lernen, Positives bewußt/er wahrzunehmen. Je mehr negative Filter Sie (z.B. durch Ihre Erziehung oder durch Ihre derzeitige Umwelt) in Ihrem Wahrnehmungs-System haben, desto schwerer wird Ihnen diese kleine Aufgabe zunächst fallen. Im Klartext: Wenn es Ihnen leichtfällt, können Sie es ja leicht tun! Sollten Sie sich aber anfangs dazu (fast) zwingen müssen, dann ist klar, daß Sie dieses Training brauchen!

Der untere Teil

In diesem Teil beantworten Sie die Frage: Was habe ich heute gelernt?

Vielleicht haben Sie heute einen interessanten Buchabschnitt oder Artikel gelesen, vielleicht hat Ihnen jemand etwas Interessantes erzählt, vielleicht haben Sie etwas Neues durch eine Radio- oder Fernsehsendung erfahren, vielleicht aber haben Sie auch etwas aus einem Fehler gelernt, dann können Sie Ihr Aha-Erlebnis aufschreiben. Gerade der letzte Punkt ist sehr hilfreich. Wenn man später ab und zu im Erfolgs-Journal blättert, dann ist man nicht dazu verdammt, dieselben Fehler immer wieder zu machen. Beispiel:

Vor vielen Jahren habe ich mit einem potentiellen Verleger brillant verhandelt (ich habe wesentlich mehr herausgeschlagen, als er zu zahlen bereit war). Ich bin in einem absoluten Hochgefühl nach Hause gefahren. Erst viel später war mir klar geworden, was da genau „gelaufen" ist: Er brachte das Werk zwar auf den Markt und vermarktete es, bis er seine Investition wieder raus hatte, aber dann ist mein Produkt aus dem Programm geflogen, weil er sich im nachhinein geärgert hat, daß ich so „wahnsinnig toll" verhandelt hatte. Aus heutiger Sicht kann ich den Mann ausgezeichnet verstehen!

Das wäre so etwas, was ich aufschreiben kann. Auf die Frage: Was habe ich konkret daraus gelernt? könnte ich z.B. eintragen:

Nur eine Verhandlung, bei der beide (alle) Parteien zufrieden sind, kann eine gute Verhandlung sein! Oder: Wenn ich so hart verhandle, daß für den anderen die Sache nicht mehr attraktiv ist, haben wir keine Situation, bei der beide gewinnen. Das ist die Art von Schlüsselerlebnis, die ins Erfolgs-Journal gehört.

Die zweite Funktion von Sprache

In seinem sehr lesenswerten Buch *Wörter machen Leute* weist Wolf Schneider darauf hin, daß Sprache zwei Funktionen hat, von denen wir die zweite in der Regel nicht wahrnehmen. Wir gehen davon aus, die Sprache sei „dazu da", um Gedanken und Informationen auszutauschen. Das ist richtig, aber es gibt eine weitere enorm wichtige Funktion. Diese illustriert Wolf Schneider folgendermaßen:

Zwei Männer stehen an der Bushaltestelle; beide haben die Hände tief in den Taschen vergraben, weil es sehr kalt ist. Sagt der eine: „Kalt heute!" Der zweite nickt, und jetzt sind beide erleichtert! Wiewohl beide es wußten, wird die Kälte erst richtig „real", nachdem sie in Worte gefaßt wurde. Das ist die zweite Funktion von Sprache!

Wir müssen Gedanken *in Worte fassen*, damit sie für uns *faßbar* werden. Indem wir aussprechen oder aufschreiben, was wir sehen, fühlen oder denken, wird es für uns erst real. Deshalb führen Menschen Selbstgespräche – ob sie ihre Worte (halb-) laut aussprechen oder nur „im Kopf mit sich reden", ist dabei egal; und deshalb müssen wir unser Gegenüber (z.B. unsere Lebenspartner/innen, Kinder, Kolleg/innen, Mitarbeiter/innen oder Kund/innen) unbedingt „zu Wort kommen" lassen, statt ständig selbst zu monologisieren! So gesehen *benutzen wir Sprache, um selbst etwas zu begreifen*: Wir er•*klär*•en anderen Menschen Dinge, die wir in Wirklichkeit (für) uns selbst *klären* wollen. Deshalb „labern" Menschen manchmal „an einen anderen hin", nur um zu erfahren, was sie selbst gedacht haben, nachdem sie sich reden gehört haben … Dies geschieht natürlich unbewußt, weil die meisten Menschen sich mit dieser wichtigen Funktion von Sprache noch nie befaßt haben.

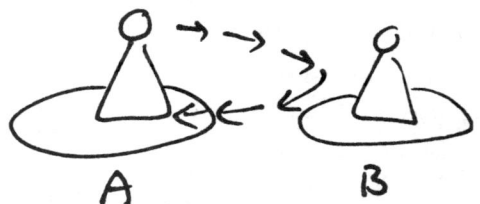

A benutzt B als „Sounding Board" (Klang-Wand), um seine Worte in die eigene Insel zu lenken. Es handelt sich genaugenommen um ein Selbstgespräch ...

Würde man alle Gespräche streichen, bei denen solche internen Klärungsprozesse (also das eigene Wohl) im Vordergrund stehen, dann müßten viele Menschen ziemlich stumm durchs Leben gehen. Und Sie? Wann haben Sie zum letzten Mal an jemanden „hingeredet"? Wann haben Sie zum letzten Mal einen Mitmenschen als *Kläranlage des Geistes* benutzt?

Praxistips

Fragen Sie sich ab und zu:

Welchen Vorteil hat mein derzeitiger Gesprächspartner von diesem Gespräch? Inwieweit hilft es ihm? Inwieweit stellt es eine wertvolle Investition seiner Ressource Zeit für ihn dar? Möchte er ein Problem lösen? Erhofft er sich Impulse von mir? Sucht er Informationen, die ich ihm geben kann? Will ER nur seine Gedanken KLÄREN? Wenn ja, bin ich bereit, ihm diese Möglichkeit zu gewähren (z.B. weil er mein Kunde ist oder weil ich diese Person als Mensch schätze)?

Fragen Sie auch Ihre Gesprächspartner ab und zu direkt, ob sie von dem Gespräch profitieren konnten? Wenn Ihre Frage einen erstaunten Gesichtsausdruck einbringt, ehe der andere höflich bejaht, dann könnte Sie dies nachdenklich stimmen!

Die Technik: Kläranlage des Geistes

Lernen Sie, Ihrem Wunsch, Dinge „in Sprache zu fassen", auf Papier nachzukommen, indem Sie eine Technik nutzen, die bereits Goethe gekannt und geschätzt hat:

Schreiben Sie einmal pro Tag zehn Minuten! Wenn Sie gerade den Wunsch verspüren, ein bestimmtes Thema zu FORM•ulieren (d.h. spezifischen Gedanken FORM zu geben), dann schreiben Sie darüber. Andernfalls schreiben Sie, was Ihnen gerade in den Sinn kommt. Es gibt allerdings eine einzige …

Spielregel: Sie müssen zehn Minuten nonstop schreiben! Wenn Ihnen gerade nichts einfällt, dann schreiben Sie: „Jetzt fällt mir nichts ein.", notfalls mehrmals. Plötzlich taucht dann doch wieder ein Gedanke auf, und die Gedanken „fließen" wieder!

Es ist erstaunlich, wieviel „Schutt" auf diese Weise im Bewußtsein „auftaucht" und durch diese Schreibtechnik weggeräumt werden kann. Oft stoßen Sie auf Fragen oder Probleme, bei welchen Sie sich seit längerem um eine Entscheidung gedrückt haben. Immer wieder werden Sie die be•FREI•ende Wirkung dieser Klärprozesse erleben. Es lohnt sich wirklich!

Zum einen werden Sie bald spüren, was es Ihnen „bringt" (die begeisterten Kommentare meiner Teilnehmer/innen, die mir oft ein Jahr später in einem weiteren Seminar davon berichten, zeigen das immer wieder).

Zum anderen profitieren Ihre Gesprächspartner, weil Sie weit seltener den unkontrollierbaren „Druck" verspüren, Dinge in einem Gespräch in Worten auszudrücken, die im Grunde nur Ihnen selbst nützen.

Wenn Sie viel mit anderen Menschen kommunizieren, sollten Sie die Technik zumindest diesen Menschen zuliebe einsetzen, auch wenn Sie sich im ersten Moment noch nicht vorstellen können, wie sehr diese „Kläranlage" Ihnen selbst helfen wird.

Manche Dinge kann man sich *nicht* vorstellen, bis man sie erlebt hat (z.B. Radfahren, Verliebt sein und diese Art der schriftlichen Kläranlage des Geistes!). Merke:

Wer die zehn Minuten täglich nicht aufbringen will, weil es zuviel Mühe zu sein scheint zu lernen, die wichtigsten Gedanken mit Hilfe dieser Technik **alleine** zu klären, der wird seine/ihre Mitmenschen immer wieder als „Kläranlage des Geistes" benutzen (müssen).

Solange wir um das Prinzip nicht wußten, ging es ja noch. Aber wer darum weiß, sollte vielleicht doch Konsequenzen ziehen, oder?

Nr. 2: Gabe & Ohrring & Ihr Ohr

Wir verbinden das Bild des Ohrrings mit Ihrem eigenen Ohr, genauer, mit Ihrem Ohrläppchen …

Der „Ohrring" bezieht sich auf einen Trick aus dem Bereich des NLP (Neuro-Linguistisches Programmieren). Er basiert auf der einfachen Tatsache, daß bei jedem Lernprozeß immer gewisse Aspekte des „Drumherum" mitgespeichert werden. Wir sprachen darüber, daß das Kind bei Prüfungen in der Schule weit bessere Chancen hat, wenn es z.B. dasselbe Federmäppchen auf dem Tisch liegen hat und dasselbe T-Shirt trägt wie beim Lernen zu Hause (Seite 137).

Ähnlich werden (unbewußt) auch Aspekte unserer Körperhaltung und Gestik gespeichert. So erzählte mir z.B. einer meiner Teilnehmer, was seine Frau an ihm beobachtet habe, nämlich, daß er immer, wenn er kritisiert wurde, begann sich „kleinzumachen". Erst wollte er es gar nicht glauben, dann fiel ihm ein, daß die „spontane" (aber völlig unbewußte!) Reaktion in seiner Kindheit „festgeschrieben" worden war, weil er als Junge immer befürchten mußte, sein Vater würde ihm „eine schmieren".

Im NLP-Jargon sagt man, diese Handlungsveränderung sei in Kritik-Situationen ge•ANKER•t worden.

Diesen ANKER•Effekt können wir aber auch positiv nutzen, indem wir ganz bewußt bestimmte positive Gefühle mit einer (unauffälligen) kleinen Handlung verbinden, womit wir wieder ein-

269

mal eine bewußte Ver•BIND•ung schaffen (vgl. Block 1 dieses Buches), was, wie wir inzwischen wissen, zu einer neurologischen Ver•BIND•ung bestimmter Nervenbahnen im Gehirn führt!

Für eine Frau ist die Geste mit dem Ohrläppchen phänomenal, weil viele Frauen häufig die Ohrclips berühren (z.B. zum Telefonieren nehmen sie sie ab, hinterher stecken sie sie wieder an), da fällt es niemandem auf, wenn sie ihr Ohrläppchen berühren.

Im Klartext: Jedesmal, wenn Sie in den nächsten vier bis sechs Wochen positive Gefühle erleben, führen Sie eine kleine unauffällige Handlung aus, z.B. indem Sie eines Ihrer Ohrläppchen anfassen. So schaffen Sie einen bewußten ANKER für Ihre positiven Gefühle. Für Männer mag eine andere Geste geeigneter sein, z.B. ein „nachdenklicher" Finger an der Nase oder (nur!) den Ringfinger in die Handfläche drücken o.ä.

Denken Sie sich eine kleine Geste aus, die Ihnen leichtfällt, und lernen Sie, Ihre positiven Gefühle mit dieser Handlung zu ANKERn. Nachdem der ANKER „gegriffen" hat, können Sie ihn bewußt einsetzen, indem Sie, wenn Sie mal down sind, durch die Geste jederzeit wieder in diese positiven Gefühle „einsteigen".

Nr. 3: Frankenwein & U-Boot & Unbewußtes

In dem (metaphorischen) **riesigen Meer Ihres Unbewußten** taucht sicherlich so manches (metaphorische) **U-Boot**. Nun wissen wir ja bereits, wie gigantisch dieses „Meer" ist. Also verwundert es uns sicher nicht, wenn sich dort allerlei U-Boote aufhalten, welche unseren Erfolg behindern können.

Zum Beispiel: Wenn ein feindliches U-Boot (in Form eines **unbewußten Anti-Reichtums-Programms**) in Ihrem Geist sein Unwesen treibt, dann brauchen Sie niemals **bewußt** materiellen Reichtum anzustreben, **denn Sie können so lange keinen Erfolg haben, wie Sie dieses U-Boot nicht vertrieben haben.** Deshalb schlage ich bei allen wichtigen Zielen vor, **vorher zu testen**, ob es ein feindliches U-Boot gibt, d.h. ob etwas in Ihnen „dagegen spricht". Darauf bezieht sich der folgende strategische Ansatz:

Technik: Der ge•ZIEL•te Tagtraum

Schreiben Sie ein wichtiges Ziel auf, und stellen Sie sich dieses konkrete Ziel zehn Minuten lang non-stop (an einem Stück) vor!

Unabhängig davon, ob Sie wichtige Ziele durch Mental-Training unterstützen wollen (was sehr hilfreich ist!), gilt: Diese Übung ist kein Mental-Training, sondern ein Test, den Sie durchlaufen. Dabei gilt:

Wenn Sie sich zehn Minuten lang in der Zielsituation sehen können, dann ist es ok, dann besteht **keine unbewußte Gefahr.**

10 Min

Wenn es aber ein unbewußtes Anti-Programm gibt, dann passieren bei dieser Übung die tollsten Dinge. Jedes Mal, wenn Sie es versuchen, fällt Ihnen entweder etwas wahnsinnig Wichtiges ein (den Heiner muß ich anrufen), oder es wird Ihnen klar, daß diese Vorstellung in Ihnen **keine Freude** (im Sinne der Vorfreude) auslöst! Vielleicht wird Ihnen auch ein wenig „schwummrig" (d.h., wenn Sie weitermachen würden, würde Ihnen übel [weil ein Teil von Ihnen die Sache als „übel" ansieht]). Es kann auch sein, daß Sie Kopfschmerzen bekommen, egal, wie die Störung im Detail aussieht – Ihr Unbewußtes schafft es immer, Ihre zehn Minuten dramatisch zu verkürzen.

Wenn das passiert, dann wissen Sie, daß da etwas nicht in Ordnung ist. Bei dieser Übung haben Sie zum Ziel, darauf zu achten, ob Ihr Unterbewußtes Ihnen eine Botschaft sendet und ob diese positiv (weiter so!) oder ablehnend ist. Im letzteren Fall werden Sie glücklicher, wenn Sie entweder Ihr Anti-Programm oder aber das Ziel hinterfragen, ehe Sie Ihre endgültige Entscheidung treffen.

Wenn Sie Ihre zehn Minuten jedoch schaffen und sich gut fühlen (oder sogar besser) wegen des Gefühls der Vorfreude, dann **wissen** Sie, daß Ihr Unterbewußtsein mit diesem Ziel **einverstanden** ist. Dies bedeutet zweierlei: Erstens, daß Sie kein „feindliches U-Boot" befürchten müssen, und zweitens, daß Ihr Unterbewußtsein Sie unterstützen wird. Das heißt, Sie nehmen alles wahr, was mit Ihrem Ziel zu tun hat (vgl. Wohnmobil-

Effekt, Seite 167), Sie sind offen für potentielle Entwicklungen usw. Merke:

Alle erfolgreichen Menschen handeln in Übereinstimmung mit ihrem Unbewußten. Durch seine Hilfe kommen wir sogar bei Schwierigkeiten weit besser voran (es ist wie Sonnenschein und Rückenwind)!

Nr. 4: Igel & Rollschuhe & REPERTOIRE

Die „Rollschuhe" stehen für Ihr **Repertoire,** welches nur durch **Training** erworben und verbessert werden kann.

Das Können eines Künstlers wird als REPERTOIRE bezeichnet. Bei „normalen" Menschen benutzen wir diesen Begriff normalerweise nicht, aber das sollten wir!

Denn mit dem Etikett REPERTOIRE lösen wir Assoziationen an eine Art des Könnens aus, die erstens **bewußt** herbeigeführt und zweitens **systematisch** (an-)trainiert wurde.

Im Abschnitt „Rollschuhe" denken wir an Wege, die wir befahren möchten, wohin? An eines unserer Ziele natürlich. Also geht es in diesem Abschnitt um eine Strategie zur Erreichung Ihrer persönlichen Ziele (beruflich wie privat). Dabei gilt es, drei Spielregeln zu beachten, von denen die meisten Menschen *mindestens eine* **regelmäßig** mißachten, weshalb sie ihren größtmöglichen Erfolg selbst verhindern.

Unabhängig davon, wie Sie „Erfolg" definieren (siehe unten), sollten wir zunächst den Begriff wörtlich nehmen: „Erfolg" ist das, was auf Vorangegangenes er•FOLGT.

Damit meinen wir nicht nur vorausgegangene Handlungen (z.B. die saubere Vorbereitung einer Situation, in der Sie erfolgreich sein wollen), sondern, in weit größerem Maße, *Ihre vorausgegangenen Gedanken.* Wie Buddha bereits vor über zweieinhalb Jahrtausenden feststellte: *Du bist heute das Ergebnis dessen, was du gestern gedacht hast.* Aber Sie können diesen Schlüsselgedanken natürlich in Ihre persönliche Zukunft transportieren: *Du wirst morgen das Ergebnis dessen sein, was du ab heute denkst.*

Deshalb ist es extrem wichtig, welche denkerischen Vorbereitungen Sie treffen, bevor Sie ein Ziel angehen. Bitte nehmen Sie ein neues Blatt Papier (oder Ihr Erfolgs-Journal, falls Sie schon eines angelegt haben) und beantworten Sie folgende drei Fragen. Tip: Je mehr Zeit Sie sich nehmen, über diese wichtigen Dinge ernsthaft nachzudenken, desto mehr Zeit und Energie werden Sie später sparen!

1. Wie definieren Sie „Erfolg"?

2. Welche konkreten Ziele streben Sie derzeit an? (nur Stichworte)

3. Wählen Sie jetzt bitte **eines** der genannten Ziele aus und fixieren Sie schriftlich eine **äußerst exakte Ziel•FORM•ulierung.** Diese FORM•ulierung ist die FORM, die Sie Ihren Gedanken in der Vorbereitungsphase geben! Ihre FORM•ulierung muß so exakt sein, daß ein anderer Mensch (der sie liest) genau versteht, was Sie erreichen wollen. Anders ausgedrückt stellt Ihre Ziel•FORM•ulierung eine **Anweisung** (an Sie selbst) dar. Denken Sie an Chefs, die immer erst hinterher wissen, was sie ja eigentlich **nicht** gewollt hatten!

Merke: Wischi-waschi-FORM•ulierungen führen zwangsläufig zu Wischi-waschi-Ergebnissen ...

Haben Sie sich wirklich die Zeit genommen, über die drei Fragen nachzudenken, ehe Sie weiterlesen?

Denk-Anstöße zu diesen Fragen:

Was ist „Erfolg"? Genaugenommen ist „Erfolg" eine Frage der Definition. Im Falle **Ihres persönlichen Erfolges** handelt es sich dabei um *Ihre ganz persönliche Definition.* Ob Sie Glück, Gesundheit, materielle Reichtümer, Erfolg durch persönliche Leistungen oder Macht anstreben, hängt von Ihren Wünschen, Programmen, Prioritäten und Wertvorstellungen ab. Trotzdem kennen wir den gemeinsamen Nenner aller „Erfolgs-Definitionen": Es geht immer darum, das zu erreichen, was man will, d.h. also darum, wie man Ziele setzt und erreicht.

In Ihrer Antwort auf Frage 2 haben Sie **einige** Ihrer Ziele aufgelistet, und bei Frage 3 haben Sie **eines** dieser Ziele exakt FORM•uliert. Jetzt möchte ich Sie bitten, eine letzte kleine Aufgabe zu lösen, ehe Sie weiterlesen:

4. Fixieren Sie schriftlich eine exakte Ziel•FORM•ulierung (vgl. Frage 3, S. 275), aber diesmal definieren Sie ein Ziel, das Sie in der Vergangenheit mehrmals (oder häufig) NICHT erreicht haben. Haben Sie vielleicht schon mehrmals „erfolglos" versucht, Gewichtsprobleme in den Griff zu bekommen? Oder vielleicht haben Sie Ihrem Kind schon „tausendmal" gesagt, es soll die Tür nicht zuknallen?

Merke: Ziele, die wir regelmäßig NICHT erreichen, können uns am meisten über den Prozeß der effektiven Ziel-Erreichung lehren. Sollten Sie also bis jetzt noch nichts aufgeschrieben haben, so machen Sie doch bitte bei dieser Aufgabenstellung eine Ausnahme!

Bei unserer Schlüsselaussage (Erfolg ist eine Frage der Definition) geht es um zwei Aspekte: Zum einen um die Art, wie wir unsere Ziele FORM•ulieren, bevor wir sie konkret angehen (wir kommen gleich darauf zurück). Zum anderen um die Frage, ob wir größere Ziele in Teilziele (Etappenziele) unterteilen. Dieser Aspekt ist ebenfalls sehr wichtig. Angenommen, Sie definieren das Ziel, einen 4000 Meter hohen Berg zu erklimmen, und angenommen, irgend etwas zwingt Sie, 150 Meter vor dem Gipfel aufzugeben, dann müssen Sie dies als „Mißerfolg" einstufen, wenn Sie nur ein großes Ziel (4000 Meter bezwingen) FORM•uliert hatten.

Haben Sie jedoch das große Ziel in Etappenziele unterteilt, dann heißt das: Sie haben alle Etappenziele (bis auf das letzte) erreicht; Sie hatten also eine Reihe von ERFOLGs-ERLEBNIS-SEN. Zwar haben Sie das letzte Etappenziel nicht geschafft, aber eine Zeitlang hatten Sie **bei jedem einzelnen Etappenziel ein berechtigtes Erfolgs-Gefühl.** Wieder sehen wir, wie wichtig es ist, sich klarzumachen, daß Erfolg immer eine Frage der Definition ist; IHRER Definition nämlich! (Lassen Sie sich nicht von anderen „irre"-machen! Deren Definitionen sind deren Definitionen und Ihre sind Ihre!)

Und wenn Sie auf Ihrem Weg mit Etappenzielen eine Reihe von berechtigten Erfolgs-Erlebnissen gewinnen, dann ist dies eine „Frucht" Ihrer klugen Erfolgs-Definition. Wenn Sie darüber hinaus bedenken, daß Erfolgs-Gefühle automatisch mit der Ausschüttung von vitalisierenden Freudehormonen (= positive Streßhormone) einhergehen, dann lohnt sich diese Strategie schon alleine deshalb!

Darüber hinaus ist jedes Etappenziel ein „Checkpoint"; ein Punkt, an dem Sie regelmäßig eine erneute Standortbestimmung durchführen, ehe Sie sich auf das neue Terrain der nächsten Etappe bewegen. So wird gewährleistet, daß etwaige Abweichungen vom „rechten Weg" nicht erst bemerkt werden, wenn Sie bereits sehr viel Zeit und/oder Energie in dieses Ziel investiert haben, sondern bereits viel früher.

Außerdem ist festzuhalten: Wenn Sie jedes wichtige (Teil-)Ziel ab heute wie im folgenden geschildert angehen – unter Berücksichtigung der drei „Spielregeln zum Erfolg" –, dann werden Sie jedes so angegangene (Etappen-)Ziel entweder mit 100%iger Sicherheit erreichen oder aber heute (im Vorfeld) bereits feststellen, daß Sie im Begriff sind, ein für Sie „falsches" Ziel anzustreben.

So stellte z.B. einer meiner Seminarteilnehmer an dem Tag, als er seinen Doktorhut erhielt, mit Entsetzen fest, daß sich keineswegs frohe Gefühle einstellten, sondern daß sich in ihm eine große „Leere" auftat, begleitet von so akuten Gefühlen von „Schlechtsein", daß er sich übergeben mußte. Später wurde ihm klar, daß er eigentlich gar keinen Doktor „gebraucht" hätte, um zufrieden zu sein. Er hatte ihn „einfach gemacht", weil sein Vater und sämtliche Brüder auch einen gemacht hatten.

Hätte dieser Teilnehmer das Ziel vorab in der unten beschriebenen Weise ge•ZIEL•t durchdacht, dann hätte er das bereits fünf Jahre früher gemerkt. Das verringert die Gefahr eines „falschen" Ziels, d.h. eines Ziels, das Sie **eigentlich** (!!) gar nicht wertschätzen bzw., gegen das sich in Ihrem tiefsten Inneren etwas sperrt. So streben z.B. viele Menschen nach materiellem Reichtum, „dürfen" dieses Ziel jedoch in Wirklichkeit nicht erreichen, weil aus früher Kindheit akute Anti-Reichtums-Programme in ihrem Inneren wirken („Reiche Leute sind fies"; „Geld stinkt"). Wenn sie nun selbst reich werden würden, müßten sie sich innerlich ablehnen; also werden sie immer kurz vor der Ziel-Erreichung eine „Panne" auslösen (unbewußt, versteht sich), damit sie leider (Gott sei Dank) doch nicht reich werden (müssen).

Aus diesem Grund stehen fast alle Lottogewinner ca. zwei Jahre nach dem Gewinn wieder genauso arm da wie zum Zeitpunkt des Gewinns!

Wenn Sie der Frage nach möglichen Anti-Reichtums-Programmen nachgehen wollen, möchte ich Ihnen ein hervorragendes Taschenbuch empfehlen: *Der Geist in der Münze* von Ralph TEGTMEIER. Und für Fortgeschrittene *Geld – fließende Energie* von Stuart WILDE.

Drei „goldene Spielregeln" zur Ziel-Erreichung

Falls Sie die Fragen 3 und 4 noch nicht beantwortet haben – jetzt haben Sie die letzte Chance, eigene Ziel•FORM•ulierungen zu notieren, um die folgenden Spielregeln auf Ihre eigenen Ziel•FORM•ulierungen zu beziehen …

Regel Nr. 1: Wille contra Vor-Stellung

Dieser Gedanke wurde zuerst im letzten Jahrhundert von Emile COUÉ so deutlich herausarbeitet. Coué weist darauf hin, daß **Wille** und **Vorstellung** „am gleichen Strang ziehen" müssen, wenn Sie ein Ziel erreichen wollen.

Nun ist der Wille die sprachliche FORM•ulierung dessen, was Sie erreichen möchten. Und Ihre Vor•Stellung ist „etwas", das Sie vor Ihr geistiges Auge hin•stellen, um es zu betrachten.

Nun kann man die Vor-Stellung auch als den Glauben bezeichnen. Somit entspricht Coués Beobachtung dem alten Satz, daß wir unseren Glauben immer wahrmachen werden (Sie kennen diese Aussage als das Konzept der selbsterfüllenden Prophezeihung). Zurück zu Coués Grundgedanken (solange Wille und Vor•Stellung „am gleichen Strang ziehen"): Stellen Sie sich bitte eine Kutsche mit zwei Pferden vor; eines heißt Wille, das andere Vor•Stellung …

Solange beide Pferde in die gleiche Richtung ziehen, ist alles „paletti". Sollten die beiden Pferde jedoch unterschiedliche Ziele anstreben, so wird das wesentlich stärkere Pferd Vor•Stellung den Karren immer an sein Ziel mitreißen – da kann der Kutscher (also Ihr bewußtes Denken) überhaupt nichts dagegen tun!

Beispiel Nr. 1:
Sie liegen im Bett und wollen einschlafen (= Ihr Wille). Wenn Sie jedoch die Vor•Stellung hegen, daß Sie sich stundenlang schlaflos wälzen werden, dann „müssen" Sie Ihre Vor•Stellung (Ihren Glauben) zwangsläufig wahrmachen, und das tun Sie jetzt auch, genaugenommen: sehr „erfolgreich" – jede Nacht, wenn nötig!

> Sie kennen den berühmten Satz vom Glauben, der Berge versetzen kann.

Falls Sie jedoch glauben, daß **Ihr** Glaube niemals einen Berg versetzen könnte (weil er allenfalls zu kleinen Sandhaufen reicht), dann werden Sie diesen Ihren Glauben wahrmachen, bis Sie in die Grube fahren.

Denn mit Ihrem Glauben schaffen Sie Ihre Vor•Stellung … Diese aber ist immer stärker als Ihre sogenannte Willenskraft, woran wir sehen, daß es die Vor•Stellungs•KRAFT ist, die den Erfolg ermöglicht. Das ist der gemeinsame Nenner aller Erfolgreichen, ihre Vor•Stellung (neudeutsch: Vision)!

Beispiel Nr. 2:

Denken Sie an die nervöse Prüfungsangst (nicht zu verwechseln mit der berechtigten Panik einer Person, die nicht gelernt hat). Die nervöse Prüfungsangst zeichnet sich dadurch aus, daß man eine Stunde vor der Prüfung alles weiß, ebenso eine Stunde nach der Prüfung, nur in der Prüfung „versagen die Nerven". Aber warum? Wenn der Prüfling zwar sagt/denkt: „Ich will die Prüfung bestehen!", während er glaubt, daß mit den Prüfungsfragen die Denk-Blockade einhergehen wird, dann wird er diese seine Vor-Stellung wahrmachen, ebenfalls mit viel „Erfolg".

Gibt es überhaupt einen sogenannten „Mißerfolg"?
Antwort: Jein!

Ja – Aber nur in bezug auf den sogenannten Willen („Ich will einschlafen!"; „Ich will die Prüfung bestehen!").

Nein – Bezogen auf die Vor•Stellung (bzw. den Glauben) kann es keinen Mißerfolg geben, denn die Vor-Stellung (bzw. den Glauben) machen wir ja immer wieder wahr!

Daher gilt es rechtzeitig (d.h., ehe Sie beginnen, ein Ziel konkret anzustreben) zu testen, ob eine (vielleicht sogar unbewußte) Vor-Stellung Sie daran hindert, das was Sie zu wollen scheinen, zu erreichen.

Testen Sie Ihr Ziel vorab!

Wir benötigen eine Test-Methode, um unsere Ziel-Definition vorab zu testen: Sie müssen sich das, was Sie als „Willen" FORM•uliert haben, mindestens zehn Minuten lang ununterbrochen vor-stellen können. Es handelt sich um einen, im wahrsten Sinn des Wortes: ge•ZIEL•ten Tagtraum. Dabei gehen Sie bitte wie folgt vor:

1. Sehen Sie sich IN der Zielsituation. Angenommen, Sie „träumen" Ihr zukünftiges Haus, dann müssen Sie sich in diesem Haus und Garten sehen.

2. Wenn Sie das „Bild" sehen können, dann bleiben Sie mindestens zehn Minuten „im Bild". Dadurch geben Sie Ihrem Unterbewußtsein Zeit, „Widerspruch einzulegen". Dies äußert sich z.B. darin, daß Langeweile (bzw. sogar Angst) auftaucht, oder daß Sie Ihre Tagtraum-Übung immer wieder vorzeitig abbrechen, weil Ihnen etwas „wahnsinnig Wichtiges dazwischenkommt".

3. Kosten Sie Gefühle der Freude (oder bei leistungsorientierten Zielen, Gefühle des Triumphes) jetzt bereits aus!

Wenn das Ziel mit Ihren inneren Werten übereinstimmt und wenn kein Programm aus der Erziehung (z.B. Anti-Reichtums-Programm) dagegen kämpft, dann muß sich zwangsläufig während Ihres ge•ZIEL•ten Tagtraumes eine erste „akute Vorfreude" einstellen!

Hätte unser neugebackener Doktor diesen Test *vorab* durchlaufen, dann hätte er *vorher bereits die Abwesenheit von Freudegefühlen festgestellt*! Dementsprechend hätte er sein Ziel, den Doktor „zu bauen", rechtzeitig hinterfragt! Denn wenn wir heute merken, daß wir im Begriff sind, uns auf ein „falsches" Ziel hinzuentwickeln, dann ist das enorm hilfreich. In fünf Jahren wäre diese Feststellung dramatisch!

Regel Nr. 2: Ihre konkrete FORM•ulierung!

Es klingt natürlich banal, aber Ihre FORM-ulierung muß natürlich mit Ihrer Vor•Stellung übereinstimmen. Angenommen, jemand schreibt als Ziel-Definition: *Ich will abnehmen.* Angenommen, er durchläuft den Test, also den ge•ZIEL•ten Tagtraum. Dann wird ihm klar, wie gefährlich diese FORM•ulierung ist. Wenn wir mitdenken, wird es auch uns klar: Er muß nun abnehmen, abnehmen, abnehmen, abnehmen ... denn genau das ist die exakte Ziel•FORM•ulierung. Das Schlüsselwort ist *abnehmen*. Das machen Millionen von Menschen sehr erfolgreich – bis sie in die Grube fahren! Leider müssen sie zwischendurch wieder zunehmen, damit sie *ihr definiertes Ziel* (Abnehmen) wieder angehen können. Ich kenne Leute, die machen das jahrzehntelang! Wann immer man mit ihnen eine Mahlzeit einnehmen will, nerven sie einen, weil sie ja immer mit *Abnehmen* beschäftigt sind (*nie* mit *Dünnsein*!) ...

Wenn Sie Ihre vorhin notierten FORM•ulierungen (der Fragen 3 und 4) vergleichen, finden Sie dann eine ähnlich gefährliche FORM•ulierung? Bitte denken Sie hierüber nach, ehe Sie weiterlesen. Denn wenn Sie Ihre eigenen Ziel•FORM•ulierung(en) Schritt für Schritt auf jede der drei Spielregeln hin „abklopfen", gewinnen Sie am meisten.

Ebenfalls gefährlich ist die folgende FORM•ulierung: **Ich will** (irgend etwas).

Mit dieser FORM•ulierung programmieren Sie sich möglicherweise auf **ewige Sehnsucht**. FORM•ulierungen wie „ich will ...", „ich möchte ..." u.ä. sind *ungenau*. Denn Sie wollen ja in Wirklichkeit nicht „wollen", sondern ein konkretes Ziel *erreichen*. Warum FORM•ulieren Sie dann nicht exakt *das, was Sie wirklich wollen?* Ich kenne Leute, die seit Jahrzehnten damit beschäftigt sind, zu wollen (zu hoffen, zu wünschen, sich zu sehnen usw.). Das können wir dann auf ihren Grabstein schreiben: *Sie haben echt gewollt!*

Es gilt die Regel: Wenn Sie die zehn Minuten (Minimum!) Ihres ge•ZIEL•ten Tagtraumes geschafft haben, dann ist Ihre Vorstellung gedanklich bereits „Gegenwart"; also FORM•ulieren

Sie es auch so: Ich *wiege* (Anzahl) kg! Oder: Meine Taille *mißt* (Anzahl) cm!

Regel Nr. 3: FORM•ulieren Sie es POSITIV!

Sind Sie bereit, ein kleines Gedanken-Experiment durchzuführen? Dann probieren Sie bitte, die folgende Anweisung auszuführen: DENKEN SIE JETZT KEINESFALLS AN EINE WEISSE MAUS! Na? Es geht nicht, gell? Aber warum geht es nicht? Denken Sie bitte mit: Während FORM•ulierungen durchaus NEGATIV sein können, sind die Vor•Stellungen, die Sie damit verbinden, immer „positiv". Eine „negative Vor-Stellung" kann es nicht geben. Anders ausgedrückt: Merke:

> Mit einer negativen FORM•ulierung verstärken Sie immer genau den Aspekt, den Sie ver•NEIN•en wollten.

Angenommen, Sie haben einen jungen Rasen gepflanzt und Sie wollen ihn jungfräulich erhalten. Also stellen Sie ein Schild auf:

Welche Vor•Stellung wecken Sie in jedem, der das Schild liest? Richtig: Er sieht sich über den Rasen gehen. Heute tut er das nicht, aber nächste Woche …

Oder denken Sie an die Mutter, die wohl zum tausendsten Mal sagt: *Wie oft soll ich dir noch sagen, du sollst die Tür nicht so zuknallen?!?!* Das wird sie noch oft sagen müssen, denn sie verstärkt ja jedesmal die Vor-Stellung: zugeknallte Tür!

Oder denken Sie an den Techniker, der den neuen Fotokopierer bringt und Ihnen erklärt: *Diesen Hebel, der das Gehäuse öffnet, dürfen Sie nie drücken, wenn der Wagen läuft!*

Oder stellen Sie sich einen Berater vor, der seinem Kunden erklärt: *Also, mit diesem Produkt werden Sie später garantiert keine Probleme haben.* Oder: *Machen Sie sich über Abnutzungserscheinungen keine Sorgen ...* Oder: *Sie brauchen sich um die Pflege nicht zu kümmern ...* Und ähnlich.

Gerade wir Deutschen neigen zu negativen FORM•ulierungen. Es lohnt sich deshalb umzudenken. Im Zweifelsfall stellen Sie sich exakt vor, was Sie wirklich erreichen wollen. Sollen die Leute über den Rasen „schweben"? Wohl kaum. Sie sollen doch wohl die Gehwege benützen, oder?! Und das Kind, das soll die Tür leise zumachen! Und Sie sollen den Hebel am Kopierer ... können Sie die Anweisung „umschreiben"? Und die anderen Beispiele von oben?

Was, glauben Sie, wird Ihnen den ganzen Abend völlig bewußt bleiben, wenn Sie sich vornehmen:

- Ich esse keine Schokolade!
- Ich trinke kein Bier!

Woran werden Sie den ganzen Abend über denken? Eben!

Deshalb sollten Sie festlegen, was Sie wirklich wollen (hier: statt dessen essen/trinken wollen), und daraus eine positive FORM•ulierung ableiten. Es ist fast immer möglich, Ihr Ziel (oder eine Anweisung) positiv zu FORM•ulieren. Bei den wenigen Ausnahmen, wenn es Ihnen absolut nicht gelingen will, müssen Sie die Negation besonders hervorstreichen, betonen, farbig markieren usw., damit Sie sehr stark ins Bewußtsein eindringt! Aber es ist *fast immer möglich*, positiv zu formulieren. Probieren Sie einmal, folgende Anweisungen umzu•FORM• ulieren:

- In diesem Wartezimmer ist das Rauchen verboten.
- Setz dich da nicht hin, die Farbe ist noch …
- Wenn du mir versprichst, nichts zu verraten – niemandem! – dann erzähle ich dir was.

Zum Abschluß

Ich wünsche Ihnen viel Freude, wenn Sie Ihre durch ge•ZIEL• ten Tagtraum ge•TEST•ete präzise FORM•ulierten Vor-Stellungen „er•FOLG•reich" wahrmachen werden.

Denn Ihr „Er•FOLG" ist immer die Folge Ihres Denkens. Das ist des Pudels Kern. *Wissen ist Macht*, heißt es. Aber es reicht nicht, dieses Wissen zu besitzen – man muß es auch benutzen …

Nr. 5: Elefant & (Einkaufs-)Netz & Wissens-Netz

Das Bild des Einkaufsnetzes erinnert uns an unser Wissens-Netz. Jetzt geht es darum, Informationen gehirn-gerecht in unser Wissens-Netz einzuhaken, wobei die Dach-Liste und Ihre Zuordnungen als Fallbeispiel zeigen, wie Sie sich die 15 strategischen Ansätze jederzeit wieder ins Gedächtnis rufen können.

Ein wichtiger Aspekt Ihres REPERTOIREs ist Ihre Fähigkeit, Wissen (Informationen) zu RE•KONSTRUIEREN (also Ihr Gedächtnis).

Sie erinnern sich: Die Liste der EU-Länder stand ja stellvertretend für jede Liste von einzelnen (isolierten) oder „langweiligen" Daten, Fakten, Informationen, die Sie sich einprägen wollen (bzw. die man regelmäßig für Schule und Ausbildung lernen muß) …

Gehirn-gerechtes Vorgehen

Indem wir zu jedem Punkt auf der Liste einen konkreten Begriff bilden (in unserem Fall: Dach, Gabe, Frankenwein …), KONSTRUIEREN wir aktiv und AUF•MERK•sam (statt, wie früher, stur zu pauken).

Diese KONSTRUKTIONs•Aufgabe aber ist interessant, sie trainiert unsere intelligenten und kreativen Fertigkeiten und stärkt die assoziativen Fäden in unserem Wissens-Netz.

287

Ganz nebenbei entsteht in diesem „Training" auch noch eine neue Liste (in unserem Fall die Dach-Liste). Mit diesen Begriffen können wir die ursprüngliche Liste jederzeit leicht RE•KONSTRUIEREN. In unserem Fall stand *Dach* für D (*Deutschland*), *GaBe* für GB (*Großbritannien*) usw.

Enthält die zu lernende Liste eine Rangfolge, dann numerieren wir sie. In unserem Fallbeispiel steht die Reihenfolge für die *Bewohnerzahl* der 15 EU-Länder; *deshalb* ist Deutschland die Nr. 1 (hätten wir eine Rangfolge nach *Fläche* der Länder erstellt, dann wäre Frankreich Nr. 1 und Spanien Nr. 2) …

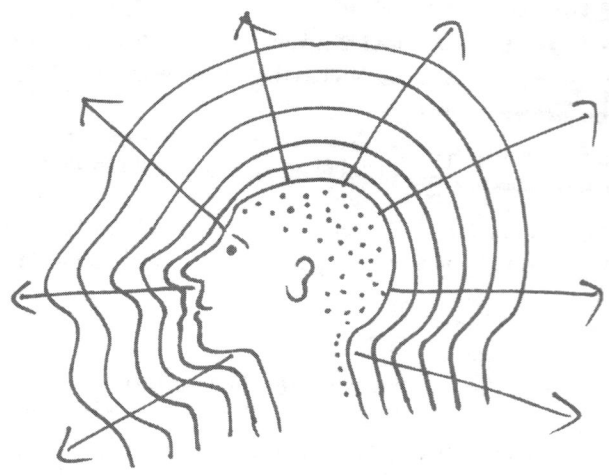

Nun gibt es den zusätzlichen Nutzen, daß ich eine solche (Dach-)Liste als Memo-Liste (PEG-Liste) benutzen kann, indem ich weitere Infos „dranhänge". Im Normalfall würden wir an die Dach-Wörter weitere Begriffe hängen, die zusätzliche Infos repräsentieren, welche mit dem Thema zu tun haben.

In diesem spezifischen Fall (Seminar) habe ich die 15 strategischen Ansätze an die Dach-Liste gehängt, damit Sie diesen Teil der Technik bewußt erleben konnten.

Deshalb steht z.B. der zur Gabe gehörende Ohrring für „ans Ohr fassen" (strategischer Ansatz Nr. 2), so daß Sie später jederzeit alle 15 Strategie-Kapitel anhand der Dach-Liste RE•KON-STRUIEREN können!

Dies dürfte das erste (Buch-)Seminar sein, bei dem Sie, werte Leserinnen und werte Leser, den gesamten **praktischen** Seminar-Inhalt (von Block 4) jederzeit wieder in Ihr Gedächtnis „rufen" können …

Fazit: Wenn Sie einzelne, isolierte (oder „langweilige") Fakten lernen wollen (müssen), dann **KONSTRUIEREN Sie sauber**, indem Sie sich intelligente „Dach"-Listen „basteln" oder sich eine spannende kreative Bilder-Kette oder Story ausdenken (vgl. auch mein Buch *Stroh im Kopf? – Gebrauchsanleitung fürs Gehirn*, derzeit 34. Auflage).

Merke:

Diese Aufgabenstellung ist hervorragendes Gehirn-Training und liefert Ihnen, als „Abfallprodukt", das nötige Gerüst, mit dessen Hilfe Sie später die Einzel-Infos jederzeit leicht RE•KONSTRUIEREN können! Also: Pauken Sie in Ihrem Leben nie wieder, sondern lernen Sie **Ihr Repertoire ständig zu vergrößern**, indem Sie trainieren, gehirngerecht vorzugehen!

Nr. 6: Nadel & (Spielkarte) As & Anders fernsehen

Die neue Ver•BIND•ung zum AS ist die, daß wir Leute, die etwas besonders gut können, auch als AS bezeichnen. So gibt es Millionen Tennisspieler, aber nur wenige, die wir als Tennis-Asse bezeichnen würden. Analog dazu gibt es Milliarden Menschen, die regelmäßig fernsehen, aber sie wissen im wahrsten Wortsinn nicht, was sie tun, denn wenn sie das wüßten, was Sie hier gleich lesen werden, würden sie ANDERS FERNSEHEN. Worum geht es?

Ihr Fernseher – Gefahr oder Chance?

Es gibt inzwischen eine Reihe von Forschungsergebnissen, die zeigen, wie gefährlich das Fernsehen sein kann (siehe S. 291), trotzdem können wir von diesem Medium profitieren, wenn wir die Knackpunkte kennen und unser Seh-Verhalten dementsprechend modifizieren. Beginnen wir also bei den Gefahren:

Das menschliche Auge ist Teil des Gehirns. Das bedeutet, daß visuelle Einflüsse besonders starke Aus•WIRK•ungen auf uns, unser Wohlbefinden, unsere Fähigkeit (klar oder kreativ) zu denken usw. haben werden.

Das Auge ist ein Organ, das Bewegung in der Welt registrieren soll (im Gegensatz zum Innenohr, wo sich der Monitor für eigene Körperbewegungen im Raum befindet). Zwar kann unser Auge auch Dinge erfassen, die sich nicht bewegen (vgl. Lesen), aber in solchen Fällen bewegen wir unsere Augen.

Das Auge ist darauf angelegt, häufig zwischen „nah" und „weit" zu wechseln. Deshalb sollte man beim Lesen alle paar Minuten die Augen vom Text „erheben" und in die „Ferne" schweifen lassen. Wenn es schon keinen echten Horizont gibt, dann sollte man doch zumindest kurz (ca. fünf Sekunden lang) in die entfernteste Zimmerecke blicken. Dies beugt Seh-Problemen vor und ist eine Mini-Pause fürs Gehirn. (Wenn Sie gedanklich „am Thema" bleiben, ergibt sich dabei kein Zeitverlust.)

Wenn wir stehende Bilder betrachten, dann bewegen sich unsere Augen über das Blatt oder (bei Dias) über die Leinwand, was beim Fernsehen jedoch **nicht** geschieht, weil sich ja das Bild bewegt. Und das ist sehr wichtig …

Durch das ständige STARREN auf einen relativ kleinen Seh-Bereich kommt es zu einem Trance-Effekt, der neurophysiologisch dem Zustand einer Hypnose gleichgesetzt werden kann. Dies wiederum bewirkt, daß ein Teil der Informationen am „wachen Zensor" (dem Bewußtsein) „vorbeirauscht" (was ja bei der Heil-Hypnose ausdrückliches Ziel ist). Der TV-„Konsument" kann natürlich über Informationen, die er **nicht** bewußt registriert hat, **auch nicht** „bewußt" (kritisch, analytisch oder kreativ) nachdenken! Außerdem geht dieser „Trance"-Zustand mit Alphawellen im Gehirn einher, ähnelt also meditativen Zuständen, die jedoch wegen des ständigen Wechsels (Szenen, Lautstärke usw.) nicht aufrechterhalten werden können. Dies löst eine Art von „Gehirn-Lähmung" aus. Deshalb klagen Leute, die viel fernsehen, regelmäßig über Müdigkeit, Konzentrationsstörungen u.ä. Probleme. (Übrigens ergeben sich diese Probleme im Kino NICHT, weil das Auge sich über die weite äußere

Fläche frei bewegen kann.) Nun erhebt sich die Frage: Wie können Sie gegensteuern?

Die Chancen nutzen: Sehen Sie selektiv!

Schneiden Sie auf Video mit, **ehe** Sie die Sendung sehen, damit Sie das Tempo selbst bestimmen können. Dies hat den zusätzlichen Vorteil, daß Sie langweilige Passagen (Werbung) überspringen bzw. bei wichtigen Details etwas noch einmal (sogar in Zeitlupe) ansehen können. Wenn ich z.B. Berichte über Forschung sehe, sind mir die Namen der Wissenschaftler immer zu kurz eingeblendet. Denn wenn die ca. 15-Sekunden Einblendung beginnt, lausche ich ja noch ihren Worten (sagen wir bis Satzende). Dann schaue ich auf den Namen, der in diesem Moment auch schon verschwindet. Durch vorheriges Mitschneiden haben Sie jetzt die Chance, alles, was Sie interessiert, wirklich zu sehen.

Sehen Sie maximal 30% der Zeit auf die Mattscheibe. Schauen Sie zwischendurch im Zimmer umher (oder machen Sie vielleicht sogar Notizen). Dieses gezielte **Wegsehen** verhindert den Trance-Effekt und trainiert Ihre Fähigkeit zu visualisieren.

So können Sie die TV-Gefahren umgehen und von guten Sendungen profitieren!

Nr. 7: Garten Eden & Latzhose & Lächeln

Die „Latzhose im Garten Eden". Die „Latzhose" steht für „L", und „L" steht für „Lächeln". Ich gebe Ihnen **drei Lächelstrategien**.

Lächelstrategie Nr. 1

1. Ihr Streßhormon-Topf ist richtig voll, Sie sind sauer. Wenn es jemandem gelänge, Sie *in diesem Augenblick* zum Lachen zu bringen, dann wissen Sie, daß zehn Sekunden Lachen so viel Freudehormone produzieren – welche die Kampfhormone auffressen –, daß Sie sich wesentlich wohler fühlen. Sie können in 60 Sekunden ganz alleine denselben Effekt haben. Er ist nicht so intensiv, darum dauert es 60 Sekunden, aber Sie können es alleine machen. Warum ist Lachen gesund, was inzwischen nachgewiesen ist? Was passiert, wenn Sie lachen?

Beim Lachen drückt auf jeder Wange ein Muskel auf einen Nerv. Nun weiß das Gehirn, daß Sie lachen und produziert Freudehormone. Das ist der neurophysiologische Zusammenhang.

293

Das heißt, wenn Sie diesen Mechanismus ausnutzen, dann machen Sie folgendes: Sie sind an der kritischen Marge, jetzt kommt irgend etwas, und Sie sagen: „Jetzt ist es zuviel". Sperren Sie sich 60 Sekunden in ein Zimmer ein, damit Sie keiner sehen kann. Im Notfall gehen Sie auf die Toilette. Sie brauchen eine Uhr mit Sekundenzeiger, und dann lächeln Sie 60 Sekunden lang. Das ist in dem Moment eine Grimasse, das nennen wir kein Lächeln. Aber wenn Sie lächeln, drückt ein Muskel auf einen Nerv, dann geht das Signal zum Gehirn, und dann werden Freudehormone produziert. Sie brauchen 60 Sekunden und nicht zehn, aber der Mechanismus ist genau derselbe. Leuchtet Ihnen das ein?

In den ersten 15 Sekunden kommen Sie sich absolut blöde vor. Aber Sie kommen sich im Moment sowieso blöd vor, was soll es?

Dann beginnen langsam die Denkprozesse. Dann rate ich Ihnen, wenn Sie ein großes Ziel haben, z.B. Ihr Potential nicht wegen, sondern trotz Erziehung zu entfalten, Sie finden das in der Bibel unter „mit dem Pfunde wuchern". Wenn Sie sagen würden, „Ich möchte meine Anlagen und Talente optimal entfalten." Was heißt ent•falten, ent•wickeln? Es bedeutet, etwas herausfalten oder -wickeln, was drin ist. Nehmen wir an, das wäre Ihr großes Ziel, eine Art Fixstern in Ihrem geistigen Firmament. Die ersten 15 Sekunden sind sehr anstrengend, weil Sie sich gar nicht danach fühlen. Dann wird es etwas besser, und dann fangen die Gedanken wieder an. Sie setzen das, was gerade passiert ist, in Bezug zu Ihrem großen Ziel. Nehmen wir an, es hat jemand zu Ihnen „Du Arschloch" gesagt und es auch so gemeint, und nehmen wir an, Ihr Ziel ist es, sich zu entfalten, dann setzen Sie das jetzt in Beziehung. Dann fragen Sie sich, ob es Ihnen helfen wird, sich optimal zu entfalten und zu entwickeln, wenn Sie nach Ablauf der 60 Sekunden raus gehen und sagen: „Selber Arschloch!"

Wenn Sie sich fragen, „Bringt mich das weiter?", ist die Antwort wohl eher „Nein". Das relativiert sehr. Ich nenne es das Relativitätsprinzip der Psyche. Elefanten werden wieder zu Mücken, klein und lästig, aber eben nur Mücken. Menschen, die kein übergeordnetes Ziel haben, die müssen Elefanten Elefanten bleiben lassen, weil sonst nichts Großes in ihrem Leben passiert. Die erzählen Ihnen nach 30 Jahren noch, wie der Zugschaffner zu ihnen das und das gesagt hat.

In der absoluten Krise empfehle ich: 60-Sekunden-Lächel-Training. Wir nutzen hier einen neurophysiologischen Mechanismus aus, wir reden nicht von Glauben. Das bringt uns zur zweiten Lächelstrategie.

Lächelstrategie Nr. 2: Fünf Minuten

Man weiß inzwischen, daß es ein neues Forschungsfeld gibt, welches sich in den letzten 15 Jahren etabliert hat, die Psychoneuroimmunologie. Es geht um Ihre Psyche, die Neuronen im Gehirn und um Ihr Immunsystem. Diese Wissenschaft hat herausgefunden, daß es ganz eindeutige Beziehungen gibt zwischen der Psyche, dem Neurokostüm und dem Immunsystem. Man kann sich das Immunsystem auch so vorstellen, als sei es ein zweites Gehirn im Sinne von Großhirn, das nur in Ihrem Körper verteilt ist. Sie haben genauso viele Immunsystem-Körperzellen wie Gehirnzellen, aber die schwimmen im Blut herum. Wenn wir die zusammenziehen und wiegen würden, dann hätten wir ein Gehirn. Es ist verteilt nach dem Motto: „Immun-Management by walking around".

Zwischen Ihren Gedanken und Ihrem Immunsystem besteht eine unmittelbare Verbindung. Das haben manche Menschen schon lange gewußt, d.h. angenommen und geglaubt – heute gibt es dazu Forschungsergebnisse. Wenn ich Sie in ein Gerät einlege, in dem wir sämtliche Blut- und Urinwerte usw. ständig messen können, monitoren können, dann können wir z.B. feststellen, wann Sie einen emotional negativ formulierten Satz lesen, denn dann reduzieren sich Ihre T-Zellen sofort. T-Zellen sind der Teil des Immunsystems, den wir brauchen, um etwas abzuwehren. Wenn Sie etwas Positives lesen, dann vermehren sie sich automatisch. Anders ausgedrückt, wenn Sie ein negatives Erlebnis haben, dann wird Ihr Immunsystem geschwächt, wenn Sie ein positives haben, dann wird es gestärkt.

Aber ein negatives Erlebnis schwächt Ihr Immunsystem für ca. einen Tag. Ein positives Erlebnis stärkt Ihr Immunsystem für ca. drei Tage. Ist das toll?

Wenn Sie lächeln, stärken Sie Ihr Immunsystem. Wenn Sie Ihre Mundwinkel hängenlassen, dann schwächen Sie Ihr Immunsystem. Das ist eindeutig eine Verbindung. Da kommen wir nicht mehr daran vorbei. Deswegen rate ich Ihnen nicht nur 60 Sekunden lang das Lächel-Training zu machen, wenn Not am Mann ist und Sie in der Krise sind, sondern ich rate Ihnen eine zweite Strategie: Versuchen Sie, jeden Tag fünf Minuten lächelnd zuzubringen. Wir sprechen nicht davon, daß Sie Menschen anlächeln. Wir reden davon, daß Sie etwas für sich selber tun. Das heißt, ob Sie fünfmal eine Minute lächeln, auch wenn Sie keine Krise haben, oder zehnmal eine halbe Minute – das entscheiden Sie selber und jeden Tag neu. Aber tun Sie es! Wenn Sie das tatsächlich tun, passiert etwas sehr Interessantes: Sie tun jeden Tag etwas für Ihr Immunsystem – rein physiologisch, aber es ist auch psychologisch wichtig. Wenn Sie in Räumen sind, in denen andere Menschen sind, und Sie trauen sich da nicht wegen der Anti-Freude-Programme, dann rate ich Ihnen, werden Sie kreativ. Wenn Sie in einer Schublade unten wühlen, können Sie …

Oder wenn Sie im Waschsalon sind und holen die Wäsche aus dem Wäschekorb. Es gibt viele Gelegenheiten, wenn man einmal auf den Trick gekommen ist. Oder z.B. beim Autofahren, das bietet sich an, das schreit ja geradezu danach. Vor allem, wenn Sie an der Ampel stehen. Oder wenn die Ampel sehr lange Rot zu sein scheint. Oder wenn immer nur drei Autos durchkommen, und Sie sind an Position Nr. 17. Falls Sie Angst haben, wenn Sie das im Auto machen bei Tageslicht, daß in den Autos rechts oder links von Ihnen einer sitzt, der mit Handy den Krankenwagen ruft, weil Sie so unmotiviert in die Gegend grinsen, rate ich Ihnen, nehmen Sie Ihr Handy hervor, dann können Sie Ihr Training machen, wo immer Sie gehen und stehen. Man beneidet Sie um den Gesprächspartner, der Sie lächeln macht. Falls Sie noch kein Handy haben, des gibt Handy-Attrappen, dafür sind sie gut.

Lächelstrategie Nr. 3: Das innere Lächeln

Diese Strategie baut auf den ersten beiden auf. Wenn wir ein wenig Übung im Lächeln haben, dann können wir „innerlich lächeln".

Stellen Sie sich den Lächel-vorgang innerlich vor.

Sie wissen, wie das Lächeln sich „anfühlt", und dieses Gefühl malen Sie sich aus.

Dabei „wandert" Ihr Lächeln sozusagen vom Kopf ins Herz.

Studien haben gezeigt, daß sogar das innere Lächeln zu positiven neurologischen und neurohormonellen Auswirkungen führt, was wieder einmal beweist: Mental-Training bewirkt dieselben physiologischen Reaktionen, wenn die Vorstellung „sauber" ausgeführt wird.

Außerdem „strahlt" dieses innere Lächeln aus und beeinflußt Ihre Umgebung positiv. Ihre Mundwinkel mögen sich dabei vielleicht um nur 1/16 Millimeter anheben – das „nackte Auge" könnte es nicht bewußt registrieren, aber das Unbewußte Ihrer Gesprächspartner nimmt es wahr. Versuchen Sie es!

Nr. 8: Birne & Führungskraft & Anti-Fehler

Wir können sagen: „Jeder, der sein Leben führt, ist Führungskraft", denn bevor man andere (Mitarbeiter, Kinder) führen kann, muß man sich selbst „führen" und einer der wichtigsten Aspekte ist die Art, wie wir mit Fehlern umgehen. Darum geht es in diesem strategischen Ansatz …

Die Kunst der positiven „Fehler-Strategie"

Wir sprachen von einem der gefährlichsten Programme unserer Erziehung (Anti-Fehler, vgl. Seite 168), welche uns die Freude an unserem Leben wirklich verderben kann. Sie erinnern sich, an den Dreijährigen mit seinen Bauklötzchen: Er hat noch jede Menge E-Energie für Ent•DECK•ungen, er kann durch eine Panne zu aufregenden, faszinierenden neuen Ein•Sichten gelangen. Und wir? Schauen wir uns verstohlen um, ob jemand den Fehler bemerkt hat? Vergeuden wir wertvolle Energien mit Fehler-Vertuschungs-Maßnahmen? Versuchen wir uns krampfhaft zu **rechtfertigen**? Oder neigen wir eher zu (aggressiven) Schuldzuweisungen? Im letzteren Fall sind wir natürlich Opfer!

Der „Täter" ist dann ein Mitmensch, dem wir sein Verhalten übelnehmen (Stichwort „berechtigter Zorn". Können wir den Schwarzen Peter keinem einzelnen zuschieben, dann kann natürlich auch „die Welt" schuld sein – der Staat, Gott, das Schicksal, die Sterne …).

Wenn wir zurückdenken, dann erinnern wir uns in der Regel an die gesprochene oder implizite Forderung, Fehler seien unbedingt zu vermeiden. Erinnern Sie sich an die Schule! Da wird jeder Fehler rot angestrichen. (Erwachsene streichen das, was sie sich besonders gut merken wollen, farbig an und wundern sich, wenn Schüler sich den rot hervorgehobenen Fehler besonders gut merken, sprich, ihn morgen wiederholen.) Jedenfalls werden Fehler in der Schule nicht nur rot angestrichen und gezählt (der absolute Wahnsinn!), sondern auch noch bestraft, sprich: schlecht benotet! Da muß man ja Angst vor Fehlern bekommen!

Nun überlegen Sie einmal, wie absurd das ist: Wir wollen*

> Erfolge ohne Mißerfolge
>
> und Leistung ohne Fehler.
>
> Das ist wie
>
> Tage ohne Nächte
>
> und Berge ohne Täler!

Wer eigenen Fehlern gegenüber intolerant ist, wird ähnlich intolerant reagieren, wenn andere einen Fehler machen! Jetzt erin-

---

* Quelle: Vera F. BIRKENBIHL: *Erfolgstraining,* Landsberg am Lech 1998.

nern Sie sich bitte: Wie fühlen Sie sich, wenn man Sie kritisiert, und: Neigen Sie, öfter als Ihnen lieb sein sollte, zu relativ vorschneller Kritik an anderen ...?

Einerseits leiden wir, wenn andere uns kritisieren, unsere Meinungen angreifen etc., während wir jedoch bei anderen recht locker vom Hocker kritisieren. Wer das Anti-Fehler-Programm nämlich verinnerlicht hat, empfindet erstens Schuldgefühle, wenn ein Fehler unterläuft („Ach, bin ich wieder blöd gewesen!"), und reagiert zweitens sauer, wenn andere einen Fehler machen („Was hast Du Dir dabei gedacht?!"). Wobei es relativ gleichgültig ist, ob wir unseren Unmut laut und deutlich zur Sprache bringen oder ob wir lediglich kritisch schauen. Das sind Nuancen; die Botschaft wird in jedem Fall beim anderen ankommen.

Mark MCCORMACK gehört zu den ganz erfolgreichen Menschen. Aus einfachsten Verhältnissen kommend ist er der typische Selfmademan, der den ebenso typischen amerikanischen Traum verwirklicht hat. Der Verfasser des Buches *Was man an der Harvard-University nicht lernt* hatte keine akademische Ausbildung (seine Schule war die Straße) und wurde doch später Dozent an der Harvard-University. MCCORMACK ist der Mann, der den Sport international zum „Ereignis" gemacht hat. Seine Agentur vertritt viele große Stars (nicht mehr nur aus dem Sport). In einem Interview äußerte er einmal eine Lebensweisheit, die uns allen sehr helfen kann. Er sagte: „Jede Führungskraft (jede/r, die/der das eigene Leben bewußt führt, ist Führungskraft) sollte täglich mindestens einmal folgende drei Dinge sagen:

1. Da habe ich Mist gebaut.

2. Das weiß ich nicht.

3. Bitte helfen Sie mir! (hilf mir!)

Diese Strategie wirkt sich außerordentlich günstig auf Ihr Selbstwertgefühl aus und verbessert darüber hinaus Ihre Kommunikation mit anderen dramatisch. Jedesmal, wenn Sie einen der drei Tips von MCCORMACK praktizieren, sind Sie „im Training" auf dem Weg dazu, „weniger ‚armes' (leidendes) Opfer, mehr ‚Winner'" (d.h. ein **erfolgreicher** Mensch, der sein Leben bewußt führt) zu werden. Jedesmal, wenn es Ihnen gelingt, eine der drei Anregungen von MCCORMACK in die Tat umzusetzen, sind Sie wieder einen kleinen Schritt weitergekommen auf Ihrem Weg vom Gehirn-Besitzer (der es im Schädel spazierenträgt) zum Gehirn-Benutzer (der sein phänomenales POTENZ•ial nutzen lernt)! Außerdem verbessert diese Strategie neben Ihrem Selbstwertgefühl natürlich immer auch Ihr **RE-PERTOIRE** (vgl. Seite 274); diesmal in bezug auf Ihren Umgang mit Ihrem Anti-Fehler-Programm!

Zusatz-Strategie: Mit Kritik umgehen

Wenn uns das einleuchtet, dann werden Sie die folgende Strategie* begrüßen, wenn andere Sie kritisieren oder angreifen! Sie erfordert zwei unabhängige Denk-Schritte: den ersten im Vorfeld (Vorbereitung) und den zweiten im Augenblick, da jemand uns gerade kritisiert hat.

---

* Quelle: Vera F. BIRKENBIHL: Selbst-Management, Bergisch Gladbach 1998.

Schritt 1: Es geht um Ihre innere Einstellung. Wenn Ihnen klar wird, daß Fehler genauso notwendig für Wachstumsprozesse und Ihre Entwicklung sind, und wenn Sie begreifen, daß manche Entwicklungen erst nach 100.000 Fehlschlägen einen Erfolg zeitigten (wie die berühmte Glühbirne bzw. der Faden in der Lampe von Thomas Alva EDISON), dann können Sie relativ schnell **lernen, innerlich zu Ihren Fehlern JA zu sagen!**

Schritt 2: Wenn Sie bereit sind, aus Ihren Fehlern zu lernen, dann werden Sie bei einem Angriff anders verfahren als früher. Sie werden nämlich **dezidiert nachfragen**, was der andere genau meint; **welche Verbesserungsvorschläge er anzubieten hat** etc.

Bonus: Falls der andere „nur so rummeckert", wird ihm das peinlich sein! Mit dieser Strategie bekommen wir also die chronischen Nörgler in unserer Umgebung ganz nebenbei in den Griff, weil diese nämlich bald merken, daß wir es in Zukunft immer ganz genau wissen wollen!

Falls der Mensch jedoch nicht „nur so" herumgemeckert hat, dann lernen wir möglicherweise tatsächlich etwas, **wenn** der Mensch auf unsere Rückfrage Interessantes anzubieten hat, was uns weiterbringen kann.

Somit schlagen wir drei Fliegen mit einer Klappe:

Erstens könnte es sein, daß wir von der Kritik profitieren bzw. daß wir, weil wir bei einer Kritik (oder einem Angriff) nachgefragt haben, wirklich etwas hinzulernen. Das wäre also **ein** Vorteil.

Zweitens ist jede interessierte Frage an den anderen immer eine Streicheleinheit für sein Selbstwertgefühl. Zeigt sie doch, daß wir ihn ernst nehmen, daß wir ihn respektieren, daß wir von ihm lernen können etc. Also psychologisch ein großer Vorteil! Insbesondere in einem Augenblick, da er uns kritisiert, d.h., wenn er eher Ablehnung von uns erwarten würde.

Drittens entlarven wir die Meckerer, die prinzipiell herummeckern. Das ist die Sahne auf der Torte! Fällt Ihnen nicht auch die eine oder andere Person ein, an der Sie die Strategie sofort in Ihrer täglichen Praxis umsetzen wollen?

Aber selbst wenn wir die „Sahne" beiseite lassen, ist diese Strategie enorm konstruktiv, wenn – und nur wenn – wir den Mut aufbringen; denn es erfordert in der Regel ein wenig Training, bis wir es „glatt rüberbringen" können!

Sagen Sie sich immer wieder: **Ich stehe zu meinen Fehlern!** oder: **Ich lerne aus meinen Fehlern!,** bis Sie in der Lage sind, jeden Ihrer Fehler als etwas Positives anzusehen. Vielleicht kennen Sie den Spruch: „Probleme sind zum Lösen da!" Ähnlich könnten wir sagen: **Fehler sind zum Lernen da!** Wenn wir das erst einmal verinnerlicht haben, dann wird es leicht, die Strategie des Nachfragens und Nachhakens umzusetzen!

Nr. 9: Portal & Dackel & Dank

Sie wissen inzwischen, daß wir die **assoziative Merk-Brücke** sowohl BILD∙lich als auch von der Wort-Bildung herleiten können. Zum Beispiel verbanden wir bei Nr. 2 das Bild des Ohrringes mit Ihrem Ohr(läppchen), während wir jetzt wieder vom Wort-Bild ausgehen: DAcKel enthält D-A-K, was uns an das Wort DAnK erinnern soll. Denn dieser strategische Ansatz bietet Ihnen vier Dank-Strategien an …

Nummer 1: DANK (allgemein)

Wenn wir uns einmal überlegen, wie es anderen Menschen auf dieser Welt geht. Wir leben in einem kriegsfreien Gelände, wiewohl wir von Kriegen umgeben sind. Dafür könnte man ab und zu dankbar sein. Wir leben nicht zur Zeit der „Schwarzen Pest", des „Dreißigjährigen Krieges", in der Zeit, in der es nichts zu essen gab. Wir leben jetzt. Deshalb: Mehrmals täglich zehn Sekunden Dank an Gott oder das Universum oder das Schicksal. Es geht ja nicht darum, welche Position Sie religiös einnehmen. Einfach dankbar sein für Dinge, für die Millionen von Menschen dankbar wären. Und wir nehmen es überhaupt nicht wahr.

Wenn Sie „Dank im Herzen" haben, stärken Sie Ihr Immunsystem. Wenn Sie „Undank", „Haß", „Ärger", „Frust" usw. erleben, dann schwächen Sie Ihr Immunsystem (siehe „Psychoneuroimmunologie", Seite 295). Man kann das heute messen, innerhalb von Bruchteilen von Sekunden ergibt sich eine meßbare Reaktion. Sogar wenn Schauspieler diese Gefühle spielen, ergibt sich nach maximal zwei Minuten eine meßbare Reaktion, obwohl sie es nur spielen.

Noch etwas ist wichtig: Wenn Sie Mundwinkel „zum Drauftreten" haben, das geht ja einher mit den negativen Gefühlen, schwächen Sie Ihr Immunsystem. Wenn Sie lächeln oder gar lachen, stärken Sie Ihr Immunsystem. Das nutzen wir auch aus.

Wenn Sie mehrmals täglich zehn Sekunden Dank empfinden würden – es gibt bestimmt genügend, wofür Sie danken können –, dann tun Sie etwas für Ihre Gesundheit, und Sie strahlen natürlich etwas anderes aus. Nach zehn Sekunden „Dank" sind Sie einfach positiver drauf, das strahlt aus.

Nummer 2: DANK an Personen (gedacht)

Da haben wir den Dank in Ihrem Herzen, der an Personen gerichtet ist. Sie sagen sich: „Die Bedienung heute mittag im Lokal – es war schrecklich voll – war furchtbar nett, obwohl das ein ganz schöner Streß war." Wir danken jetzt der einen oder anderen Person, die uns begegnet ist, in unserem Herzen.

Nummer 3: DANK an Personen
(Ausdruck, Blick oder Wort)

Dank an Personen direkt ausdrücken, z.B. durch einen freundlichen oder anerkennenden Blick. Deswegen sind die „kleinen Augen" an der Stelle. Oder z.B. die „Lippe", durch ein freundliches Wort – angefangen von einem „Danke!" Das muß kein Riesenkompliment sein, es sind oft kleine Bemerkungen.

Die Chinesen sagen, daß ein Kompliment drei Wintermonate erwärmen kann. Und wir tun das viel zu selten. Warum? Weil wir per *Imitation* übernommen haben, wie man „nicht lobt". Als wir herangewachsen sind – alle, die älter sind als 30 Jahre –, galt die Abwesenheit von „Tadel" als „Lob". Also haben wir nicht gelernt, per Imitation unser „Lob" auszudrücken. Daher tun wir es zu selten. Ab und zu gibt es dann eine große Krise mit jemandem, der uns darauf aufmerksam macht, und dann sagen wir: „Ja, stimmt, ich bin auch nie gelobt worden!" Wir haben gewisse Probleme damit, aber wir haben inzwischen erkannt, wie wichtig es ist. Wir neigen dazu, bei den Fehlern einzuhaken und dann etwas zu sagen. So sind wir programmiert worden.

Lernen wir also, durch anerkennende Blicke oder ein kurzes „Danke" etwas zu tun.

Lassen Sie mich Ihnen zum Thema „Lob" noch eine Fußnote geben, die ganz wichtig ist: Ein Lob kann arrogant wirken.

Ich kann mit einem Lob mehr Porzellan zerschlagen, als ich wollte. Warum? Wenn ich in einer Art lobe wie: „Das haben Sie aber gut gemacht!", dann impliziere ich ja, ich stehe auf dem Podest und kann das beurteilen. Ich bin auf alle Fälle der Bessere. Aus dieser lehrerhaften Position heraus sage ich gnädig, daß es ok war. Das kann verletzen!

Sie können aber niemanden mit einem Lob verletzen, wenn Sie über sich selbst sprechen. Wenn Sie sagen: „Es hat mich gefreut, daß die Unterlagen so schnell an mich zurückgekommen sind!", sprechen Sie von sich und Ihrer Freude. Das ist nicht arrogant. Arrogant ist es, wenn Sie in einer absoluten Weise sagen: „Die Leistung ist ok!", als sei es eine universalgültige Wahrheit, die Sie bezeugen. Dann sind Sie allwissend.

Wenn Sie über sich sprechen, über Ihre positive emotionale Reaktion, dann binden Sie den anderen ein, dann bauen Sie die Brücke zu seiner Insel. Dann kann er das nicht als arrogant empfinden.

Nummer 4: DANK an Personen (schriftlicher Ausdruck)

Eine positive Bemerkung an Menschen, die Sie jedoch diesmal „schriftlich" machen. Egal, wie toll Sie Ihr Lob formulieren, egal, wie toll es ankommt, aber letztlich ist es dann weg, es wurde eben nur gesagt. Wenn Sie ab und zu einmal ein paar Zeilen schreiben würden – wenn Sie schon einmal erlebt haben, wie jemand ein solches Brieflein in seiner Brieftasche herumgetragen hat, es ab und zu hervorgeholt und wieder gelesen hat, vielleicht wenn er nicht so gut drauf war, wie jemand es vielleicht sogar einem anderen gezeigt hat – wer das schon einmal erlebt hat, der weiß um die Wirkung von positiven Worten auf Papier. Denn was bekommen Sie denn sonst als Brief, Karte, Fax oder e-mail? Wir bekommen Anfragen: „Können Sie uns den Gefallen tun? Können Sie uns das zuschicken? …" Wir bekommen ja so selten einen Brief o.ä. mit einer positiven Bemerkung. Das sticht richtig heraus.

Nehmen Sie sich als Strategie vor, einmal pro Tag oder einmal pro Woche ein „Opfer" herauszusuchen, jemanden, der nicht damit rechnet, von Ihnen etwas Positives zu bekommen, der freut sich ganz besonders, wenn es überraschend kommt. Es kostet uns nicht viel Zeit und Energie. Und wir haben das *Folgeprinzip von Saat und Ernte – Was wir in die Welt hinauslenken, bekommen wir zurück.*

Hier können wir wiedergutmachen, wo wir vielleicht öfter einmal nörgeln, meckern, kritisieren usw. Es ist ein gewisser Ausgleich. Sie schaffen unerhörte Dinge damit, weil Sie die Person direkt im *B-Bereich* stärken. Wenn es jemand ist, der sowieso ein wenig Probleme mit seinem Selbstwertgefühl haben könnte, wie wir alle, dann ist das wirklich ein Geschenk für ihn.

Nr. 10: Scheck & Inspektor & Introspektion

Während der Inspektor Dinge in der Außenwelt analysiert, geht es bei der Introspektion darum, den Blick nach innen zu richten und sozusagen „Inspektor" bezogen auf Ihr Innenleben zu spielen sowie Ihre so gewonnenen Einsichten ins tägliche Leben zu integrieren ...

Programme bewußtmachen

Wie können Sie die 60 bis 100 wichtigsten Programme finden, die Ihr Leben steuern? Ein Teil unserer Programme ist uns ziemlich bewußt, weil man sie in uns „hineingeredet" hat (Sitz still! Sei fleißig! Sei pünktlich! Bohre nicht in der Nase!). Zum Teil sind uns unsere eigenen Programme jedoch (ziemlich) unbewußt, vor allem solche, für die wir gar keine Worte haben, weil sie eben nicht in uns „hineingeredet" worden waren. Diese Programme haben wir über den Weg der **Imitation** gelernt. Deswegen erscheint es zunächst so schwer, sie ausfindig zu machen.

Deshalb habe ich eine einfache **2-Schritt-Methode** entwickelt:

Schritt 1: Was gefällt Ihnen?

Sehen Sie fern (oder lesen Sie einen Roman) und stellen Sie sich einen kleinen Timer so ein, daß er etwa alle fünf Minuten piepst. Dann unterbrechen Sie kurz und fragen sich, was Ihnen in den letzten Minuten ge- oder mißfallen hat.

310

Was Ihnen **nicht** gefallen hat, da haben Sie ein Progamm „**gegen**" (ein **Anti**-Programm). Dies könnte in einem Spielfilm (Roman) z.B. sein: der rechthaberische Opa, die ewig nörgelnde Schwiegermutter.

Was Ihnen gefallen hat, **da** haben Sie ein Programm „**für**" (ein **Pro**-Programm also). Dies könnte z.B. im selben Spielfilm sein: der **fleißige** junge Mann, die **höfliche** Nachbarin, die **engagierten** Eltern … Also sieht Ihr Vorgehen wie folgt aus:

Vorgehen: **Bereiten Sie Blätter vor**, die Sie durch einen senkrechten Strich in der Mitte teilen. Die eine Blatthälfte reservieren Sie für Dinge, die Sie „gut" finden, die andere für Notizen oder Dinge, die Sie als „nicht gut", „falsch" u.ä. einstufen. Während Sie **fernsehen** (oder einen Roman **lesen**), läuft Ihr kleiner **Timer**. Wenn er piepst, drücken Sie den Knopf zweimal (1. um ihn abzustellen, 2. um ihn wieder zu starten) und **notieren** – Stichpunkte genügen –, **was Ihnen in den letzten Minuten positiv oder negativ aufgefallen war.** Das kann man leicht „nebenher" machen.

Schritt 2: Nachdenken

Jetzt wollen Sie über die **Hintergründe** Ihrer Pro- oder Anti-Haltung nachdenken. Machen Sie sich klar: Alles, was Ihnen gefällt, gefällt Ihnen aufgrund Ihres Pro-Programmes! Dieses Verhalten ist nicht a priori „gut" oder „richtig", sondern Sie **finden es** „gut" oder „richtig", weil Sie so programmiert wurden. Nun könnte man meinen, wir bräuchten uns über Programme, aufgrund derer wir etwas „gut" finden, keine großen Sorgen zu machen. Denn etwas (oder jemanden) „gut" zu finden, geht mit positiven Gefühlen einher, kann also kein Problem darstellen. Dies stimmt zwar, aber es besteht die große Gefahr, daß wir es „nicht

gut" („falsch", „schlimm" oder gar „unmöglich!") finden, wenn
jemand gegen dieses Pro-Programm verstößt. Wenn Sie also
Höflichkeit „gut" finden, dann werden Sie nicht nur positive
Gefühle erleben, wenn jemand höflich ist, sondern Sie könnten
auch akuten Zorn erleben, wenn jemand sich unhöflich verhält!
Deshalb ist es wichtig, Ihre Inventur (Schritt 1) über einen gewissen Zeitraum durchzuführen, damit Sie viel Material zum
Analysieren sammeln. Nun können Sie konkret wie folgt verfahren:

Analyse A:

**Vergleichen Sie die Stichpunkte beider Kategorien mitein-
ander.** Wenn Sie z.B. feststellen, daß an **einem** Tag ein höfli-
ches Verhalten in der Rubrik „gefällt mir" eingetragen wurde,
Sie zu einem anderen Zeitpunkt jedoch Zorn über unhöfliches
Verhalten empfunden haben, dann markieren Sie solche Parallelen. Denn sie zeigen Ihnen: Die meisten Programme wirken in
zwei Richtungen! Jedes Anti-Programm ist die „Rückseite" der
Medaille; auf der Vorderseite ist das parallele Pro-Programm!
**Erst wenn Sie einige solcher Parallelen aufgespürt haben,
gehen Sie zur zweiten Analyse-Art über:**

Analyse B:

Fragen Sie sich, wie stark Sie in jedem der beiden Fälle reagieren. Zwei Beispiele:

Herr X. reagiert mit akutem Zorn, wenn jemand sich gegen eines
seiner Pro-Programme verhält. Er „muß" dann Ärger „erleiden",
begibt sich psychisch in die Opfer-Rolle, beginnt zu schimpfen.
Dabei ist es völlig egal, ob er den Betreffenden **direkt** kritisiert
oder ob er sich **über** jemanden aufregt (z.B. über den fiesen Typen im Film). Er reagiert somit als Frosch. Quaaaak.

Herr Z. ist weit besser dran. Er stellt nämlich fest, daß er sich im positiven Fall über das Verhalten freuen kann, daß er im negativen Fall aber nicht ins Gegenteil verfällt. Er „muß" sich nicht ärgern. Er nimmt lediglich wahr, wie (unhöflich, unpünktlich, faul) jemand sich verhält, aber es löst in ihm keinen Zorn aus. Wo Handlungsbedarf ist, wird er handeln (z.B. was das häufige verspätete Eintreffen eines Mitarbeiters angeht), aber er „muß" sich nicht aufregen; er kann kühl und rational an das Problem herangehen. Er reagiert also als Adler: Klarer Überblick ohne dramatische emotionale Reaktionen, wenn jemand sein Pro-Programm „übertritt", wiewohl er es im positiven Fall durchaus bewußt registriert und das Verhalten zu schätzen wissen kann. Er ist in der besten Position!

Neigen Sie mehr zu Frosch-Verhalten (X) oder mehr zu Adler (Z)? Bitte seien Sie sich darüber klar, daß auch diese Tendenz zunächst durch Imitations-Lernen von Ihrer Umwelt übernommen wurde, also auch Teil Ihrer Programme ist. Zunächst! Denn das können Sie ändern! Auf Seite 339 finden Sie das Fallbeispiel eines New Yorker Taxifahrers, der sich allein und ohne fremde Hilfe vom totalen Frosch zum Super-Adler gewandelt hat, nachdem er einmal begriffen hatte, was „Sache war". Was er kann, das kann jede/r – man muß nur erstens begreifen, was im eigenen Leben „los" ist, und zweitens dann handeln! Und das führt uns zur dritten und letzten Analyse unserer notierten Beispiele für unsere eigenen Pro- und Anti-Programme.

Analyse C:

Nun sortieren Sie nach Häufigkeit! Stellen Sie sich die Frage: „Neige ich dazu, mich regelmäßig über gleiche (oder ähnliche) Dinge aufzuregen?" Die meisten Menschen haben einige „Lieblings-Ärger-Situationen", nach dem Motto:

- Was ich nicht ausstehen kann, ist ...

- Ich hasse es, wenn Leute ...

- Wenn er seine Sachen mitten im Wohnzimmer liegen läßt, könnte ich ihn erwürgen ...

Analyse C ist (vorläufig) abgeschlossen, wenn Sie Ihre ersten „Lieblings-Ärger-Situationen" identifiziert haben. (Der Begriff „vorläufig" deutet an, daß Sie später vielleicht noch weitere „Lieblinge" finden werden, aber mit den ersten, die Sie jetzt identifiziert haben, können Sie die Anti-Ärger-Strategie (vgl. Seite 350) anwenden!

Dabei gilt folgende Regel: Je mehr „Lieblings-Ärger-Situationen" Sie insgesamt finden können, desto leichter wird alles. Warum? Denken Sie an unseren Streßhormon-Topf zurück (vgl. Seite 121). Je häufiger Sie sich ärgern, desto mehr Kampf-Hormone produzieren Sie, desto höher steigt der Pegel im Meßbecher! Je höher aber der Pegel, desto reizbarer werden Sie, und desto „schlimmer" wirken weitere „Probleme" im Leben, was wiederum bedeutet, daß Sie mehr Streß-Hormone als nötig produzieren. Es ist ein TEUFELSKREIS! Nehmen wir jetzt an, Sie haben eine bestimmte „Lieblings-Ärger-Situation", wie bei mir damals der Reinschneider, 70mal die Woche (vgl. Seite 206). Da ich damals im Schnitt fünf Reisetage pro Woche hatte (viele Ein-Tages-Seminare mit Weiterreise am Abend zum Ort des Folge-Seminars), war mein Kampf-Hormon-Topf oft schon recht voll, wenn ich mich ins Auto setzte. Also „kostete" mich jeder Reinschneider einige Tropfen Kampf-Hormone. (Ich wiederhole: Dies ist ein Denk-Modell; die Mengen sind in Wirklichkeit so winzig, daß sie unser Vorstellungs-Vermögen **unter**schreiten!) Also können Sie sich ausrechnen, daß ich permanent „im Streß" war.

Und jetzt stellen Sie sich vor, was passierte, nachdem ich den Reinschneider „geknackt" hatte, sprich: **nachdem** ich das Ärger-Programm de-aktivieren (de-programmieren) konnte! Es leuchtet doch ein, daß ich „weit weniger Streß-Hormone" im Töpfchen habe, d.h. weit mehr Streß-Hormone, die ich NICHT MEHR PRODUZIERE, weil ich mich nicht mehr aufregen „muß". Tja, als Adler sieht die Welt schon allein deshalb viel besser aus, weil unser biologischer Filter (vgl. Seite 81) weniger „verdreckt" ist. Das können Sie mit der Windschutzscheibe am Auto vergleichen: Statt im Nieselregen-Nebel auf einer Schlammpiste zu fahren und ständig Lehmspuren (die sich verschmieren) von der Scheibe wischen zu müssen, ändert sich die „Großwetterlage" dramatisch: Erst gelangen Sie auf eine Asphaltstraße (der gröbste „Dreck" fällt weg), dann lichtet sich der Nebel, und zuletzt kommt auch noch die Sonne heraus!

Mein „Schlamm" auf meiner „Windschutzscheibe" war der Straßenverkehr: Reinschneider, Kolonnenspringer, Linksfahrer, Ampelschleicher und nebeneinander fahrende Radler … sie alle konnten mich früher „zur Weißglut treiben". Ihnen allen hatte ich die Macht gegeben, mein Leben zu „verdrecken". Ihnen erlaubte ich, mich zu ärgern! Ihnen gestand ich zu, daß ihr Verhalten meinen Kampf-Hormon-Topf ständig ziemlich voll hielt, so daß ich für die eigentlich wichtigen Aufgaben im Leben (z.B. für die Seminare selbst) nicht mehr genügend Energie „übrig" hatte (vgl. Energie-Modell, Seite 212). Zwar „schaffte" ich „es" immer „irgendwie", aber ich mußte viel zu viele Energien abgeben, und zwar an

1. die Abteilung A, denn: negativer Streß gefährdet das Überleben und schwächt unser Immunsystem (dies löst sofort autonome Reparatur-Vorgänge aus, welche A-Energien kosten), und an

315

2. die Abteilung B, denn: Ärger „drückt" automatisch auf das Selbstwertgefühl (versuchen Sie doch einmal, sich psychologisch „super" und erfolgreich zu fühlen und gleichzeitig einen „heißen Zorn" auf einen Mit-Menschen zu empfinden!). Jedes Leiden unter der „Respektlosigkeit" derer, die uns nicht wichtig genug nehmen (z.B. indem sie uns den Weg abschneiden oder uns warten lassen), bewirkt, daß sich der B-Bereich „aufbläht". Das hilflose „Aufblasen" aber ist eine Frosch-Strategie, die Feinde in die Flucht schlagen soll, aber sonst absolut nichts bewirkt!

Dadurch hatte ich zuwenig Energie für die Abteilung C, was sich daran zeigte, daß ich bei Routine-Handlungen (wie Autofahren) bereits regelmäßig „ins Schwitzen" geriet. Und ich hatte zuwenig Energien für die Abteilung D, d.h. für meine eigentliche Arbeit, also die Seminare (d.h. für Vorbereitung und Durchführung) und, last but not least, fehlte mir die Kraft, mich mit der nötigen Intensität dem Bereich E zuwenden zu können. Sie erinnern sich: E steht für Ent•DECK•ungen (vgl. Seite 225) sowie für die eigene Ent•WICK•lung (und Ent•FALT•ung unseres Potentials, vgl. Seite 226) und somit für unsere Evolution als Individuum (im Gegensatz zur Evolution der Menschheit). Wir können auch sagen: E repräsentiert das fortschreitende Wachstum unserer Persönlichkeit.

Wenn Sie beginnen, Ihre „Knackpunkte" herauszufinden, und wenn Ihnen klar wird, wieviel Energie Sie vielleicht bisher vergeudet haben (weil Sie so programmiert worden sind), dann können Sie beginnen, Ihren Erfolg im Leben selbst in die Hand zu nehmen. Dazu dienen die folgenden Einsichten und Maßnahmen.

Nr. 11: Aus & Ente & Energie

Hier benutzen wir wieder das Wort als Assoziations-Hilfe: ENte soll uns an ENergie erinnern; es geht also um Konsequenzen aus unserem Energie-Modell ...

AUFGABE:

Wenn Sie den Eindruck haben, an Energie-Defizit oder gar unter akutem Zeitmangel zu leiden, sehen Sie bewußt auf die Uhr und stellen Sie sich diese Frage: „Es ist jetzt genau (Uhrzeit); wenn es jetzt (Uhrzeit + 2 Minuten) wäre: Würde die Welt dann aufhören, sich zu drehen?" Zum Beispiel: Es ist jetzt 15:04 h; wenn es jetzt bereits 15:06 h wäre, würde die Welt dann aufhören, sich zu drehen?

Lautet die Antwort „Nein", dann schenken Sie sich diese zwei Minuten für die folgende Energie-Übung:

Zeichnen Sie ein Energie-Diagramm und reflektieren Sie kurz: **Wo liegt Ihr Problem heute?**

Dabei gilt: Sie können das Energie-Diagramm waagerecht oder senkrecht anlegen, wichtig ist, daß Sie das Rechteck zeichnen (vgl. Seite 212) und sich fragen: Wie verteilt sich derzeit mein Energie-Bedarf? Der A-Bereich regelt sich ja selbst, aber Sie können sehr wohl einiges in den Bereichen B-, C-, D- und E beeinflussen. Stellen Sie sich z.B. solche (und ähnliche) Fragen:

317

☐ Erleiden Sie gerade besonders viele Schuld- oder Schamgefühle, z.B. weil Sie etwas „falsch" (einen Fehler) gemacht haben oder Angst haben, Sie könnten etwas „falsch" (einen Fehler) machen, dann „verbraten" Sie derzeit zuviel B-Energie, also muß die Abteilung B ziemlich groß gezeichnet werden.

☐ Erleben Sie derzeit besonders viel Ärger, Wut und Zorn? Ordnen Sie auch solche Gefühle immer dem B-Bereich zu, denn: Solche Gefühle sind „ungut", d.h., wir fühlen uns nicht „wohl" dabei. Jedes psychologische Unwohlsein aber drückt immer (auch) auf unser Selbstwertgefühl und kostet zuviel B-Energien.

☐ Stehen Sie unter besonders akutem Zeitdruck, weil Sie sich regelmäßig mehr „auflasten" lassen, als Sie letztlich „tragen" können? Das zeigt, daß Sie sich nicht besonders stark fühlen (Sie fühlen sich wahrscheinlich ziemlich „hilflos", also schwach), das drückt aufs Selbstwertgefühl, also wieder ein aufgeblähter B-Bereich.

☐ Müssen Sie gerade Neues lernen/lesen/erarbeiten und es fehlt „hinten" (E) zuviel, weil Sie „vorne" (B, C oder D) zuviel „verbraten"?

☐ Gibt es zu viele Routine-Tätigkeiten, die Ihre wertvollen C-Energien rauben, so daß zuwenig für die eigentliche Arbeit (D) übrigbleibt?

Wenn Sie diese wichtige Übung die ersten Male ausführen, geht es darum, die *Art* von Energie-Mangel zu diagnostizieren. Diese Fähigkeit, festzustellen, „wo es genau fehlt", stellt sich bald ein, dann brauchen Sie kein Energie-**KaG**a mehr anzulegen. Aber anfangs ist dies sehr hilfreich.

Bitte beachten Sie: Die meisten Zeit- und Energie-Probleme gehen auf das B-Konto in Form von allgemeinen „Streß"-Gefühlen (z.B. Hemmungen, Unsicherheit, Schuld- oder Schamgefühle und Ängste). Sie beruhen in den meisten Fällen auf Gefühlen der (derzeitigen) eigenen Unzulänglichkeit, sind also dem B-Bereich zuzuordnen. Ausnahme: endokrine Hormon-Störungen! Bevor solche Gefühle so regelmäßig auftreten, daß sie bereits „normal" zu werden drohen, gehen Sie natürlich zum Arzt.

Aber die meisten Streß-Attacken sind temporär, wenn sie auch weit häufiger auftreten können, als uns lieb ist. Das Problem ist in den „zivilisierten" Industrienationen weit verbreitet, deshalb lohnt sich eine Auseinandersetzung mit dieser Frage ungemein.

Anderen Positives wünschen

Hiermit stelle ich Ihnen eine neue Strategie vor, die ich 1998 erfunden habe: Auf dem Weg nach Frankfurt war der Verkehr zum Teil ziemlich schwierig. Ich kann ja heute sehr gut mit diesen Dingen umgehen, aber mir ist da eine ganz tolle Idee gekommen. Ich habe angefangen, all den Autofahrern, die knapp überholen o.ä., wo ich im ersten Moment geneigt wäre, den Menschen als nicht wahnsinnig sympathisch einzustufen, Positives zu wünschen. Ich habe ganz bewußt gedacht: „Ich wünsche Ihnen Gesundheit und ein langes Leben". Bei jedem dieser Autos. Dann habe ich das auf alle ausgedehnt, die zufällig vorbeifuhren oder auf der anderen Fahrbahn waren. Ich glaube, wenn wir jeden Tag fünf Minuten damit zubringen würden, jedem Menschen, dem wir begegnen, Gesundheit, langes Leben, Friede usw. zu wünschen (Ihre Seele hört immer zu), dann haben Sie fünf Minuten, in der Ihre Seele nur Positives von Ihnen zu hören bekommt, das kann nicht schaden.

ATEM-TECHNIK (betreff) ENERGIE

Hier möchte ich Ihnen eine sehr einfache Atem-Technik zeigen, die unsere Kondition verbessert und uns eine Reihe weiterer positiver „Nebenerscheinungen" bietet! Es handelt sich um eine kinderleichte Atem-Technik, und zwar um eine besondere Technik des **rhythmischen Atmens.** Sie können die Übung z.B. beim Laufen machen, beim Gehen, beim Joggen usw., aber auch im Sitzen oder Liegen, wenn Sie mit einer oder beiden Händen den Atemrhythmus andeuten.

Das Schema ist sehr einfach; Sie werden mit je zwei ZÄHLERN beginnen. Ein ZÄHLER ist entweder ein Schritt oder aber ein leichtes Klopfen oder Klatschen o.ä., weil Sie mit dem ZÄHLER zählen werden. Ab jetzt beschreibe ich die Technik für das Gehen (oder Laufen), bei der Sie im Zweifelsfall mit dem Finger auf der Stuhl- oder Bettkante „laufen", wenn Sie die Übung in Ruhehaltung durch-„laufen" wollen.

Wir beginnen also mit zwei: Sie atmen zwei Schritte ein, zwei aus.

Anschließend werden Sie drei Schritte ein- und drei Schritte ausatmen.

Dann vier Schritte ein- und vier Schritte ausatmen.

Dann fünf Schritte ein- und fünf Schritte ausatmen …

Sie steigern so lange, bis Sie an **Ihre persönliche Obergrenze** kommen, wo es nicht mehr angenehm ist. Ich gehe immer noch **einen ZÄHLER höher**, als gerade **bequem** ist. Dann zählen Sie rückwärts wieder bis zwei, und von da an beginnen Sie: Also z.B. werden Sie fünf Schritte ein- und fünf Schritte ausatmen, dann vier Schritte ein- und vier Schritte ausatmen, dann drei

Schritte ein- und drei Schritte ausatmen und zuletzt zwei Schritte ein- und zwei Schritte ausatmen. Dann beginnt das Ganze von vorne, indem Sie jetzt wieder auf drei steigern, auf vier, fünf …

Beim allerersten Mal, als ich die Technik beim Gehen ausprobierte (wir haben ein hügeliges Gelände im Ort), da kam ich (mit etwas Müh und Not) auf sechs ZÄHLER. Einige Wochen später schaffte ich acht, bald zehn. Aber es ist vollkommen egal! Wenn Sie eingangs nur auf vier kommen, dann sieht Ihr Training wie folgt aus:

1. 2 ZÄHLER ein, 2 aus.
2. 3 ZÄHLER ein, 3 aus.
3. 4 ZÄHLER ein, 4 aus.
4. 3 ZÄHLER ein, 3 aus.
5. 2 ZÄHLER ein, 2 aus.
6. Und wieder auf drei …

Kommen Sie anfangs z.B. bis auf sieben, dann sieht Ihr Anfangs-Pensum so aus:

1. 2 ZÄHLER ein, 2 aus.
2. 3 ZÄHLER ein, 3 aus.
3. 4 ZÄHLER ein, 4 aus.
4. 5 ZÄHLER ein, 5 aus.
5. 6 ZÄHLER ein, 6 aus.
6. 7 ZÄHLER ein, 7 aus.
7. 6 ZÄHLER ein, 6 aus.
8. 5 ZÄHLER ein, 5 aus.
9. 4 ZÄHLER ein, 4 aus.
10. 3 ZÄHLER ein, 3 aus.
11. 2 ZÄHLER ein, 2 aus.
12. Und wieder auf drei …

Es ist wirklich völlig egal, wie Ihre Ausgangsposition aussieht, Sie gehen jeweils so weit, wie Sie (heute) können, und dann gehen Sie genauso systematisch wieder retour.

Diese Atemübung ist eine Art Grund-Training. Ob Sie dabei liegen, sitzen, schlendern, auf Ihrem Heimtrainer radfahren oder skywalken oder laufen, ist Ihnen völlig freigestellt. Je weniger Kondition Sie derzeit haben, desto ruhiger werden Sie die Übung angehen wollen (z.B. liegen statt gehen, sitzen statt schlendern oder schlendern statt laufen). Es gibt weitere Variations-Möglichkeiten, wie z.B. Schrittlänge, Tempo etc. Aber das finden Sie am besten durch Experimentieren heraus.

Wichtig ist nur **das rhythmische Atmen** als solches. Innerhalb von ca. zehn Tagen (bei ca. zehn Minuten Training pro Tag) werden Sie erste echte Resultate messen können, denn dann beginnt sich Ihre Kapazität bereits merklich zu steigern. Sie sehen wieder einmal: Sie vergrößern Ihr REPERTOIRE (hier im rhythmischen Atmen!).

Probieren Sie es bitte gleich einmal aus (gerne im Sitzen oder Liegen, wenn Sie so lesen!) und tragen Sie Ihr heutiges (erstes) Ergebnis hier ein:

Ich bin bis _____ ZÄHLER gekommen.

Das Schöne an diesem Training ist, daß man nicht extra Zeit dafür benötigt – ob Sie einkaufen gehen oder in der Firma ins Nebengebäude müssen, beim Gassigehen, vor dem Fernseher, in der Badewanne usw.

Diese Übung bringt Ihnen ungemein viel (siehe unten), aber ein dramatisches Beispiel sind die Ergebnisse an einem amerikanischen Drogentherapiezentrum. Die Übung war den Entzugs-Leidenden (Ex-)Süchtigen eine große Hilfe: Wutanfälle, Feindseligkeiten dieser jungen Leute untereinander, Angst, Verwirrung, Phobien, Depressionen usw. gingen zurück. Aber auch „normale" Menschen können viel gewinnen: Schmerzhafte Regelblutungen bei Frauen wie auch Streßzustände allgemein sowie Verspannungen und Fehler bei der Arbeit gingen zurück.

Die Liste der positiven Auswirkungen dieser Atem-Technik ist lang:

Verbesserte Lernleistungen, größeres Selbstvertrauen, mehr emotionale Stabilität, größere geistig-intellektuelle und emotionale Unabhängigkeit, zunehmende kognitive Fähigkeiten (Denken, Problemlösungen, Entscheidungen treffen, Kreativität, Gedächtnis), weniger Stimmungsschwankungen, schärfere Wahrnehmung aller Sinnesorgane (manche sagen, ihre Sinnesorgane wären wie gereinigt, plötzlich sieht man schärfer, hört man klarer), mehr Selbstkontrolle, mehr Selbstdisziplin mit der Folge von effizienterem Arbeiten.

Diese Übung hat ähnliche Auswirkungen wie *Meditation*. Denn das sind die typischen meditativen Erfahrungen (nach einigen Monaten). Dabei ist sie so viel leichter durchzuführen für den normalen handlungsorientierten, westlichen Menschen, als zu meditieren.

Durch das ZÄHLEN wird der Geist ähnlich minimal gebunden wie beim meditativen Atem-Zählen oder dem Wiederholen eines Mantras.

Kommentar des Trainer-Kollegen und Schauspielers Wolfgang KLEIN aus Göppingen zu dieser Übung:

*Ich habe sie vor vielen Jahren gelernt, allerdings, einfach um das Atemvolumen zu stärken, um also mein Handwerkszeug zu beherrschen. Aber ich empfehle die Übung auch schon seit Jahren meinen Seminarteilnehmerinnen, um sich Frust und **Ärger wegzuatmen**.*

Den Ärger wegatmen – ist das nicht eine Super-Formulierung? Dann sollten wir uns doch vielleicht entschließen, mit dem Training zu beginnen, um zu testen, ob es auch uns so gut tut, und um unser REPERTOIRE wieder in einem Punkt zu verbessern, oder?

(Vergleichen Sie bitte auch *weitere Anti-Ärger-Tips* beim strategischen Ansatz Nr. 15, ab Seite 343).

Nr. 12: Dock & Frosch & Frosch-Programme

Wieder nutzen wir das Bild des Frosches als Gedächtnis-Brücke zu den Frosch-Programmen unseres Lebens. Außerdem biete ich Ihnen hier als Fallbeispiel zur Überwindung eines typischen Frosch-Programmes eine konkrete Überwindungs-Strategie an …

Der Frosch auf dem Dock soll uns an unsere Frosch-Programme erinnern (vgl. Seiten 164 und 186). Jede/r von uns trägt einige „Kann-ich-nicht-"Ängste mit sich herum, viele davon könnten aufgehoben werden, wenn wir uns dem „Frosch in uns" stellen. Da eine sehr weitverbreitete Frosch-Angst lautet: „Ich bin nicht kreativ", haben wir in diesem Buch-Seminar z.B. den neuen Ansatz der Analografie vorgestellt (vgl. Seiten 53 ff. und 96 ff.), und hier, als strategischen Ansatz Nr. 12, möchte ich Ihnen einen zusätzlichen Ansatz vorstellen, mit dem Sie Ihre Kreativität leicht vervielfachen können. Die Technik heißt „90 Sekunden Plus©", weil Sie mit mehrmals 90 Sekunden (also in wenigen Minuten) mehr erreichen als früher in vielen Stunden! Interessiert? Lesen Sie selbst …

Kreativitäts-Technik: 90 Sekunden Plus©

Wenn wir kreativ nachdenken wollen, gibt es grundsätzlich zwei Möglichkeiten:

1. ENTWEDER wir wollen ERSTE Gedanken SUCHEN. Wir beginnen also bei „Null" und beginnen, in unserem

Geist zu „fischen". Hierbei gilt: **Die ersten 60 bis 90 Se-kunden sind in der Regel die REICH•haltigsten!** Wir brauchen also nicht jedesmal 20 Minuten zu grübeln, wenn wir erste Ideen (Assoziationen) sammeln wollen. (Dies ist der ERSTE Schritt, wenn wir in ein Thema einsteigen.)

2. **ODER** wir wollen EINE spezifische Idee (vielleicht eine, die bei Schritt 1 entstanden war?) weiter•ENT•WICKELN. In diesem Fall wollen wir einen längeren Zeitraum „am Ball" bleiben, damit ein Ent•WICKLUNGs-Prozeß statt-finden kann. Nur so können wir EINEN Gedankengang in Ruhe ent•wickeln (= herauswickeln).

In beiden Fällen gilt es zunächst, das zu „finden", was bereits in uns „liegt". Nun gibt es wieder zwei Möglichkeiten: Entweder Sie sind allein (siehe unten) oder Sie haben Menschen in unmit-telbarer Nähe, die Sie kurz um ihre Ideen befragen können. Des-halb vergleichen wir im Seminar unsere Resultate des ersten Schrittes mit unseren Nachbar/innen (Kleingruppenarbeit). Wir „klauen" (selbstverständlich gegenseitig) Ideen und geben unse-re preis. Auch hier reichen 90 Sekunden. Dann hat jede/r eine ganze Menge neuer Ideen. Wir er•WEIT•ern unser Gedanken-Bild (Mind Map, Cluster oder **KaWa**©), so daß jetzt jede/r in insgesamt zweimal 90 Sekunden mindestens 10 bis 15 Stich-worte gesammelt hat. Über diese Ideen können wir jetzt weiter nachdenken.

Nun sind Sie vielleicht alleine, wenn Sie kreativ sein wollen (müssen?) und neue Ideen suchen. Vielleicht sind Sie im Büro, vielleicht auf Ihrer Terrasse – wo bekommen Sie jetzt die hilf-reiche Kleingruppe her? Nun, Gott sei Dank gibt es Telefon.

Sie können nämlich nach Ihren ersten 90 Sekunden Nachdenken drei, vier Menschen anrufen und kurz befragen. Wir müssen natürlich **vorher** einige Menschen gefunden haben, mit denen wir uns geeinigt haben, daß wir uns gegenseitig in dieser Weise **um 90 Sekunden Hilfestellung bitten** dürfen.

Ich habe ca. 20 Gesprächspartner/innen, die ich schnell mal anrufen kann, wenn ich eine Idee suche. (Auch diese Menschen können mein Wissens-Netz „anzapfen".) Im Schnitt erreiche ich von drei Personen jeweils **eine** (weil andere im Meeting oder außer Haus sind), aber ich kann innerhalb von ca. zehn Minuten mit drei bis vier Kontakten sprechen, um **drei-/viermal 90 Sekunden Assoziationen** einzuholen.

Tip: Ich schneide diese Assoziationen auf Band mit (das wissen meine Gesprächspartner/innen natürlich). Dies hat drei Vorteile:

1. Meine Helfer/innen können **spontan reagieren** (ohne warten zu müssen, bis ich ihre/n Begriff/e notiert habe). Das bedeutet eine weit ergiebigere „Ausbeute", denn jeder Gedanke löst weitere aus, weil er mit zahlreichen Gedanken im Wissens-Netz verbunden ist. Je größer die Freiheit, von „Knotenpunkt" zu „Knotenpunkt" im Wissens-Netz zu springen, desto mehr wird dabei „herauskommen" (d.h. HERAUS•gewickelt werden).

2. Ich kann **eigene neue Assoziationen** aufschreiben, die ein vom Gesprächspartner genannter Begriff **jetzt** in mir auslöst, weil auch ich die Freiheit habe, in meinem Wissens-Netz „herumzuspringen"!

3. Wenn ich hinterher das Band abhöre, kann ich mir wieder viel Zeit lassen und **weitere eigene Assoziationen** aus meinem eigenen Wissens-Netz in mir „hochsteigen" lassen.

Ebenfalls wichtig sind die **Spielregeln** für solche Gespräche (auf die man sich natürlich ebenfalls vorab geeinigt hat):

1. Man fällt **ohne irgendwelche Begrüßungsfloskeln** (also ohne ein „Wie geht es Ihnen heute?") mit der Tür ins Haus. Zum Beispiel mit der Frage: „Hätten Sie 60 bis 90 Sekunden Zeit für ein Stichwort?" Wenn der andere zustimmt, entriegele ich die Pause-Taste meines Kassettenrekorders (vgl. Kasten) und nenne mein Stichwort: „Das heutige Thema ist …"

2. Während der/die Partner/in uns seine/ihre Assoziationen nennt, **schweigen wir**, weil wir sonst seine/ihre Gedankenkette stören. Dies soll schließlich kein Brainstorming (= eine gemeinsame Entwicklung von Ideen) werden! Dies ist eine Bitte um 60 bis 90 Sekunden Zeit für erste spontane Assoziationen dieses Gesprächspartners!

3. Werden durch Ideen des anderen neue **eigene Assoziationen** ausgelöst, so **notieren wir** diese (schweigend!).

4. Wenn dem anderen die Ideen ausgehen und er/sie beginnt, „krampfhaft" nach weiteren zu suchen, **weisen wir darauf hin, daß die Zeit abgelaufen ist, und bedanken uns.**

5. Auch am Ende werden **keine „echten" Gespräche** geführt. Dieser letzte Punkt ist sehr wichtig!

Erstens, **weil wir den anderen kurz aus irgendeinem Gedankengang herausgerissen haben.** Eine Mini-Unterbrechung von 60 bis 90 Sekunden kann jede/r gut verkraften. (In Ausnahmefällen hätte unser Partner bei Schritt 1 gesagt, daß es jetzt leider nicht geht.)

Zweitens, **weil ja auch wir am Thema bleiben wollen!** Oft notiere ich noch 30 bis 60 Sekunden weitere **vom Partner aus-**

gelöste Ideen, ehe ich wieder zum Hörer greife und die nächste Nummer wähle.

Natürlich kann es vorkommen, daß eine/r diese/r Helfer/innen ein Gespräch wünscht. Also sagt der Partner am Ende z.B.: „Ich möchte gern mit Ihnen sprechen, geht es heute noch?", und wir verabreden einen Zeitpunkt, aber dieses „richtige" Gespräch muß unbedingt separat geführt werden (vgl. Kasten).

Nur wenn Sie die Spielregeln **immer** einhalten, haben Ihre Partner die Gewähr, daß solche Ideen-Such-Telefonate innerhalb von 90 Sekunden abgeschlossen sind. Brechen Sie hingegen die Regeln manchmal, dann fallen Ihre Ideen-Such-Telefonate bald in die Kategorie „normaler" Anrufe und werden dementsprechend behandelt. Dann können Sie diese Aktion nicht mehr mit **einem** von drei Wunschpartner/innen durchführen, weil zu viele Ihrer potentiellen Helfer/innen gleich abblocken werden. Damit aber ist die Ideen-Such-Möglichkeit zerstört, durch welche Sie dreifach profitieren (siehe Text).

Somit profitieren Sie dreifach von **90 Sekunden Plus**©:

1. Sie können **jederzeit** die **Ideen von mehreren Gesprächspartnern** „anzapfen". (Na ja, nachts um 3 Uhr möchten Sie wahrscheinlich nur Partner/innen am anderen Ende der Welt anrufen, was ich regelmäßig tue, weil ich oft nachts geistig arbeite.)

2. Sie haben **während** der 60 bis 90 Sekunden die **Möglichkeit, neue Assoziationen**, die Ihr Partner in Ihnen ausgelöst hat, ebenfalls zu notieren (Sie schneiden die Ideen des anderen auf Band mit, damit Sie frei sind, Ihre eigenen Ideen aufzuschreiben).

3. Sie haben **nach** dem Kurz-Telefonat die **Möglichkeit, weitere eigene Gedanken in Ihrem Inneren zu finden** (d.h. sie HERAUS•zuwickeln)!

So erhalten Sie in Null Komma nichts eine Fülle von Anregungen, welche Ihnen „Material" für viele fruchtbare Stunden danach liefern!

Vergleichen Sie stundenlanges „angestrengtes Nachdenken" (die berühmte Bleistift-Kau-Phase) mit den **Vorteilen für alle**, die bei der Methode **90 Sekunden Plus**© mitwirken (denn die Menschen, die Ihnen heute ihre 90 Sekunden schenken, dürfen Sie ja auch anrufen, wenn sie Hilfe brauchen).

Nr. 13: Fundbüro & Reporter & reden

Wir hatten das **Fundbüro mit Reporter** verbunden. **Reporter berichten**, indem sie anderen erzählen, **was sie erlebt haben**. Dies ist unser Stichwort für den **strategischen Ansatz**, den wir mit dem Begriff **Reporter** verbinden wollen.

Es geht um Situationen, in denen Sie etwas Unangenehmes erlebt haben und sich dabei ertappen, daß Sie es anderen erzählen. Wir gehen von der irrigen Annahme aus, es würde uns erleichtern, wenn wir das Erlebte jemandem mitteilen, Tatsache aber ist:

Wenn es Sie erleichtern würde, die Story zu erzählen, würden Sie sie nicht weiterhin erzählen. Also ist es nicht erleichternd. Wir sagen zwar, „geteiltes Leid ist halbes Leid", und das ist richtig, aber „geteilter Ärger ist immer mindestens doppelter Ärger". Geteilter Ärger kann auch 20- oder 30facher Ärger werden, wie wir gleich sehen werden.

Nehmen wir an, es hat Sie jemand im heißen Zorn mit „Du A…" beschimpft (und hat es auch gemeint). Nehmen wir an, dieses „A…" hat Sie fünf Tropfen Kampfhormone (vgl. Kampfhormon-Topf, Seite 121) gekostet. Sie sind jetzt völlig aufgebracht und erzählen es jemandem (in dem Glauben, es würde Sie erleichtern, wenn Sie sich die Sache „von der Seele reden"). Aber während Sie es der Person erzählen, regen Sie sich erneut auf und produzieren **weitere fünf Tropfen** Kampfhormone. Somit haben **Sie selbst** bereits die **doppelte** Menge Streß, und zwar nur, **weil** Sie davon sprechen. Aber die Rechnung wird noch weit komplizierter, denn Sie reden ja nicht mit einem Roboter: Das arme Opfer, dem Sie Ihre Story erzählen, soll ja „mit-leiden" (Mitleid mit Ihnen haben) und demzufolge gefühls-mäßig engagiert sein. Im Klartext: Er oder sie muß jetzt **auch Kampfhormone produzieren**, weil jener andere Mensch zu Ih-nen „A…" gesagt hatte.

Jetzt haben wir schon **drei Kampfhormon-Produktionen.** *Erstens* Ihre **ursprünglichen Tropfen** (beim Erleben der Situation, die Ihren Zorn ausgelöst hatte), *zweitens* Ihre **erneuten Tropfen** (beim Erzählen) und *drittens* die jetzt parallel dazu produzierten **Kampfhormone Ihres Opfers.** Da wir uns für solche Aktionen Leute suchen, deren Inseln besonders viel Überschneidung mit unserer Insel aufweisen (damit wir uns von ihnen besonders „gut verstanden" fühlen), heißt das:

Je mehr die Empfindungen Ihres Opfers Ihren eigenen ähneln, desto ähnlicher wird die Menge der Kampfhormon-Menge jetzt sein, die das Opfer aus „Mit-Leid" produziert, also sagen wir (im Denk-Modell), er/sie produziert **ebenfalls fünf Tropfen Kampfhormone**, somit haben wir jetzt schon insgesamt 15 Tropfen produziert. Aber das reicht in der Regel noch lange nicht: Meistens erzählen wir die Story noch **anderen** Menschen, und zwar gilt:

Die **Wahrscheinlichkeit des Weitererzählens** wird um so höher, je mitfühlender (unseren Zorn „verstehend" **und ihn so verstärkend**) unser **erstes** Opfer reagiert hatte.

Hätte die erste Person uns daran erinnert, **daß Frösche in ihrer Hilflosigkeit quaken**, dann wäre die Wahrscheinlichkeit, daß wir die Story weiterhin erzählen, dramatisch gesunken. *Erstens*, weil wir durch das Erzählen (vielleicht unbewußt) Anteilnahme und Mitleiden „erzeugen" wollen. Wenn dies beim ersten Mal **nicht** (gut) gelingt, vermindert das unsere Lust, es wieder zu versuchen. *Zweitens*, weil jeder anteilnehmende Mensch uns ja „recht gibt". Wir sind der/die strahlende Held/in in der Story (dem unsere Zuhörer/innen zustimmen!), und der andere (von dem wir als *Reporter* berichten) ist das „fiese Schwein", das uns Furchtbares angetan hat. Und jetzt kommt der Knüller:

Weil die Zustimmung anderer unsere ersten Gedanken und Gefühle zu dieser Angelegenheit **verstärkt**, wächst die Story uns ein wenig mehr „ans Herz". Dadurch erhöht sich die Wahrscheinlichkeit noch einmal, daß wir die Story **auch in der Zukunft** weitererzählen werden (um wieder so tolle Reaktionen zu erhalten), aber gleichzeitig passiert noch etwas viel Schlimmeres:

Jedesmal wenn wir Verstärkung für die Story erhalten, **wächst** sie: Sie erlangt jedesmal etwas **mehr Bedeutung**, sie wird jedesmal **wichtiger,** und so lernen wir selbst durch das ständige Erzählen, was für ein **dramatisches Ereignis dies doch war!** Wenn wir später zurückblicken, können wir uns gar nicht mehr vorstellen, daß das auch ganz anders hätte ablaufen können.

Ich wiederhole:
Hätte die erste Person uns daran erinnert, daß Frösche **aus Hilflosigkeit heraus** quaken und daß Adler mit so einem „Gequake" **souverän umgehen können**, dann hätten **wir** vielleicht Verständnis für den Menschen aufgebracht, der uns so beleidigt hat! Wir hätten vielleicht begriffen, daß niemand so reagiert, wenn sein Kampfhormon-Topf leer ist. Wir hätten uns vielleicht daran erinnert, daß auch wir schon schlimme Dinge zu anderen gesagt haben, die uns später leid getan haben. Wir hätten die Situation mit **ganz anderen Augen gesehen**, denn die erste Person, der wir die Story erzählen, leiht uns quasi immer ihre Augen und durch ihre Augen gesehen, **wäre die Story in ihrer Wichtigkeit geschrumpft** (statt zu wachsen und danach ständig

mehr aufgebauscht zu werden). Hier sehen wir wieder ein typisches Frosch-Charakteristikum: Er bläst sich auf und dadurch erscheint er immer größer, aber es ist ja nur Luft ...

Sie sehen also: Je ähnlicher der Mensch, dem Sie die Story zum ersten Mal erzählen, Ihnen selbst ist (je größer die Überschneidung zwischen seiner und Ihrer Insel), desto wahrscheinlicher wird er ähnlich wie Sie reagieren und Ihnen kräftig dabei helfen, die Story „aufzublasen". Je unähnlicher dieser Mensch Ihnen ist, desto weniger wahrscheinlich wird er Ihr erstes Opfer, denn momentan sind Sie ja wütend und suchen Zustimmung. Lassen Sie uns noch **eine andere Analogie** zu Hilfe nehmen:

> Sie sind ein Steinzeitmensch und wollen unter schwierigen Umständen (natürlich ohne Streichhölzer oder Feuerzeug!) ein Feuer entfachen.

Sie haben die Technik des Feuermachens gelernt (mit beiden Händen ein Holzstäbchen in besonderer Weise auf einem besonderen Stein drehen), und Sie wissen zweierlei: *Erstens* müssen Sie minutenlang ohne Pause drehen, sonst erzeugen Sie nicht die nötige Hitze, die den ersten kleinen Funken entstehen läßt. *Zweitens* **muß dieser erste Funke sofort angeblasen werden**, damit ein kleines Flämmchen daraus wird. Nun geht dies zwar auch allein, indem eine Person sich ca. 20 Minuten lang ausschließlich auf diese eine Sache konzentriert und ununterbrochen „am Ball bleibt", um die Temperatur ständig zu erhöhen (vergleichbar mit einer Person, die sich zurückzieht und sich ununterbrochen auf diese „schlimme Sache" konzentriert, **bis ihr anfänglicher Ärger sich zur „Weißglut" erhitzt hat**). Oder aber man geht **kooperativ** an die Sache heran: Einer reibt das Hölzchen, während der Helfer aufpaßt und beim ersten Glimmen durch **Anblasen** nachhilft. So können die beiden in ca. 4 bis 5 Minuten ein loderndes Feuer entfachen. Wenn nun noch andere mithelfen (oder der erste Helfer ständig „am Ball bleibt") und fleißig Holzspäne und kleine Zweiglein nachlegen, **sorgen sie dafür, daß dieses kleine (junge) Feuer kräftig weiterbrennen wird**, bis man die ersten großen Holzblöcke hineinlegen kann, ohne daß diese das Feuer ersticken würden.

Sie sehen: Entweder wir grübeln eine Zeitlang ununterbrochen über die Sache nach, dann können wir mit Sicherheit aus anfänglicher Wärme regelrechte „Weißglut" erzeugen, oder wir suchen uns Helfer und gehen die Sache kooperativ an. Der Knackpunkt ist aber, daß wir selbst aktiv an unserem „Feuer" (Ärger) „arbeiten" müssen, ob allein oder im Team: **Wir selbst** blähen die Sache immer mehr auf, **wir** sorgen dafür, daß die Temperatur ständig steigt, und **wir** sind letztlich verantwortlich für das lodernde Feuer. **Aber das leugnen wir!**

Wir schieben dem armen Tropf, der in seinem Zorn „Du A…" gesagt hat, die ganze Schuld zu. Wir glauben allen Ernstes: Wenn dieser Mensch das nicht gesagt (getan) hätte, dann hätte alles, was danach folgte (verbissenes Grübeln und ständiges Herumerzählen), **nicht** stattgefunden, und wir wären jetzt nicht stocksauer, sondern froh und fröhlich.

Wir hatten (S. 332) bei **15 Tropfen Kampfhormonen** aufgehört, diese zu addieren (nach dem ersten Erzählen der Story). Wenn Sie einmal etwas Zeit haben, können Sie die Rechnung weiterverfolgen. Wie viele Tropfen Kampfhormone werden produziert, wenn jemand die Story **noch dreimal** weitererzählt? Wie viele, wenn er die Geschichte **zehnmal** erzählt? Wie viele bei **15-, 20mal** oder mehr?

Wir alle kennen Menschen, die **seit Jahrzehnten dieselbe Story** erzählen, bei jeder Familienfeier kommt die Sache wieder auf den Tisch. Das Beispiel mit dem „Du A…" ist in den Nachkriegsjahren (1947) passiert. Das hat ein Zugschaffner zu einem Bekannten meiner Familie gesagt. Ich habe es erlebt, wie dieser Mensch die Geschichte regelmäßig erzählte (so nach dem dritten Glas Wein). Das letzte Mal hörte ich sie 1965, bevor ich in die USA ging. Als ich sieben Jahre später zurückkam, lebte dieser Mann nicht mehr. Aber ich nehme an, daß er noch bei der letzten Feier vor seinem Tod diese Geschichte erzählt hat …

Woher kommt die irrige Annahme, es würde uns erleichtern, wenn wir uns die Sache „von der Seele" reden? Antwort: Wir verwechseln die **beiden** wichtigen Funktionen von Sprache miteinander (vgl. Strategischer Ansatz Nr. 1, Seite 265): Wir verwechseln die **zweite** Funktion (etwas „in Worte fassen", um es fassen zu können) mit der **ersten** (anderen unsere Gedanken mitteilen). Es ist eindeutig erleichternd, wenn wir etwas „in Worte fassen" (Funktion 2). Aber wir können dies tun, ohne ein Sterbenswörtchen zu sagen, wie die Kläranlage des Geistes, Seite 267 bereits gezeigt hat.

Deswegen lautet der strategische Ansatz, den wir uns unter Nr. 13 (Fundbüro & Reporter) merken wollen:

Bei Frust: Schreiben!!

Spielen Sie Reporter, aber „berichten" Sie schriftlich. *Sie können sich Ihren Zorn weit besser von der Seele schreiben!* Dann haben Sie es **in Worten ausgedrückt,** und jetzt ist „der Druck raus". Schreiben Sie eine Art von Journal-Eintrag, oder Sie schreiben einen Brief. Hierbei gibt es zwei Möglichkeiten:

336

a) einen Brief an eine/n (gedachte/n) Freund/in, dem/der Sie davon berichten. Oder

b) einen Brief an die Person, über die Sie sich so geärgert haben (den Sie später natürlich **nicht** abschicken werden).

Sie haben es in Worte gefaßt, damit haben Sie es zu fassen bekommen (sprich: jetzt haben Sie es „im Griff"), und jetzt können Sie es getrost auch fallenlassen …

Nr. 14: Irrtum & Adler & Adler-Entscheidungen

Das Bild des Adlers soll uns daran erinnern, so oft wie möglich Adler-Entscheidungen zu treffen, d.h., Verantwortung zu übernehmen …

> Diese Strategie schließt an die Strategie Nr. 12 (Frosch-Programme finden, Seite 325) an.

Je stärker die Frosch-Ausrichtung in Ihrem Leben bisher war, desto „unmöglicher" erscheinen Ihnen solche Gedanken zunächst. Das Fatale ist, daß Frosch-geprägte Menschen glauben, Verantwortung zu übernehmen, gleiche dem Übernehmen einer großen Bürde! Aber Adler übernehmen Verantwortung und sind mächtige Tiere! Nicht umsonst haben viele Nationen den Adler im Wappen oder in der Staatsflagge! Wir sollten uns fragen, *woher unsere Angst vor Verantwortung kommt*? Antwort: Aus unserer *Vergangenheit*. Genauer: Aus unserer *ganz persönlichen Vergangenheit*, die von bestimmten Menschen auf eine bestimmte Weise *geprägt* wurde! Also ist unsere Einstellung hierzu das Resultat eines Lernprozesses. Lernprozesse können jedoch ent•lernt und geändert werden. Testen Sie bitte, wie „schwer" oder „leicht" Ihnen die folgende Idee erscheint.

So paradox es für manche Menschen klingen mag: Je mehr Verantwortung wir übernehmen, desto mehr **persönliche Macht** gewinnen wir. Das wirkt zunächst auf manche Menschen unlogisch, aber es ist so. Wenn Sie Verantwortung übernehmen und zu Ihren Fehlern stehen, **geben Sie keinem Menschen die Macht,** Sie zu verunsichern oder zu „ärgern" (frustrieren, nerven usw.). Sie brauchen dann auch keine wertvolle Energie auf „krampfhafte" Rechtfertigungen (mehr) zu verwenden.

Je „leichter" es Ihnen auf Anhieb fällt, mit dieser Idee „klarzukommen", desto mehr *Glück* haben Sie in Ihrem bisherigen Leben gehabt, weil Sie nicht allzu Frosch-mäßig geprägt worden waren. Oder aber Sie sind ein *Ex-Frosch*, der sich bereits aus eigener Kraft zum Adler gewandelt hat! Das ist weniger Glück (wiewohl es vielleicht Ihr Glück war, solchen Gedanken rechtzeitig zu begegnen)! Sie haben sich aus **eigener Kraft** zu dem Luftreich des Adlers emporgeschwungen. Gratuliere!

Je schwerer es Ihnen (noch) fällt, desto mehr waren Sie in der Vergangenheit das „Opfer" von Menschen, die Sie (sicher ohne bösen Willen) stark Frosch-mäßig geprägt haben. Aber das müssen Sie nicht bleiben. Ich möchte als „Mutmacher" ein ungemein **beeindruckendes Fallbeispiel** nacherzählen (aus BLANCHARD & BOWLES, SHELDON: *Wie man Kunden begeistert – Der Dienst am Kunden als A und O des Erfolges*):

Ein Taxifahrer in New York sitzt in seinem verdreckten und verwahrlosten Taxi und hört Radio. Sie müssen wissen, daß es in der englischen Sprache den „Fahrgast" (wichtig ist der Wortteil *Gast*!) *nicht* gibt. Dieser Taxifahrer wartet auf „a fare" (eine „Fuhre"). Das Taxi ist verdreckt, weil seine unmöglichen Kunden ohnehin nur Löcher in die Sitze brennen. So ungefähr sehen seine Frosch-Programme aus. Er steht ziemlich weit hinten in der Schlange am Bahnhof, die nur langsam vorrückt. Es regnet, und er ist schlecht gelaunt. Er hört im Radio ein Interview mit Wayne DYER (das sein Leben dramatisch verändern wird), und dieser Erfolgs-Psychologe sagt, man könne Menschen in Frösche und Adler einteilen. Erstere quaken viel, letztere handeln ... Nach ca. zehn Minuten wird unserem Taxifahrer schlagartig klar, daß da *über ihn* gesprochen wird. Mittlerweile ist er in der Schlange schon weit vorgerückt, aber er ist so betroffen, daß er ausschert, an den Stadtrand fährt und dort im Grünen in aller Ruhe nachdenkt. Und zwar denkt er bildlich, er sucht eine Metapher. Eine Metapher ist ein *indirekter* Vergleich. Welche Metapher verwendet er (bisher bewußt) für seine „Kunden"? Sind seine Kunden für ihn bisher Feind oder Freund gewesen?

Da fällt ihm als Metapher das Wort „Gast" ein, das seine Sprache in diesem Zusammenhang nicht kennt, also eine kreative Assoziation. Er überlegt weiter: „Wenn mein Haus *so verdreckt* wäre wie mein Taxi, dann würde ich niemanden hineinlassen. Wenn jemand als mein Gast zu mir nach Hause käme, dann würde ich ihm *die Tür öffnen*. Wenn jemand zu mir nach Hause käme, mit dem ich persönlich noch nicht bekannt bin, dann würde ich *mich namentlich vorstellen*. Ich würde einem Gast *etwas zu trinken anbieten* ..."

Um eine längere Geschichte kurz zu machen: Dank dieser Metapher (Gast) hat dieser Taxifahrer sein Leben umgestaltet. Es gibt ihn tatsächlich: Heute hat er ein blitzblank geputztes Auto, kommt in einer adretten Uniform, öffnet seinen *Gästen* nach einer netten Begrüßung den Schlag, überreicht seine Visitenkarte. Der Gast kann Musik auswählen und über Kopfhörer oder Lautsprecher hören. Er kann Zeitung lesen. *Er wird wie ein Gast behandelt*, er bekommt Kaffee mit Koffein oder ohne, Tee oder kalte Getränke angeboten usw.

Dieser Mann ist auf Wochen ausgebucht, er steht nicht mehr als Frosch am Bahnhof und wartet. Er führt ein Adler-

340

Leben, er ist sehr erfolgreich, und er hat Freude an dem, was er tut.

- Das ist die Macht einer Metapher. Ich möchte Ihnen vorschlagen, bei allen wichtigen Fragen (und Problemen) darüber nachzudenken, *welche Metaphern Sie gerade verwenden* bzw. verwenden *könnten*.

- Die meisten Metaphern bleiben unbewußt; erst das regelmäßige Forschen fördert sie zutage. Deshalb haben wir uns mit „analogem" Denken befaßt: Analogien (Vergleiche), Gleichnisse und Metaphern sind kreative Denk-Strategien im Gegensatz zu linearem, logischem, rationalem und „vernünftigem" Denken.

- Deshalb sind die Werkzeuge der Analografie auch so hilfreich: **KaGa** hilft Ihnen zu begreifen, welche Vorstellungen Sie „hinter" den Worten (oder sogar unbewußt) hegen. Merke: Auch unbewußte Vorstellungen steuern das, was Sie über eine Sache (über ein Problem) denken können!

- **KaWa** hilft Ihnen, alte, gewohnte (programmierte) Denkrillen zu verlassen! Durch die Be•GRENZ•ung auf die Buchstaben des Themen-Begriffs schaffen wir eine künstliche Limitation, welche die Kreativität „reizt" (vgl. Strategischer Ansatz Nr. 6, Seite 290).

- Auch das Konzept Frosch/Adler ist „nur" eine Metapher. Denken Sie öfter darüber nach, was Frosch-Sein oder Adler-Sein alles bedeuten könnte. Sie werden erstaunliche Einsichten gewinnen. Vielleicht haben Sie Lust, beide Begriffe als Analografie zu bearbeiten?

Lebenswichtige Hausaufgabe

Achten Sie doch bitte einmal eine Woche lang bewußt darauf, wie viele Frosch-Aussagen Sie *ständig* und *überall* zu hören bekommen, *insbesondere in den Medien.* Seien Sie gewarnt: Viele meiner Seminarteilnehmer/innen berichteten mir später, wie erstaunt (bis *erschüttert*) sie waren, als sie begannen, **bewußt** zu registrieren, was sie **seit Jahren** laufend gehört und gelesen hatten, ohne daß sie davor begriffen hätten, wie sehr das ihr Leben negativiert hatte!

Übrigens sollten Sie diese „Hausaufgabe" im Optimalfall spätestens alle drei Monate wiederholen. Am leichtesten fällt Ihnen das, wenn Sie sich ein Stichwort in Ihren Terminkalender schreiben. Sie könnten diesen Eintrag z.B. als „Termin" mit einem „Herrn Frosch" an jedem ersten Montag zum Quartalsbeginn kaschieren (also in der ersten Woche von Januar, April, Juli und Oktober).

Nr. 15: Lux & Ufer & ANTI „uferloser Frust"

Auch beim letzten Stichpunkt verbinden wir das Bild des Ufers mit dem Kernbegriff unseres strategischen Ansatzes. Manchmal scheinen die Frustrationen und Ärger-Situationen wahrlich „uferlos" zu sein – solange wir nicht als Adler reagieren und die Entscheidung treffen, dies zu ändern.

In diesem Abschnitt finden Sie drei strategische Ansätze gegen den „uferlosen Frust" des Alltags. Wir alle erleben manchmal Zeiten, in denen wir eine Menge Frust und Ärger erleben „müssen" (Frosch-Phasen), die Frage ist nur: Dauern sie stunden-, tage- oder jahrzehntelang an?

Wenn Sie sich mal wieder als kleiner hilfloser Frosch erleben, dann lesen Sie vielleicht diesen Abschnitt wieder einmal durch?

1. Ärger-Inventur & De-Programmieren

Jetzt möchte ich Ihnen dabei helfen, wie Sie weniger Streßhormone in den Kampfhormon-Topf „hineinbekommen" (produzieren), denn die, die Sie nicht produziert haben, müssen Sie hinterher nicht loswerden. **Wobei ich Ihnen noch spezifische Anti-Ärger-Strategien anbieten werde.** Aber zuerst sollten wir uns fragen:

Wie können wir von Anfang an weniger Kampfhormone produzieren? Da der größte Streßfaktor im Alltag Ärger ist, lohnt es sich, hier anzufangen. Ärger hat fast ausschließlich mit Ihren Programmen zu tun. Wenn Sie also herausfinden, worüber Sie sich regelmäßig im wahrsten Sinne des Wortes GIFT•en (vgl. meine „Reinschneider" Seite 123 und Seite 206), dann können Sie hier ansetzen.

Wenn wir zwei, drei Situationen finden, über die wir uns regelmäßig GIFT•en, was glauben Sie, wie sich die Gesamtbalance in Ihrem Streß- und Energie-Haushalt verändert, wenn Sie sich bei diesen zwei, drei Anlässen nicht mehr aufregen müssen. Leuchtet das ein?

Es ist sehr leicht, das zu ändern. Bei den Reinschneidern habe ich die Technik entwickelt, inzwischen habe ich damit auch Kolonnenspringer und andere „Problemfälle" zu neutralisieren gelernt. Das Anti-Ärger-Programm läuft wie folgt ab: Ich nehme mir ganz fest vor, wenn „es" wieder passiert (was immer derzeit mein Thema ist), wie ich dann reagieren will. Wobei ich die Beschreibung der Technik jetzt am *Reinschneider* „aufhängen" werde; Sie müssen dann jeweils das einsetzen, was in Ihnen derzeit den „heißen Zorn" auslöst, den Sie in Zukunft nicht dauernd erleben wollen.

Also, Sie setzen sich zu einem Zeitpunkt, an dem Sie nicht akut betroffen sind, hin und denken über die Situation nach. Ich kann z.B. über Reinschneider, Kolonnenspringer und andere Verkehrsteilnehmer im Liegestuhl auf der Terrasse nachdenken – denn ich bin ja momentan nicht akut betroffen. Also kann ich mir die Situation vorstellen und mir mein zukünftiges gewünschtes Verhalten (meine Reaktion) zurechtlegen. Ich kann mir z.B. vornehmen, mich bei *Reinschneidern* in Zukunft nicht mehr aufzuregen, aber … Wenn ich mir jetzt vornehme, „Ich werde mich bei Reinschneidern *nicht mehr ärgern*“, dann programmiere ich den zukünftigen Ärger geradezu vor (vgl. Strategischer Ansatz Nr. 4, Regel Nr. 3, Seite 284). Wir müssen es *positiv formulieren*. Also können Sie sich für die „Reinschneider“ Ihres Lebens vornehmen: „Ich bleibe ganz gelassen.“ oder: „Ich bleibe ganz ruhig.“ oder: „Ich reagiere entspannt.“ oder ähnlich.

Nach einer gewissen Zeit schaffen Sie es das erste Mal, daß Sie gelassen reagieren. Wie lange das dauert, das kommt darauf an, wie tief das Programm in Ihnen verankert war (das können ein paar Tage oder auch drei, vier Wochen sein). Deshalb nehmen Sie für die De-Programmierung etwas, was *regelmäßig* passiert (sonst dauert Ihre Trainings-Phase 280 Jahre). Es muß etwas sein, was *laufend* auftaucht, dann kommen Sie auch schnell durch. Weil es laufend auftaucht, sind Sie ständig im Training. Nach drei Tagen oder Wochen gelingt es Ihnen das erste Mal, die alte Reaktion „abzuschneiden“ und nicht ins Reptiliengehirn zu fallen. Dann sind Sie wahnsinnig stolz auf sich und sagen: „Jetzt habe ich das Problem gelöst.“

Das haben Sie aber (noch) nicht! Schauen Sie, der Drache im Märchen, der die Schätze bewacht, den können Sie sich vorstellen als den Drachen, der Ihre Programme bewacht. Wenn Sie an jenem kritischen Punkt sind, wo Sie ein Programm (fast) aufgeben können, dann schlägt der Drache mit voller Wucht zu. Die nächsten drei, vier Male „haut“ er Sie voll „rein“.

Damit sagt er quasi: „Willst du diesen Super-Ärger bei diesen Gelegenheiten wirklich aufgeben?“ – „Natürlich!“, sagen Sie, und wenn Sie weiter trainieren, dann werden Sie *wieder* den Punkt erreichen, dann kann es sein, daß Sie noch einmal gegen den Drachen kämpfen müssen. Aber es geht jedesmal schneller, daß Sie diesen wichtigen Punkt erreichen. Beim ersten Mal waren es vielleicht vier Wochen, beim zweiten Mal vier Tage und beim dritten Mal nur ein Tag ... Dann erst sind Sie aus diesem Programm „raus". Jetzt werden Sie vielleicht im nächsten halben Jahr, wenn Sie ein bißchen müde sind, *zeitweise* ins alte Programm zurückfallen, aber wenn es Ihnen gutgeht, schaffen Sie souverän den neuen Weg. Nach einigen Monaten schaffen Sie es auch, wenn Sie müde sind.

Damit muß man rechnen, das ist eine echte Ent•WICK•lung, weil Sie ja neben den alten Reptilien-Reaktionen auch schöne, weise, geduldige und liebevolle Reaktionsweisen „in sich" haben, die eben erst ent•WICK•elt werden müssen. Aber es lohnt sich.

Ich habe die *Reinschneider* entschärft und die *Kolonnenspringer* und *zwei Fahrräder nebeneinander* und so manches mehr. Was meinen Sie, wieviel Energie ich dadurch freibekommen habe, die ich nun positiv (in den D- und E-Bereich) kanalisieren kannte? Und, ganz wichtig: Ich bin nicht mehr Opfer (= Frosch, darum muß ich heute viel seltener quaken!). Wenn ich Verantwortung übernehme – zumindest für meine emotionale Reaktion – dann gewinne ich persönliche Macht über mein Leben. Dann gewinne ich die nötigen D- und E-Energien, um mein PO-TENZ•ial zu ent•WICK•eln, was Freude macht und weitere Energien freisetzt, weil sich mein Selbstwertgefühl bessert und somit weniger B-Energien dafür „ausgegeben" werden müssen (vgl. Energie-Modell, Seite 212, und den strategischen Ansatz hierzu, Seite 317). Sie sehen also, welch großartige Aus•WIRK•ungen es auf unsere (all-)tägliche WIRK•lichkeit hat, wenn wir weniger Kampfhormone produzieren und dadurch weit mehr Energien für das eigentliche Leben gewinnen!

2. Transformatorisches Vokabular

(nach Alfred Graf Korzybski und Anthony Robbins)

Ehe wir die Strategie dieses Abschnitts besprechen, noch eine Frage an Sie: Wie lautet Ihr *erster* Gedanke, wenn Sie sich ärgern? Haben Sie eine (einige) Lieblings•FORM•ulierung/en? Ihre FORM•ulierungen geben Ihren Gedanken über sie, die Welt und Ihre Wirklichkeit FORM, jeden Tag, jede Stunde, jede Minute Ihres Lebens! Nun, wie lauten Ihre FORM•ulierungen, wenn Sie sauer werden? Zum Beispiel: *Das macht mich krank!* oder: *Das ist ein (weiterer) Sargnagel!* oder: *Ich dreh gleich durch!* oder: *Das ist besch …!* oder: *Ich hasse es, wenn … das passiert!* Bitte nehmen Sie sich etwas Zeit und überlegen Sie, was Sie in Ärger- oder Frust-Situationen häufig sagen/denken.

Notieren Sie diese FORM•ulierungen auf ein neues Blatt Papier, das Sie die nächsten Tage griffbereit halten, damit Sie weitere Lieblings-FORM•ulierungen festhalten können, wenn sie Ihnen auffallen. Denn es kann sein, daß Sie hier Riesenmengen an Energien in Frust und Ärger lenken, ohne daß Ihnen klar ist, daß Ihre FORM•ulierungen die Form Ihres Frustes oder Ärgers maßgeblich mitbestimmen.

Wir sahen ja schon in den Abschnitten *Ein Wort – Symbol oder Signal,* und *Sprache denkt für uns…,* daß wir auf Wörter als WIRK•lichkeit reagieren. Beleidigt uns jemand, dann reagieren wir (auch physiologisch), als seien wir tätlich angegriffen worden. Akzeptieren wir, daß etwas *schwierig* oder gar *unmöglich* ist, dann wird es das auch! Reden wir uns ein, daß bestimmte Dinge uns *krank machen* oder daß wir *gleich durchdrehen* werden, dann kann uns das sehr wohl *krank* oder *verrückt* machen. Anthony ROBBINS knüpft indirekt an Alfred Graf von KORZYBSKI an, weil er NLP-Aspekte in sein Erfolgs-System integriert hat und weil NLP sehr stark auf Korzybski aufbaut, wiewohl Sie leider in den meisten NLP-Büchern den Namen eines der Urheber von NLP nie lesen werden. Korzybski hat auch eine der bekanntesten Metaphern des NLP geschaffen (Sprache ist die Landkarte, nicht die Welt selbst!).

Deshalb verwundert es nicht, daß eine Technik von Anthony Robbins eine direkte Fortsetzung von Korzybskis Arbeit ist, nämlich die Technik des Transformatorischen Vokabulars. Was Robbins meint, ist sehr einfach: Er sagt (in *Das Robbins Power-Prinzip*):

> Oft verwenden wir Begriffe, die „Kürzel" darstellen, doch diese Kürzel führen häufig auch zur Abkürzung emotionaler Entwicklungsprozesse. Um unser Leben bewußt zu steuern, müssen wir unseren alltäglichen Wortschatz bewußt überprüfen und verbessern. Nur so können wir sichergehen, daß er uns auf den gewünschten Kurs und nicht in eine Richtung lenkt, die wir eigentlich vermeiden wollen. Wir müssen erkennen, daß unsere Sprache zahllose Begriffe enthält, die nicht nur eine wörtliche Bedeutung haben, sondern auch eine deutlich erkennbare emotionale Intensität …

> Wenn Sie es sich z.B. angewöhnt haben zu sagen, daß Sie bestimmte Dinge „hassen" …, sind Ihre negativen Gefühle dann nicht weit stärker, als wenn Sie sagten: „Ich ziehe etwas anderes vor."?

> Die Verwendung emotional befrachteter Wörter kann Ihre emotionale Verfassung (und die anderer Menschen) wie von Zauberhand verwandeln …

Und bezüglich der riesigen Macht von Schlüsselwörtern, die immer auch *Schlüsselreize* darstellen, sagt er:

> *Wenn Sie Ihren habituellen Wortschatz ändern (die Begriffe, die Sie ständig benutzen, um Ihre Empfindungen auszudrücken), dann können Sie im Handumdrehen Ihre Denkweise, Ihre Emotionen und Ihren Lebensstil ändern.*

Da haben wir ihn wieder, KORZYBSKIS semantischen Reflex! Also lautet die Botschaft: Wenn bestimmte FORM•ulierungen in uns negative Gefühle auslösen (z.B. *Das schaffe ich eh nie!*), dann werden wir diese Ängste so lange erleiden müssen (per Reflex), wie diese Redewendung ständig in unserem Leben auftaucht. Sagen es andere (*Das schaffst du eh nie!*), ist es schon schlimm genug (wiewohl man hier gezielt durch inneres Sprechen gegensteuern kann), aber mit die schlimmsten Versager-Botschaften senden wir uns ja selbst!

Und genau darauf zielt das Transformatorische Vokabular von ROBBINS ab: Wenn wir unsere Wortwahl (unser Vokabular) trans•FORM•ieren, dann trans•FORM•ieren wir auch jene semantischen Reflexe. Wenn Sie es schaffen könnten, bei Frust- oder Ärger-Situationen statt „*Das ist besch ...* " zu sagen/denken, in Zukunft sagen/denken zu können: „*Das ist faszinierend!* (oder *interessant*)", dann sucht Ihr Verstand jetzt das *Faszinierende (Interessante)* an der Situation und schiebt Ihnen jetzt nur solche Aspekte in Ihre *15 Millimeter bewußte Wahrnehmung* hinein. (Star-Trek-Fans erinnern sich vielleicht an den rationalen Vulkanier Spock, der in Situationen, in denen andere Mitglieder der Raumschiffbesatzung nervös wurden, immer nur nachdenklich sagte: „Faszinierend!") Es ist unglaublich, aber das Etikett ändert die sogenannte *WIRK•lich•keit WIRK•lich*, weil ein anderes Etikett eine andere WIRK•ung auf uns ausüben wird!

Vergleichen Sie: *Das ist ja furchtbar!!!* mit: *Das ist eine Herausforderung!* (vgl. auch den Begriff HERAUS•Forderung auf Seite 229). Sind Sie fähig, Herausforderungen positiv zu sehen, weil Sie einen offenen Geist haben? Manche lieben Herausforderungen, und andere haben Angst davor. Wir brauchen auf alle Fälle „freie" *E-Energie* für Ent•DECK•ungen (vgl.

349

Energie-Modell, Seite 231, und den strategischen Ansatz Nr. 11, Seite 317 ff.).

Übrigens: Solange es Ihnen *noch nicht* gelingt zu sagen: „Das ist faszinierend!", können Sie einen Trick anwenden. Meine Mutter hatte sich eine phänomenale Formulierung angewöhnt: Wenn sie im Begriff war sich zu ärgern, sagte sie oft (in verärgertem Tonfall): „Ja, wie finde ich denn das?!?!" Eine tolle Formulierung, denn mit dieser FORM•ulierung sitzen wir quasi auf dem Zaun und können uns noch entscheiden, in welche Richtung wir uns fallen lassen werden; wir haben also noch etwas Bedenkzeit. Das kann eine sehr gute *Übergangslösung* sein für die Transformierung unserer Ärger-Formulierungen.

3. Zwei Anti-Ärger-Strategien

Nehmen wir an, Sie merken, daß Sie im Begriff sind, sich „ganz furchtbar zu ärgern", der Ärger beginnt in Ihnen hochzusteigen, und Sie registrieren das. An diesem Punkt können Sie ansetzen, dabei helfen Ihnen die beiden folgenden Strategien, die sich seit Jahren bei meinen Teilnehmer/innen *in der täglichen Praxis (!)* bestens bewährt haben.

Strategie Nr. 1: 21 Uhr

Wenn Sie es schaffen, auf die Uhr zu schauen, haben Sie das Schlimmste hinter sich! Sie schauen auf die Uhr und stellen z.B. fest, daß es 14.03 Uhr ist. Dann sagen Sie sich: „Es ist nun 14.03 Uhr, ab 21 Uhr werde ich mich darüber ärgern! Im Moment habe ich Wichtigeres zu tun!"

Wenn Sie das schaffen, dann haben Sie den Automatismus der Ärger-Reaktion gebrochen. Dann haben Sie Distanz. Und um 21 Uhr entscheiden Sie, ob Sie sich wirklich noch ärgern wollen –

meistens dann eher nicht mehr, aber es steht Ihnen frei, Sie unterdrücken nichts. Sie können sich dann noch in Zeitlupe ärgern, wenn Sie wollen, aber im Moment ist der Druck „raus".

Strategie Nr. 2: 15 Sekunden

Die zweite Strategie beruht auf einem ähnlichen Prinzip. Die Idee ist von Elisabeth KÜBLER-ROSS, es geht um 15 Sekunden:

Sie erklärt in einem Vortrag, wie sie sich über einen Seminarteilnehmer geärgert hat – der hat sie maßlos genervt. Während sie die Situation schildert, unterbricht sie sich selbst und sagt: „Na ja, Sie wissen ja, wenn man sich länger als 15 Sekunden ärgert, sind es immer die eigenen unerledigten Geschäfte!"

Natürlich, wenn der Typ im Kaffeehaus am Nebentisch rülpst und das stört Sie, dann doch nur, weil Sie ein Programm dagegen haben! Das ist doch Ihr „unerledigtes Geschäft"! Wenn ich mich darüber nicht aufregen muß, dann ist das keine „Gleichgültigkeit", sondern das ist „Gleichmut". Das kostet Kraft und passiert nicht vollautomatisch.

Wenn Sie sagen: „15 Sekunden ist ein bißchen arg knapp", dann probieren Sie es doch mit drei Minuten. Tragen Sie einen kleinen Timer unter dem Hemd, stellen Sie ihn auf drei Minuten ein, wenn Sie merken, daß es kritisch wird. Und bis es piepst, dürfen Sie sich nun nach Herzenslust ärgern. Dann stellen Sie ihn langsam auf zweieinhalb Minuten, dann eineinhalb Minuten. Und irgendwann kommen Sie bei 15 Sekunden an und können sagen: „Es ist mein Programm in meiner Insel, und der andere steht in seiner Insel und findet die genauso ok wie ich meine! Warum muß ich mich darüber ärgern?" Der ist so, der denkt so, der handelt so, der sagt das! Warum muß ich mich ärgern? Ich muß mich nur ärgern, solange ich mich dazu entschieden habe.

Anhang

Anhang Nr. 1: Dach-Listen-Erklärung

Nummer 1 ist ein Dach.
Weil ein Haus in der Regel nur *ein* Dach hat.

Nummer 2 ist Gabe.
Weil mindestens zwei beteiligt sein müssen, damit einer dem anderen etwas geben kann.

Nummer 3 ist Frankenwein.
Den sollte man möglichst zu zweit trinken, d.h., Sie haben drei Elemente – eine Flasche und zwei Gläser.

Nummer 4 ist ein Igel.
Der hat nämlich vier Beine.

Nummer 5 ist ein Elefant.
Der hat nämlich zu den vier Beinen noch den Rüssel dazu als wichtiges Element.

Nummer 6 ist eine Nadel.
Und um eine Nadel „sechsartig" zu machen, stellen wir uns eine Hand vor, in welcher eine Nadel steckt. Wie bei der Akupunktur. Das muß nicht weh tun. Das können Sie sich so vorstellen, wie Sie wollen, mit oder ohne Schmerz. Das Schlüsselwort ist die Nadel, also sehen wir die Hand quasi ganz hell, und darin die Nadel.

Nummer 7 ist der Garten Eden.
Das wissen Sie schon (vgl. Seite 62).

Nummer 8 ist eine Birne.
Die hilft uns, weil sie von der Form her an eine Acht erinnert.
Die sieht achtartig aus.

Nummer 9 ist ein Portal.
Das stellen wir uns so vor: Rechts und links unten haben wir je
drei gerade Steine, darauf wird der Bogen (aus drei Steinen be-
stehend) gesetzt. Also haben wir: Rechts (3) und links (3) und
oben (3) Steine = 9 Steine, aus denen das Portal besteht.

Nummer 10 ist ein Scheck über 10 Euro.

Nummer 11. Das Schlüsselwort, das wir suchen, ist Aus.
Vorstellung: Ein Fußballfeld, der Ball ist im Aus. Und da ja 11
Menschen zum Team gehören, paßt das gut zur 11.

Nummer 12 ist Dock.
Die englische Bezeichnung für eine Hafenanlage, die wir auch
verwenden. Hier liegen zwölf Boote im Dock.

Nummer 13 ist ein Fundbüro.
13 ist für viele Leute eine Unglückszahl. Es ist natürlich
schlecht, wenn man etwas verliert. Und die haben gerade gezählt in dem Fundbüro, und sie haben dort derzeit 13 Regen-
schirme.

Nummer 14 ist ein Irrtum.
Weil: 3 mal 5 ist nicht 14!

Nummer 15 ist Lux.

Dazu eine interessante Information: Ein Autoscheinwerfer hat ungefähr 15 Lux. Zum Vergleich: An einem wolkenverhangenen Tag haben wir ungefähr 10.000 Lux. An einem sonnigen Tag haben wir ungefähr 60.000 Lux im Schatten. Bei hellem Sonnenschein ohne Schatten haben Sie etwa 100.000 Lux. Jetzt wissen Sie, warum Autofahren in der Nacht mit 15 Lux so anstrengend ist! Sie haben beim Auto zwar zwei Mal 15 Lux, also 30. Aber viel ist das immer noch nicht.

Anhang Nr. 2: Stichwortliste für KaWa

Liebe/r Leser/in,

von der Abfolge und Logik her muß an zweiter Stelle im Anhang nun die **KaWa**-Liste kommen – doch damit Sie es einfacher haben beim Blättern und Nachschlagen, haben wir die Liste an das Ende des Anhangs ab Seite 364 gestellt. Sie werden sehen, so kann man viel leichter nachschauen und damit arbeiten.

Anhang Nr. 3: GEHEIMSCHRIFT

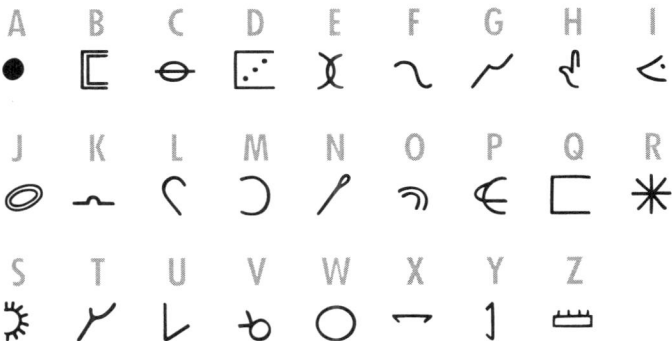

Bitte beachten Sie:

1. **Kein Unterschied** zwischen Groß- und Kleinschreibung.

2. **Ziffern** bleiben normal.

3. **Umlaute** ebenfalls „normal" (d.h. Pünktchen über dem Buchstaben) Ä oder ä = •; Ö oder ö = ⸚ und Ü oder ü = ⸚.

4. **Sonderzeichen** (Satzzeichen, Klammern, mathematische Zeichen usw.) bleiben ebenfalls normal.

Muster-Text

(für Schreib- oder Lese-Übungen)

Falls   Ihnen   diese   Geheimschrift

Freude   macht:

Es   gibt   ein   (Ravensburger)   Spiel*,

in   dem   ich   diese   Geheimschrift

publiziert   habe.

Das   Spiel   enthält   u.a.

Buchstaben-Kärtchen,

so   daß   Sie   mit   ihnen   Scrabble-

ähnliche   Spiele   durchführen   können.

---

* *Gehirn-Potential*, Ravensburger Think-Spiele, Ravensburg 1997.

Anhang Nr. 4: Zeichen-Übung
(japanisch)

わたしは日本人ですか。はいーそうです。

あわはデパートですか。いいえーそうでは

それもデパートですか。

ありません。

Anhang Nr. 5: Überblick MEMO-Verbindungen

Nr. 1: Dach & JOURNAL & Journal

Wir verbinden das Bild von „JOURNAL für die Frau" mit dem Begriff „Journal", denn dieser strategische Ansatz bietet Ihnen wichtige Hilfestellungen dazu, wie Sie mit Journalen arbeiten können: erstens, einem Erfolgs-Journal und zweitens einem speziellen Journal (Stichwort: Kläranlage für den Geist).

Nr. 2: Gabe & Ohrring & Ihr Ohr

Wir verbinden das Bild des Ohrrings mit Ihrem eigenen Ohr, genauer, mit Ihrem Ohrläppchen ...

Nr. 3: Frankenwein & U-Boot & Unbewußtes

In dem (metaphorischen) riesigen Meer Ihres Unbewußten taucht sicherlich so manches (metaphorische) U-Boot. Nun wissen wir ja bereits, wie gigantisch dieses „Meer" ist. Also verwundert es uns sicher nicht, wenn sich dort allerlei U-Boote aufhalten, welche unseren Erfolg behindern können.

4

Nr. 4: Igel & Rollschuhe & REPERTOIRE

Die „Rollschuhe" stehen für Ihr Repertoire, welches nur durch Training erworben werden kann.

Nr. 5: Elefant & (Einkaufs-)Netz & Wissens-Netz

5

Das Bild des Einkaufsnetzes erinnert uns an unser Wissens-Netz. Jetzt geht es darum, Informationen gehirn-gerecht in unser Wissens-Netz einzuhaken, wobei die Dach-Liste und Ihre Zuordnungen als Fallbeispiel zeigen, wie Sie sich die 15 strategischen Ansätze jederzeit wieder ins Gedächtnis rufen können.

Nr. 6: Nadel & (Spielkarte) As & Anders fernsehen

6

Die neue Ver•BIND•ung zum AS ist die, daß wir Leute, die etwas besonders gut können, auch als AS bezeichnen. So gibt es Millionen Tennisspieler, aber nur wenige, die wir als Tennis-Asse bezeichnen würden. Analog dazu gibt es Milliarden Menschen, die regelmäßig fernsehen, aber sie wissen im wahrsten Wortsinn nicht, was sie tun, denn wenn sie das wüßten, was Sie hier gleich lesen werden, würden sie ANDERS FERNSEHEN. Worum geht es?

Nr. 7: Garten Eden & Latzhose & Lächeln

7

Die „Latzhose im Garten Eden". Die „Latzhose" steht für „L", und „L" steht für „Lächeln". Ich gebe Ihnen drei Lächelstrategien.

Nr. 8: Birne & Führungskraft & Anti-Fehler

Wir können sagen: „Jeder, der sein Leben führt, ist Führungskraft", denn bevor man andere (Mitarbeiter, Kinder) führen kann, muß man sich selbst „führen", und einer der wichtigsten Aspekte ist die Art, wie wir mit Fehlern umgehen. Darum geht es in diesem strategischen Ansatz …

Nr. 9: Portal & Dackel & Dank

Sie wissen inzwischen, daß wir die **assoziative Merk-Brücke** sowohl BILDlich als auch von der Wort-Bindung herleiten können. Zum Beispiel verbanden wir bei Nr. 2 das Bild des Ohrringes mit Ihrem Ohr(läppchen), während wir jetzt wieder vom Wort-Bild ausgehen: DAcKel enthält D-A-K, was uns an das Wort DAnK erinnern soll. Denn dieser strategische Ansatz bietet Ihnen vier Dank-Strategien an …

Nr. 10: Scheck & Inspektor & Introspektion

Während der Inspektor Dinge in der Außenwelt analysiert, geht es bei der Introspektion darum, den Blick nach innen zu richten und sozusagen „Inspektor" bezogen auf Ihr Innenleben zu spielen sowie Ihre so gewonnenen Einsichten ins tägliche Leben zu integrieren …

Nr. 11: Aus & Ente & Energie

Hier benutzen wir wieder das Wort als Assoziations-Hilfe: ENte soll uns an ENergie erinnern; es geht also um Konsequenzen aus unserem Energie-Modell …

Nr. 12: Dach & Frosch & Frosch-Programme

12

Wieder nutzen wir das Bild des Frosches als Gedächtnis-Brücke zu den Frosch-Programmen unseres Lebens. Außerdem biete ich ihnen hier als Fallbeispiel zur Überwindung eines typischen Frosch-Programmes eine konkrete Überwindungs-Strategie an …

Nr. 13: Fundbüro & Reporter & reden

13

Wir hatten das Fundbüro mit Reporter verbunden. Reporter berichten, indem sie anderen erzählen, was sie erlebt haben. Dies ist unser Stichwort für den strategischen Ansatz, den wir mit dem Begriff „Reporter" verbinden wollen.

Nr. 14: Irrtum & Adler & Adler-Entscheidungen

14

Das Bild des Adlers soll uns daran erinnern, so oft wie möglich Adler-Entscheidungen zu treffen, d.h., Verantwortung zu übernehmen …

Nr. 15: Lux & Ufer & ANTI-„uferloser Frust"

15

Auch beim letzten Stichpunkt verbinden wir das Bild des Ufers mit dem Kernbegriff unseres strategischen Ansatzes. Manchmal scheinen die Frustrationen und Ärger-Situationen wahrlich „uferlos" zu sein – solange wir nicht als Adler reagieren und die Entscheidung treffen, dies zu ändern.

363

Anhang Nr. 2: Stichwortliste für KaWa

a priori (Kant)
Abbildung
Abschied
absolut
Achtgeben
Achtsamkeit
Achtung
adipös (Adipositas)
Aha!
Ahnen
Akkord
Aktion
Alice-hinter-dem-
   Spiegel
Alice im Wunderland
Allgemein(wissen)
Alltag
Altruismus
Alzheimer
Analogie
Analografie©
ANDER-ungen
Ander/e/s
aneinander vorbei
Anfang
Angebot
Angst
Anliegen
Ansinnen
Anspannung
Antenne(n)
anti-Alzheimer
anti-Fehler
anti-Freude
anti-Geist
anti-Liebe

anti-Mensch
anti-Streß
arabisch
Argumenten-
   Köfferchen
Assoziation(en)
Atman
Attraktor, Attraktion
AUF•MERK•samkeit
Aufgabe(n)
aufwachen
Augen
Ausdauer
Ausdruck
aushalten
Ausländer
ausstehen (jmd., können)
Ausweg

be•ACHTen
Be•ACHTUNG
Be•DEUT•ung
be•GEIST•ern
Be•WERT•ung
Bedeutungs-Hof
bedingungslose Liebe
Beeinflussung
Begabung
begreifen
Beherrschung
Belegschaft
Beobachter
   (vs. Teilnehmer)
beurteilen
Bewußt(sein)
Beziehung

Beziehungsebene
Bifurkation (vgl. Chaos)
Bild
Bild-Denken
Bildnis
Bildung
Blick
Blick (hart/weich) –
   peripher
Bosonen (vs. Fermionen)
Brahma
Brücke (bauen)

CD (CD-Rom)
cebellum
Chairos
Chakra
Chance
Chaos
Charakter
Charisma
Chi-Energie
CHOPRA-Metapher
   („unterm Tisch …")
Chronos
Co-Evolution
cogito, ergo sum
   (Descartes)
common sense
Computer
Computer-Kids
contenance
corpus callosum
countdown
Courage
cruise-missile

cul-de-sac
cyber(space)
cyborg

Dank(barkeit)
Dendriten
Denken
Deuten
Diagramm
Diamant-Dünnfilm-
    Beschichtung
Diencephalon
dienen
Dienstleistung
differenziert
digital
Dilemma
Dimension
Ding &
    Ding-an-sich (Kant)
Dissonanz
distanz(iert)
Disziplin
Dogon (Afrika)
Doppelnatur
Dreieck
Drogen-Dealer
Drogen …
Du
dual …
Dyade

Echo
Ego, Egoismus
eindeutig
Eindruck (erster)
Einigkeit
Einstellung(en)
einstimmig
Eis

Elefant (& Seil) (Meta-
    pher/Wirklichkeit)
eliminieren
Eltern
Emotion(en)
Emotionale Intelligenz
    (Goleman)
En•THUS•iasmus
Energie
eng (cf. Angst)
Ent•BIND•ung
Ent•Ehrung
Ent•Faltung
Ent•Lernen
Ent•SCHEID•ung
Ent•SCHULD•igung
Ent•Spannung
Ent•Täuschung
Ent•WARN•ung
Ent•Wicklung
Ent•Zerrung
Enterprise
Entstehung
Er (& sie)
Er•KENN•tnis
Er•MÄCHT•igung
Er•NEU•erung
Erbe
Ereignishorizont
ERFA (= Erfahrung/
    Vergangenheit)
Erfolg
Erfolgsstrategien
Ernte (cf. Saat)
Erstaunen
ERWA (= Erwartung/
    Zukunft)
Erwachen
ESO•terik
ESP
Evolution

EXFORMATION vs.
    INFO (Nørretranders)
Existenz
existieren (vs. sein)
EXO•terik
extra-sensorial

fair
Fallstudie(n-effekt)
Faszination
Faust
Fehler(freundlich)
Feld, morphogeneti-
    sches (Sheldrake)
Fermionen (cf. Bosonen)
Feuer
Filter
finden
Finger
Fingerspitzengefühl
Fixer
Fixstern
Flexibilität
FLOW (Csikszentmihalyi)
Flucht
Form
FORM-ulieren
Fragen (statt Sagen)
fraktal
Freiheit
Freiheitskämpfer
Fremdenhaß
Freude
Freund(e)
Freundschaft
Frieden (im Herzen)
Fund(stelle)

Gabe/n
Gaia
Garantie

Gast
Gebärde
geben
Geborgenheit
Gebot/e
Geburt
Gedanke/n
Geduld
Gefolgsmann
Gegenwart
Gehalt (Geld)
Gehalt (Inhalt)
gehirn-gerecht
GEIST
geisteskrank
Gelassenheit
Gelächter
Gelände
Gelegenheit
Gelingen
Gemeinde
gemeinsam
Gen
Gen-Technologie
Generation
Generationsvertrag
Genesis
Genesung
Genialität
Genie
Genuß
Gerade (Linie)
gerecht
Gerechtigkeit
Gericht(s-Saal)
Geschmack
Geschworene
Gesetz(e)
Gesichtspunkt
Gestaltung
Gestation

Gewissen
gewöhnen
Gewöhnungs-Effekte
Glaube/n
gleich
gleich & gleich
   (gesellt sich gern)
Gleichheit
Gleichmacherei
Gleichnis
Glück
Gold
Gott
großartig
Größe
Gruppen-Clown
Gruppen-Dynamik

Haben
Haben-Orientierung
Haben-wollen
Halleluja!
HAND-lung
handeln
Handlanger
Harmonie
harter Blick
Heilung
HERAUS•Forderung
HERZ•ens•Intelligenz
Hier & Jetzt
Hin-Hören
Hippocampus
Hof (u.a. semanti-
   scher)
Hoffnung
holistisch
Holografie
Holon
homo sapiens (sapi-
   ens!)

Hopi
Hormon-Töpfchen
höflich
Höhle
Hören
human
Humor

Ich
Ich, „höheres"
Ich, „großes"
Ich, inneres
Ich, kleines
Idee(n)
identifizieren
Identität
Imitation
INDRAs Netz
INFORMATION vs.
   EXPO (Nørretranders)
Inhaltsebene
Inkubationsphase
innere Stimme
Innovation
INSEL
Inspiration
Intelligenz des Her-
   zens
IntelligenzEN
Interaktion
Interesse(n)
Interferenz
international
Interpretation
Intuition

Ja („jein")
Ja-Sager
Jalousie(n)
   [dichtmachen]
japanisch

Jäger (& Sammler)
Jähzorn
Jesus-Effekt (bi)
Jetzt & Hier
jubeln

KaGa© (bi)
Kairos
Kampf
Karma
Kategorischer Imperativ (Kant)
KaWa© (bi)
KENNEN (vs. Können)
kennenlernen
Kernkompetenz
Kinder
Klar/heit (-sehen)
Klartraum
KLÄRANLAGE des Geistes (bi)
klären
kleines Ich
Klient
kognitiv
konitve Dissonanz (Festinger)
Kombination
Kompetenz
Komplementarität (Bohr)
Komplexität (s-Theorie, re: Chaos)
Kompromiß
Konstruktion
Kontroll-Instanzen
Kontrolle über andere
Kontrolle über d. Umstände
Kontrolle über sich
Können

Kraft
Kraftreserve(n)
Kreativität
Kreis
Kronos (Zeit)
krumm
Krummdolch
Kunde
Kunden-FEIND-lichkeit
Kunden-FREUND-lichkeit
Kupfer
Kurswechsel

Labsal
Lachen
Lampe (vs. Taschenlampe/Watts)
Lamron … (bi)
Landkarte
Laser
latent
Latenzzeit
lächeln
Leben
leben (vs. gelebt werden)
Leben = Kampf
Leben = Kooperation
lebenslanges Lernen
Lebensziel
leer
Leid
Leistung(sfähigkeit)
Leptome (cf. Bosonen)
Lernen
liberal (vs. tolerant)
Licht
Liebe
limbisches System
linear

lineare Logik
Linie
Logik
lokal
los …
Loslassen
LS
luzider Traum

Macht-Struktur/en
Machtapparat
Machtpolitik
Machtspiele
Magie, magisch
Manipulation
Mars
Mathematik
Maya
MEIN-ungen
Meister
meistern (etwas)
Meisterschaft/skurve (Leonard)
Meisterspiel
MEM (Richard Dawkins)
Mensch
Meridiane
Meta-Kommunikation
Meta-Spiele (Szasz)
Metapher
Methode
Minimalismus
Mitarbeiter/in
miteinander
morphische Resonanz (Sheldrake)
morphogenetisches Feld (Sheldrake)
MORSE-Story (Chancen wahrnehmen!)
Motivation

367

Raumzeit(lich)
raus
Reaktion
Realität, real
Rebellion
Rechnen
Recht
Reduktionismus
Regeln
reagieren
Regression
Reichtum
Reifeprozesse
Reinkarnation
reiten
relativ
Relativitäts-Theorie
  (Einstein)
Relativitätsprinzip
  der Psyche (bi)
Religio = Rückbindung
REP
Repertoire
Reserve(n)
Reservoir
Resonanz
Resonanz, morphische
  (Sheldrake)
Respekt
Ressource(n)
Revolution
rhetor. Frage(n)
Rhetorik
Rhombencephalon
Rhythmus
Richter, richten
Richtung
riechen
Risiko
Rolle
Ruhe

Rückbesinnung
Rückgrat
Rückkoppelung
rückwärts

Saat (cf. Ernte)
sachlich
SAGEN (vgl. Fragen)
sammeln (sich)
Sammler (& Jäger)
Säuger
Schaffen
Schauen
schmecken
Schmetterling
Schnell(igkeit)
Schöpfung
schwarzes Loch
sechster Sinn
Seele
Sehen
seicht
Seil
Seil & Elefant
Sein
Seins-Orientierung
Selbst
Selbst, höheres
Selbst-Disziplin
Selbst-erfüllende-Pro-
  phezeiung (Merton)
Selbst-Respekt
Selbstverantwortung
Selbstwert(gefühl)
semantischer Hof
Seminar
Service
Sicherheit
Sicht(weise)
Sichtwechsel
sie (& er)

Signal
Silber
Sinn (meaning)
Sinn, sechster
Sinn/e(sorgane)
Spannung
spiegeln
Spiel
Spielregeln
Sprache
Sprechtempo
Standpunkt/e
Status-(Symbole)
Staunen
Sterben
Stil
Stimme
Stimme, innere
Stimmung
Stoiker
Strategische Ebene
Strich
subjektiv
Superfluidizität
Supraleitung
Symbol
Synchronizität (Jung)

Talent/e
Taschenlampe
  (vs. Lampe/Watts)
Tasse (Tee – Metapher)
Taste
Tasten
Tastsinn
Technik/en
Technologie
Teil
Teil & Ganzes
Teilchen
teilhaben (lassen)

369

teilnahmslos
teilnehmen (wollen)
Teilnehmer
   (vs. Beobachter)
Teilung/en
Terror(ist)
Terz/ett
Test
Tiefe
Tier
Tip
Tod
tolerant (vs. libetral)
Tradition
Training
Trance
Trance-FORM-ation
Traum
Traumzeit
Trick
Tun
Tunnel
Tunnel-Effekt
Tuns-Orientierung
tüchtig (Erfolg …)

ultrastabiles System
Umgang (mit …)
Unbewußt(sein)
Ungenauigkeit
   (Heisenberg)
unglaublich! (Alice)
Universen, parallele
Universum
Unklarheit
Unklarheit (Heisenberg)
Unschärfe (Heisenberg)
Unternehmer/tum
Unzufriedenheit
Urteil(en)
usus

über-sinnlich
Überbrücken
Über-Ich (Freud)
Überraschung

Vater
Venus
Ver•ANTWORT•ung
ver•URTEIL•en
Veränderung(en)
verborgen
Verbot/e
Verfahren
Verfahrensfragen
Vergangenheit
Verhalten
veröffentlichen
Verständnis
Versteck
verstehen
Versuch
Versuchsperson/en
vertragen (sich)
Vertrauen
Verwalten
Verwirrung
Viereck
Vision
voll
Vor-Stellung
Vorfahren
Vortrag
vorwärts

W-Fragen (Warum? etc.)
wach
Wahl
Wahr-Nehmung
Wahrheit
Wald
weicher Blick

Weisheit
weit
Welle
Welle-Teilchen-
   Dualismus
Wellness
Welt
Wert(system)
Widerstand
Wiedersehen
wiederspiegeln
Wille
Wirklichkeit/en Wirk-
   lichkeiten 1. & 2. Ord-
   nung (Watzlawick)
Wissens-Netz
Wissens-Plattform
Wissenschaft
Workshop
Wunder

Yacht (cf. Status-
   Symbole)
Yin & Yang

Zauber/n
Zeit
Ziel/e
Zivilcourage
Zu-Fall
Zu-hören
Zufriedenheit
Zukunft/Zukünfte
Zusammenfassung
Zusammenhang
Zusammenwirken
ZWEI•nigkeit (bi)
Zwilling
Zwillings•Experiment
   (vgl. EPR)

Literaturverzeichnis

Manche Autoren neigen dazu, in jedem ihrer Bücher alle ihre Werke im Literaturverzeichnis aufzuführen – ich gehöre **nicht** dazu. Deshalb finden Sie von meinen Titeln *nur diejenigen, die direkten Bezug zum jeweiligen Buch, in diesem Fall zu diesem Buch-Seminar* haben; entweder, weil ich auf eigene publizierte Gedanken zurückgegriffen habe und das Werk demzufolge als Quelle angebe, oder weil der Titel als Ergänzung zu den Inhalten des *Power-Tages* gut geeignet ist. Es handelt sich dabei um einige wenige von über 60 Büchern, Ton- und Videokassetten (inklusive der Sprachkurse).

1. **Arnheim,** Rudolf: Anschauliches Denken – Zur Einheit von Bild & Begriff, Dumont, Köln 1977

2. **Bateson,** Gregory: Ökologie des Geistes, Frankfurt 1985

3. **Birkenbihl**, Vera F.:
   a) Erfolgstraining, Landsberg am Lech 1998
   b) Fragetechnik – schnell trainiert, Landsberg am Lech 1998
   c) Freude durch Streß, Landsberg am Lech 1998
   d) Gehirn-gerechte Einführung in die Quantenphysik (Video*)
   e) Gehirn-gerechtes Rechen-Training (Video*)
   f) Gehirn-Potential, Ravensburger Think-Spiel, Ravensburg 1997
   g) Kommunikation für Könner – schnell trainiert, Landsberg am Lech 1998
   h) Kommunikationstraining, Landsberg am Lech 1998
   i) Rhetorik – Redetraining für jeden Anlaß, Bergisch Gladbach 1997
   j) Selbst-Management, Bergisch Gladbach 1998
   k) Sprachenlernen leichtgemacht!, Landsberg am Lech 1998

---

* Beide Videos erhältlich bei *birkenbihl-media* (Bergisch-Gladbach) oder via Internet unter „www.birkenbihl.de".

l)   Stichwort Schule – Trotz Schule lernen?, Landsberg am Lech 1997

m) Stroh im Kopf? – Gebrauchsanleitung fürs Gehirn, Landsberg am Lech 1998

4. **Blanchard,** Kenneth, **Bowles**, Sheldon: Wie man Kunden begeistert. Der Dienst am Kunden als A und O des Erfolges, Reinbek bei Hamburg 1994

5. **Blum,** Deborah: Sex On the Brain. The Biological Differences Between Men and Women, London 1997 (meines Wissens noch nicht ins Deutsche übersetzt)

6. **De Vries,** G.J., **de Bruin**, J.P.C., **Uyling**, H.B.M. & **Corner**, M.A. (Hrsg.): Sex Differences in the Brain. The Relation between Structure and Function, in: Progress in Brain Research, Nr. 61, Amsterdam 1984

7. **Davis,** Ron: Legasthenie als Talentsignal, Ariston, Kreuzlingen 1998; (ein Video zur Davis-Methode, *Das Geschenk der Legasthenie,* ist über die Davis Dyslexia-Association Deutschland, Fax: 040-25 17 86 24, und über birkenbihl-media zu beziehen.)

8. **Dyer,** Wayne (Radio-Interview, zitiert in **Blanchard/Bowles**, siehe dort)

9. **Edwards,** Betty: *Der Künstler in Dir*, Rowohlt (leider vergriffen!)

10. **Edwards,** Betty: Garantiert zeichnen lernen, Reinbek bei Hamburg 1998

11. **Evatt,** Cris: Männer sind vom Mars, Frauen von der Venus (Tausend und ein kleiner Unterschied zwischen den Geschlechtern), Landsberg am Lech 1998

12. **Farrell,** Warren: Warum Männer so sind, wie sie sind, Hamburg 1988

13. **Gray,** John: Männer sind anders, Frauen auch, München 1993

14. **Hadamard,** Jacques: *Essai sur la psychologie de l'invention dans le domaine mathématique* (ursprünglich in den vierziger Jahren er-

schienen; Neuauflage: Paris 1975) oder wenn Sie lieber englisch lesen: *The Mathematician's Mind* (Princeton, N.J., 1996)

15. **Harris,** L.J.: Sex Differences in spatial ability – possible environmental, genetic and neurological factors, in: Kinsbourne, M. (Hrsg.): Asymetrical Function of the Brain, Cambridge 1978

16. **Hutt,** C.: Males and Females, London 1972

17. **Kline,** Peter & **Saunders,** Bernard: 10 Schritte zur Lernenden Organisation – Das Praxisbuch, Junfermann Verlag, Paderborn 1996

18. **Kline,** Peter: Das alltägliche Genie – Oder: Wie man sich in das Lernen (neu) verlieben kann, Paderborn 1995

19. **Leonard,** George: Der längere Atem, Bern 1998

20. **Lloyd** B. & **Archer,** J.: Sex and Gender, London 1982

21. **Maturana,** Umberto, **Varela,** Francis: Der Baum der Erkenntnis. Die biologischen Wurzeln der menschlichen Erkenntnis, München/Wien 1996

22. **May,** Rollo: Der Mut zur Kreativität. Horizonte des Lebens, Paderborn 1987

23. **Moir,** Anne & **Jessel**, David: BrainSex, Düsseldorf 1993

24. **Ousted,** C. & **Taylor,** D. (Hrsg.): Gender Differences. Their Ontogeny and Significance, London 1975

25. **Pearce,** Joseph Chilton: Der nächste Schritt der Menschheit, Freiamt 1994

26. **Pinker,** Steven: Der Sprachinstinkt, München 1997

27. **Pool,** Robert: Evas Rippe – Das Ende des Mythos vom starken und vom schwachen Geschlecht, München 1995

28. **Robbins,** Anthony: Das Robbins Power-Prinzip, München 1995

373

29. **Russell,** Peter: Die erwachende Erde. Unser nächster Evolutionssprung, Heyne, München 1991

30. **Schneider,** Wolf: Wörter machen Leute, Köln 1997

31. **Smothermon,** Ron: Drehbuch für Meisterschaft im Leben, Düsseldorf 1996

32. **Svantesson,** Ingemar: Mind Mapping und Gedächtnistraining, Offenbach 5. Auflage 1998.

33. **Tegtmeier,** Ralph: Der Geist in der Münze, München 1996

34. **Tominaga,** Minoru: Die kundenfeindliche Gesellschaft. Erfolgsstrategien für Dienstleister, Düsseldorf 1996

35. **Trocchio,** Federico Di: Newtons Koffer, Frankfurt 1998

36. **Watzlawick,** Paul: Wie wirklich ist die Wirklichkeit?. Wahn, Täuschung, Verstehen, 21. Auflage, Piper, München 1993

37. **Watzlawick,** Paul (et al.): Menschliche Kommunikation – Formen, Störungen, Paradoxien, Bern/Göttingen/Toronto/Seattle 1996

38. **Wenger,** Win/**Poe,** Richard: Der Einstein-Faktor, Freiburg, Paderborn 1997

39. **Wilde,** Stuart: Geld – fließende Energie, München 1998

40. **Wittig,** M.A. & **Petersen,** A.C. (Hrsg.): Sex Related Differences in Cognitive Functioning, London 1979

41. **Zohar,** Danah: The Quantum-Self, New York 1990

Stichwortverzeichnis

Die Bücher von
Vera F. Birkenbihl bei mvg:

115 Ideen für ein besseres Leben [ISBN 3-478-08590-X], 4. Auflage

Der Birkenbihl Power-Tag [ISBN 3-478-08623-X], 3. Auflage

Stroh im Kopf [ISBN 3-478-03670-4], 34. Auflage

Stichwort Schule: Trotz Schule lernen! [ISBN 3-478-08506-3],
13. Auflage

Sprachenlernen leicht gemacht! [ISBN 3-478-08426-1], 21. Auflage

Kommunikationstraining [ISBN 3-478-03040-4], 20. Auflage

Psycho-logisch richtig verhandeln [ISBN 3-478-81141-4],
12. Auflage

Fragetechnik schnell trainiert [ISBN 3-478-81161-9], 10. Auflage

Kommunikation für Könner schnell trainiert
[ISBN 3-478-81167-8], 5. Auflage

Erfolgstrainig [ISBN 3-478-03150-8], 11. Auflage

Signale des Körpers [ISBN 3-478-02280-0], 13. Auflage

Freude durch Streß [ISBN 3-478-02540-0], 12. Auflage

Der persönliche Erfolg [ISBN 3-478-08410-5], 12. Auflage

Zahlen bestimmen Ihr Leben [ISBN 3-478-02710-1], 8. Auflage

Die Kassetten-Programme von
Vera F. Birkenbihl bei mvg:

Selbst-Management [ISBN 3-478-06372-8], 5. Auflage

Management, Motivation und Menschenführung
[ISBN 3-478-06377-9]

Falls Sie noch mehr Birkenbihl lesen/hören/sehen wollen

I. Bücher und Tonkassetten-Programme

- **Kommunikationstraining** – zwischenmenschliche Beziehungen erfolgreich gestalten, 21. Auflage
- **Freude durch Streß**, 13. Auflage
- **Signale des Körpers** – Körpersprache verstehen, 14. Auflage
- **Erfolgstraining** – Schaffen Sie sich Ihre Wirklichkeit selbst, 11. Auflage
- **Stroh im Kopf?** – Gebrauchsanleitung fürs Gehirn (Buch oder Tonkassetten-Programm), 34. Auflage
- **Stichwort: Schule – Trotz Schule lernen**, 14. Auflage
- **Kommunikation für Könner** – (praktische Übungen und Experimente), 5. Auflage
- **Fragetechnik schnell trainiert** – (praktische Übungen und Experimente), 10. Auflage
- **Rhetorik-Training**, 3 Kassetten (Seminar zum Hören) & Skript, 12. Auflage
- **Selbst Management** (Anti-Streß, Anti-Ärger, Selbstwertgefühl), 3 Kassetten (Seminar zum Hören) & Skript, 5. Auflage
- **Fragen Sie sich zum Erfolg!**, 3 Kassetten (Hörspiel) & Buch (Psychologisch richtig verhandeln), 3. Auflage
- **Pragmatische Esoterik im Alltag** (Video), 5. Auflage

II. Birkenbihl Live (Videos und Seminare)

Fordern Sie unsere kostenlose INFO an*

III. Sprachkurse

Fordern Sie unsere kostenlose INFO an*

Auch einige **Tonkassetten & Videos**, die man im Handel **nicht** kaufen kann, sind bei birkenbihl-media erhältlich. Außerdem mehrmals im Jahr ein **memo** mit aktuellen Hintergrund-Infos, Denkanstößen, Tagungs-Terminen und speziellen Aktionen.

*birkenbihl-gruppe, Pf 10 06 54, D-51406 Bergisch-Gladbach Telefon: 0 22 04-869-0, Fax-Nr.: 0 22 04-869-500